高等职业院校现代物流管理专业校企合作教材

U0873334

配送管理实务

主　编　谢欣
副主编　高友强　孙璐　唐德敏

西南交通大学出版社
·成　都·

图书在版编目（CIP）数据

配送管理实务 / 谢欣主编. —成都：西南交通大学出版社，2022.2

ISBN 978-7-5643-8606-1

Ⅰ. ①配… Ⅱ. ①谢… Ⅲ. ①物资配送 – 物资管理 Ⅳ. ①F252.14

中国版本图书馆 CIP 数据核字（2022）第 032606 号

Peisong Guanli Shiwu

配送管理实务

主　编 / 谢　欣

责任编辑 / 宋浩田
封面设计 / 曹天擎

西南交通大学出版社出版发行
（四川省成都市金牛区二环路北一段 111 号西南交通大学创新大厦 21 楼　610031）
发行部电话：028-87600564　028-87600533
网址：http://www.xnjdcbs.com
印刷：四川森林印务有限责任公司

成品尺寸　185 mm × 260 mm
印张　17　　字数　425 千
版次　2022 年 2 月第 1 版　　印次　2022 年 2 月第 1 次

书号　ISBN 978-7-5643-8606-1
定价　39.80 元

课件咨询电话：028-81435775

前　言

现代物流是促进经济社会发展的重要产业，而配送是其核心业务之一。配送作为现代物流的末端环节，主要用于解决商品到消费者手中“最后一公里”的问题，因此人才需求量大，是相关专业学生的主要就业方向。对物流企业人才需求定位的调研显示，专科层次学生被定位于兼具一线作业知识技能和一线管理能力的“基层管理”人员，这一定位决定了学校在人才培养上需要兼顾专业知识、岗位技能、职业素养和管理方法，对职业院校人才的培养工作提出了较高要求。

产教融合、校企合作，是职业教育提升人才培养质量的必由之路。课程是学校开展人才培养工作的主渠道，而教材则是课程的主要载体。相比传统的学校单方面编写教材，引入企业案例和人力资源，校企合作共同开发教材，能更加有效地提升教材的真实性、针对性和实用性，对于学校开展教材建设、课程建设、专业建设乃至人才培养模式改革，有着十分重要的积极意义。

基于此，成都工业职业技术学院与成都川宁苏宁物流有限公司本着进一步深化产教融合、校企合作，切实提升人才培养质量的目的，共同开发《配送管理实务》这一专业核心课程教材。通过校企合作教材开发，建立“以能力构建为核心，以工作过程为导向、任务驱动型”的课程内容，打造高度还原的工作场景，更好地满足高职专业教学的仿真实训需求，大幅缩短学生从学校到企业的适应期，为企业“零距离”培养高素质技术技能人才。

本书具有以下特点：

（1）以校企合作为基础。本书由成都工业职业技术学院与成都川宁苏宁物流有限公司在良好的校企合作基础上共同开发，双方充分发挥各自优势，企业方为校方提供行业最新发展动向作参考，并为教材提供真实案例，校方基于丰富的教育教学经验和最前沿教育理论，开发符合职业教育类型特点的教材。

（2）以真实案例为背景。将真实企业案例和典型工作任务按照学生学习的认知结构转化成教学内容，建立以配送作业相关岗位标准为基础的课程标准，面向核心职业能力构建课程体系。

（3）以工作过程为导向。升级传统的理实一体教学模式，建立工作过程相契合、由岗位任务为任务驱动的教学模式，打造仿真实训环境，使学生在学中做、做中学，促进学生从传统学习模式向更适应工作场景的学习模式转变。

（4）以岗位要求为标准。教材的编写由学校专任教师和企业专家共同参与，以配送业务流程为主线，根据配送作业流程的特点，结合配送企业岗位群及职业发展规律，通过完成工作任务的方法，帮助学生熟悉各个配送作业岗位要求和整体流程，使学生具有从事配送作业组织和管理的基本职业技能和行动能力。

本书由成都工业技术学院谢欣担任主编，成都川宁苏宁物流有限公司高友强和成都工业职业技术学院孙璐、唐德敏共同担任副主编。全书共分为九个项目，项目一：明确配送中心功能定位；项目二：配送中心规划与设计；项目三：订单作业管理；项目四：备货作业管理；项目五：拣货与补货作业管理；项目六：配货作业管理；项目七：送货作业管理；项目八：退货作业管理；项目九：配送中心经营管理。其中，谢欣负责编写项目一、二、三（任务二）、五、六（任务二）七、八，并且负责全书的审核和统稿工作；孙璐负责编写项目三（任务一）、四、六（任务一），并且负责部分内容的审核工作；唐德敏负责编写项目九，成都川宁苏宁物流有限公司的高友强提供并编写企业真实案例，并负责编写全书案例导入部分。

本书在编写过程中，参考了许多论文、专著、杂志及网站资料，在此深表感谢！

由于编者水平有限，加之时间仓促，难免有不妥之处，为进一步提升本书质量，恳请各位专家学者、同仁及广大读者批评指正。

编　者

2020 年 12 月

目录

项目一　明确配送中心功能定位

知识结构图——明确配送中心功能定位

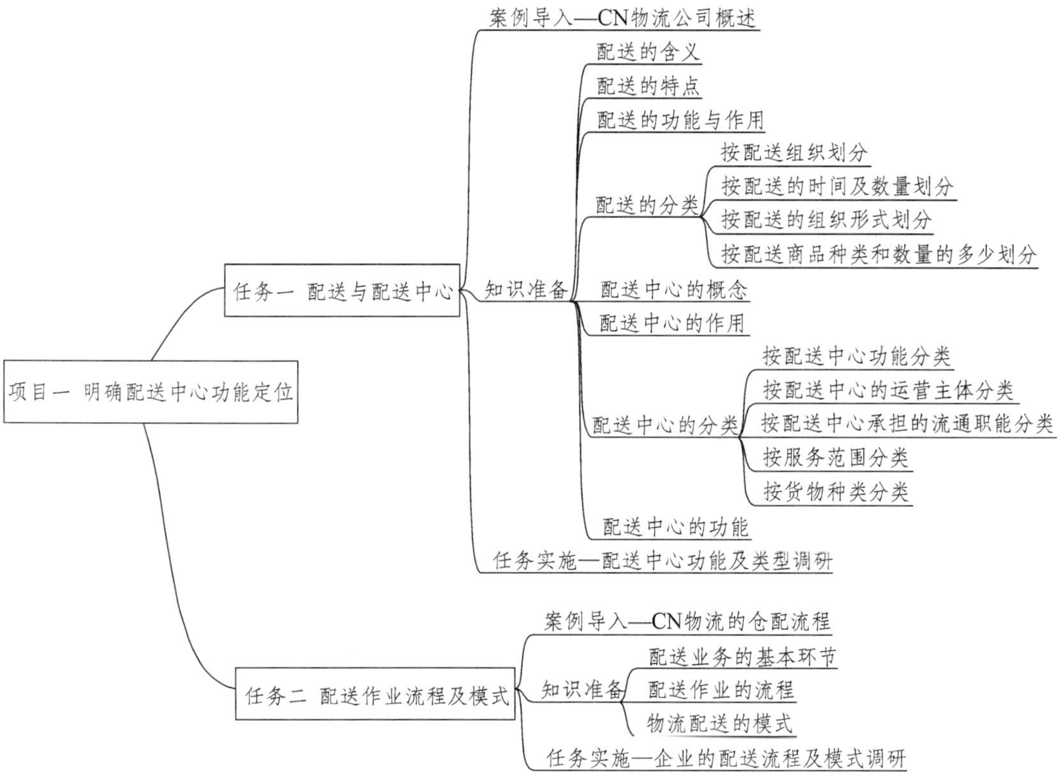

学习目标

1. 知识目标

（1）理解配送的含义、特点；

（2）掌握配送的功能、作用和分类；

（3）理解配送中心的概念、作用、功能和类型；

（4）熟悉配送中心的功能区域的构成；

（5）掌握配送作业的流程与模式。

2. 能力目标

（1）能够区别配送与一般送货、配送与运输；

（2）能够区分不同类型的配送中心，并绘制配送运作流程图；
（3）会根据实际分析各种配送中心的定位；
（4）能够根据配送企业的实际需要选择合适的配送模式。

任务一　配送与配送中心

【案例导入】——CN 物流公司概述

成都 CN 物流有限公司创立于 2014 年 5 月 28 日，专注于消费零售供应链服务，伴随着零售产业的成长，CN 物流成为国内首批从事仓储、配送等供应链全流程服务的企业之一。CN 在全国范围内依托仓储的属性，建有大件、小件、冷链等各类大型仓储中心，同时设置前行仓、前置仓、产地仓、小店中心仓等仓储模式，形成科学高效的仓储布局。运输网络用平台运营与智能调度相结合，以全境 24 小时达为使命，通过核心仓储节点、城市分拨节点的优化布局，实现城市节点的进一步下沉和 24 小时达的网络布局。90%的地区实现当日达或次日达，在电商大件时效和小件时效上，处于绝对领先地位，同时，提供精准正逆向和极速正逆向产品——准时达、即时配、准时取、急速取，满足用户指定时间段或即时退货需求；通过“CN 服务专区+自提柜+快递点”三种基础站点组合的形式，建设多层次全场景的末端服务网络服务场景，提供给用户更近更准也更有温度的社区式一站服务。

CN 物流配送中心位于成都市天府新区彭山经济开发区内，为 CN 西南地区 B2C 电子商务运营中心并作为全国八大仓和分拨节点之一，目前主要覆盖西南片区，承担小件 B2C 订单、B2B 调拨、SWL 仓配一体业务、天猫、揽件、中转、退货、运输、快递等业务。承担 CN 在西南等区域（四川、重庆、昆明、贵州、西藏等区域）的小件类商品存储、分拨、转运等职责。

CN 配送中心采用全球领先的自动化立体存储，拥有语音拣选、RFID、电子标签拣选、自动包装、传输与分拣等技术，结合 WMS 管理系统实现从订单下达、拣选到客户送达，全程运作的快速、透明、智能监控，大幅度提高小件商品的配送速度，并解决了品类繁多、订单规模巨大、配送作业分散等问题，信息化管理贯穿了作业的全过程，实现物流信息化、自动化、智能化，打造具有国际先进水平的大型地区管理总部。

【知识准备】

一、配送的含义

配送是物流活动的末端环节，也是一种特殊的、综合性的物流活动，它几乎包括了物流的所有功能要素，是物流的一个缩影或是某个范围中物流全部活动的体现。

中华人民共和国国家标准《物流术语》（GB T18354—2021）将配送定义为：“配送是指在经济合理区域范围内，根据用户要求，对物品进行拣选、加工、包装、分割组配等作业，并按时送达指定地点的物流活动。”

配送的目的是用最短的时间、最低的费用，将物品送到客户手中。由此可知，配送的实质是“送货”，但不同于一般送货和运输，其与两者的区别如下。

1. 情况一

乐多便利店消费满 10 元可免费送货与京东将客户购买的商品配送至客户所产生的送货行为是否一样？它们的区别如表 1-1 所示。

表 1-1 配送与一般送货的区别

比较项目	一般送货	配 送
目的	主要体现为生产企业和商品经营企业的一种推销手段，通过送货达到多销售产品的目的	社会大生产、专业化分工的产物，是物流领域内物流专业化分工的反映，是提升企业竞争力的重要手段
内容	企业生产什么，有什么送什么，没有分类、组配等理货工作。 属于“直达”型送货	客户需要什么送什么，根据客户的需求将所需物品进行筹集、分类、组配、分装、整理等工作。 属于“中转”型送货
时间	时间不一定，计划性差。	送货时间准确，计划性强
工作效率	不考虑车辆配载，不科学制定运输规划，一次向一地运送	充分利用运力，考虑车辆配载，重视运输线路优化，强调距离最短，一辆货车向多处运送
行为性质	是企业销售活动中的短期促销行为，具有偶然性	是面向特定客户的增值服务，具有经常性和固定性

2. 情况二

在天猫商城购买的商品，通过顺丰速运从杭州发货至成都，整个过程中经过了运输和配送两个物流环节，试比较运输与配送的区别（见表 1-2）。

表 1-2 配送与运输的区别

比较项目	运 输	配 送
运输性质	远距离运输：干线运输	短距离运输：支线运输、区域内运输、末端运输
货物性质	少品种、大批量	多品种、少批量
运输工具	大型货车或铁路、水路运输	小型货车
管理重点	效率优先	服务优先
附属功能	装卸、捆包	装卸、保管、包装、分拣、流通加工、订单处理等

根据定义，可以从以下几个方面理解配送：

（1）“配送”的概念描述了接近客户资源配置的全过程配送的资源配置作用是“最终配置”，因此是接近客户的配置。

（2）配送的实质是送货，配送是一种送货，但和一般送货有区别，一般送货可以是种偶然的行为，而配送是一种有固定的场所和组织形态，有专业化的管理队伍、设施设备和技术力量的高水平送货形式。

（3）配送是一种“中转”形式。一般送货是有什么送什么，配送则是客户需要什么送什么；一般送货属于直达型送货，配送是中转型送货。所以，要做到需要什么送什么，就必须在一定的中转环节筹集这种需要，从而使配送必然以“中转”的形式出现。

（4）配送是“配”和“送”的有机结合。配送与一般送货的重要区别在于配送利用有效的分拣、配货等作业，使送货达到一定的规模，并利用规模优势取得较低的送货成本。

（5）配送服务的出发点是“用户要求”，明确了用户的主导地位。配送是从用户利益出发，按用户要求进行的一种活动，在满足用户利益基础上取得本企业的利益。在观念上必须明确“用户第一”“质量第一”。

二、配送的特点

配送是属于服务性质的物流活动，是物流系统的一个子系统，配送活动是物流活动的一部分，在提高配送效率时应以提高物流系统整体效率为前提。配送应具有如下特点。

1. 配送是一种综合性的物流活动

综合性表现在两个方面：一是功能的综合性。为了将物品圆满地送达顾客手中，配送集所有的物流功能于一身，它是许多物流业务活动的有机结合体。二是服务的综合性。配送为客户提供的是一种综合服务，它不仅仅是简单地将货送到客户手中，而且也为客户提供包装、分割、加工、信息咨询等很多相关服务。

2. 配送处在流通过程的最后环节

商品流通的终点是顾客，配送处于最接近顾客的位置。作为社会再生产过程中的资源配置，它是“最终配置”，是接近顾客的配置。

3. 配送物品具有多样性

通常，一次配送的货物是多客户、多种类的商品。市场需求趋势是由单品种、大批量向多品种、小批量方向发展，配送只有扩大规模，组配多个用户的多种商品，才能产生经济效益，配送企业才能生存和发展。

4. 配送是一种专业化的分工方式

一般送货只是作为推销的一种手段，而配送则是一种专业化的流通分工方式，是大生产、专业化分工在流通领域的反映。配送根据客户的订货要求准确及时地为其提供物资保证，在提高服务质量的同时，通过专业化的规模经营以获得经济效益。

5. 配送是物流和商流有机结合的商业流通模式

配送融合商流、物流，它是一种有效的商业模式。配送的起点是集货，必然包括订货、交货等商流活动。在消费者主导的买方市场形态下，商流的有效组织离不开物流的支持，同样，以技术和网络主导的电子商务也离不开有效的配送。

6. 配送要有现代化的技术和装备作为保证

在配送过程中，由于大量采用先进的信息技术和各种传输设备及拣选机电设备，使得配送作业像工业生产中广泛应用的流水线一样，大大提高了商品流转的速度，使物流创造“第三利润”变成了现实。可以说配送不仅是市场经济的产物，也是科技进步的产物。

三、配送的功能与作用

（一）配送的功能

1. 集货

集货，即将分散的或小批量的物品集中起来，以便进行运输、配送的作业。集货是配送的重要环节，为了满足特定客户的配送要求，有时需要把从几家甚至数十家供应商处预订的物品集中，并将要求的物品分配到指定容器和场所。

2. 储存

储存是以改变“物”的时间状态为目的的活动。为了保证能根据顾客需要及时配送货物，有效防止因各种原因造成的缺货或不能及时供货等现象，必须保持一定数量的库存。储存作业内容包括接货作业、验收作业、入库作业、保管作业、物品的维护保养、出库作业等。

3. 分拣

分拣是将物品按品种、出入库先后顺序进行分门别类堆放的作业。分拣是配送不同于其他物流形式的功能要素，也是配送成功的一项重要的支持性工作。它是完善送货、支持送货的准备性工作，是不同配送企业在送货时开展竞争和提高自身经济效益的必然延伸。

4. 配货

配货是按客户的要求将分拣出来的货物配备齐全，送到发货区内指定地点。配货把完成拣取分类的货物经过配货检查过程后，装入容器进行包装并作好标识，再运到配货准备区，待装车后发送。

5. 配装

在单个客户配送数量不能达到车辆的有效运载负荷时，就存在如何集中不同客户的配送货物，进行搭配装载以充分利用运能、运力的问题，这时就需要配装。通过配装送货可以大大提高送货水平及降低送货成本，所以配装是配送系统中有现代特点的功能要素，也是现代配送不同于以往送货的重要区别之一。

6. 配送运输

配送中的末端运输、支线运输和一般干线运输形态的主要区别在于：配送运输是较短距离、较小规模、较高额度的运输形式，一般以汽车作为运输工具。与干线运输的另一个区别是：配送运输的路线选择问题，干线运输的干线是唯一的运输线，而配送运输由于配送客户多，一般城市交通路线又较复杂，寻求最佳路线，使配装和路线有效搭配等是配送运输的特点，也是难度较大的工作。

7. 送达服务

将配好的货物送达给客户后，往往还会出现不协调，甚至可能使配送前功尽弃。因此，要圆满地完成运货的移交，有效、方便地处理相关手续并完成结算，还应讲究卸货地点、卸货方式等。送达服务也是配送独具的特色。

8. 配送加工

配送加工是按照配送客户的要求所进行的流通加工。在配送中，配送加工这一功能要素不具有普遍性，但是有重要作用的功能要素。通过配送加工，可以大大提高客户的满意度。配送加工一般只取决于客户要求，其加工的目的较为单一。

（二）配送的作用

配送在物流系统中的作用，主要体现在以下几方面。

1. 完善输送及整个物流系统

干线运输之后，往往都要辅以支线转运或小搬运，这种支线转运或小搬运成了物流过程中一个薄弱的环节，这个环节要求灵活性、适应性、服务性。采用配送方式，有利于将支线运输及小搬运统一起来，使输送过程得以优化和完善。

2. 提高末端物流的效益

配送中的运输活动在整个运输过程中处于末端输送的位置，其起始点是物流节点或用户。它将各种用户需要集中在一起进行一次发货，可以代替过去的分散发货，并使用户以去一处订货代替过去的去多处订货，以一次接货代替过去的频繁接货等。解决了过去末端物流的运力安排不合理、成本过高等问题，从而提高了末端物流的经济效益。

3. 通过集中库存使企业实现低库存或零库存

配送以较低的集中库存总量取代了较高的分散库存总量，并提高了供应保证程度，可以使企业实现低库存或零库存。配送多批次、少批量的货物，使用户的经常储备平均库存趋近于零；配送企业在流通领域中广泛的社会联系和集中调解功能较强的优势，使用户的保险储备库存趋近于零。

4. 简化了手续、方便了用户

物流节点按照服务范围内用户的需要，批量购进各种物资，与用户建立比较稳定的供需关系。一般实行计划配送，而对少数用户的临时需要，也提供即时配送服务，用户仅通过一次购买活动就可以买到多种商品，简化了交易次数及相应的手续。由于配送的“送”的功能，用户不必考虑运输方式、路线及装卸货物等问题，就可在自己的工厂甚至流水线处接到所需的商品，极为方便。

5. 提高了供应保障程度

配送企业依靠自己联系面广、多方组织资源的优势，按用户的要求，及时供应。若组织到的货源不能满足用户的需要，配送企业还可利用自己的加工能力进行加工改制以适应用户的需要并及时地将货物送到用户手中。还可以减少用户自己去采购时，在精力或其他方面所限，没有采购到或采购到的物品不适用，对商品的生产和供应带来的影响。所以，配送的发展在某种程度上可以提高供应的保证程度，使整个企业的生产得以协调地发展。

四、配送的分类

（一）按配送组织划分

1. 商店配送

商店配送是由商业或物资的门市网点组织商品配送的配送形式。这些网点主要承担商品的零售，一般来说其规模不大，但经营的品种却比较齐全，如图 1-1 所示。

图 1-1　商店配送

在流通实践中，商店配送有两种运作形式：兼营配送形式和专营配送形式。

（1）兼营配送形式。

兼营配送是商店在进行一般的零星销售的同时兼营配送的职能。商店除日常零售本业务外，还可根据用户的要求单独配置商品，或代用户外订外购一部分本商店平时不经营的商品与商店经营的品种一起配齐后送给用户。

（2）专营配送形式。

即商店不进行零售销售而专门进行配送。一般情况是商店位置条件不好，不适于门市销售，而商店又有某方面经营优势及渠道优势，所以，可采取这种形式进行配送活动。

2. 配送中心配送

配送中心是配送活动的组织者。其经营规模都比较大，设施和工艺结构是根据配送活动的特点和要求专门设计和设置的，专业化、现代化程度比较高，是专门从事货物配送活动的流通型企业，设施设备比较齐全，货物配送能力也比较强，如图 1-2 所示。

图 1-2　配送中心配送

具体表现是：可以进行多品种、远距离货物的配送；可以向工业企业和批发商配送主要原材料和进行补充性货物配送等。采取配送中心配送形式，有时配送组织需在自设的储货场（主体仓库）内储存各种商品，并且储存量比较大；有时配送中心本身仅储存一部分商品，其他货源主要依靠附近的仓库来实现补给。

3. 仓库配送

仓库配送是以传统的仓库为据点而实施的配送形式，如图 1-3 所示。与配送中心相比，其活动能力、经营规模和服务范围均小于配送中心。但仓库配送可以在保持仓库基本功能的前提下，增加一部分配送功能，也可以利用原仓库的设施设备开展配送业务，仓库配送投资不大，是开展中等规模的配送可选择的形式。此外，经过不断完善和提高，部分仓库配送有可能转化为配送中心配送。

图 1-3　仓库配送

4. 生产企业配送

生产企业配送的组织者是生产企业，尤其是进行多品种生产的生产企业可以直接由本企业进行配送，如图 1-4 所示。生产企业配送避免了中转，在节省成本方面有一定优势。但是现代生产企业进行的大批量低成本生产，品种较单一，因而不能像配送中心那样依靠产品凑整运输取得优势，所以具有一定的局限性。

图 1-4　生产企业配送

（二）按配送时间及数量划分

1. 定时配送

定时配送是指配送企业根据与用户签订的协议，按照商定的时间准时配送货物的一种配送形式。在物流实践中，定时配送的时间间隔长短不等，可以是数天或数小时等，每次配送之前以商家的联系方式来确定配送的品种及数量。由于这种配送方式时间固定，便于安排配送计划和车辆调度，对于用户来讲，便于安排接货的力量。但是由于配送的商品种类、数量不确定，配货、配装、运输的难度较大，具体运作时，也会给运力的管理安排造成困难，定时配送主要有以下两种形式。

（1）日配形式。

日配是定时配送中被较为广泛采纳的一种形式，尤其是在城市内的配送活动中，日配占了绝大比例。日配的时间要求大体是上午的配送订货下午送达，下午的配送订货第二天送达，即实现在订货发出后 24 小时之内将货物送到用户手中。

一般采用日配形式的情况有以下几种：

① 消费者追求新鲜的诸种食品，例如：水果、点心、肉类、蛋类、菜蔬等。

② 用户是多个小型商店，追求周转快，随进随售，通过采取日配形式快速周转。

③ 连锁商店也经常采用日配形式。

④ 用户条件限制，不可能保持较长时期的库存，如已采用零库存方式的生产企业，商店位置处在黄金地段或缺乏储存设施（例如：冷冻设施）的用户。

⑤ 临时出现的需求。

（2）“准时-看板”方式。

“准时-看板”配送是实现配送供货与生产工序保持同步的一种配送方式。与日配方式相比，这种方式更为精细和准确，连“暂时存储”这一过程也可取消，实现所谓“零库存”。因此，配送组织过程也更加严密，要求依靠高水平的配送系统来实现，其配送要与企业生产节奏同步，每天至少一次，甚至几次，以保证企业生产的不间断。

2. 定量配送

定量配送是指根据协议，按照规定的批量在一个指定的时间范围内（对配送时间不严格限定）进行配送。这种配送方式配送货物的数量固定，备货工作较为简单，可以根据托盘、集装箱及车辆的装载能力规定配送商品的数量，能够有效利用托盘、集装箱等集装方式，也可做到整车配送，配送效率高。

这种配送方式的不足之处在于：每次配送的数量保持不变，不够机动灵活，有时会增加用户的库存，造成库存过高或销售积压。

3. 定时定量配送

定时定量配送是按照规定的配送时间和配送数量进行的一种配送服务形式。它兼有定时配送和定量配送两种方式的优点，但对配送组织要求较高，计划难度大，不太容易做到既与用户的生产节奏保持合拍，同时又保持较高的配送效率，实际操作较为困难，不是一种普遍采纳的方式。

这种配送方式应用于大量而且生产相对稳定的汽车制造、家用电器、机电产品等物料供应领域，且表现效果比较好。

4. 定时定线路配送

定时定线路配送是指在规定的运行线路上，制订配送车辆到达的时间表，按运行时间表进行配送，用户可以按照配送企业规定的线路及规定的时间到指定的位置接货，是一种高水平的配送服务方式。采用这种方式有利于企业安排车辆运行及人员配备，比较适合于用户相对比较集中、用户需求较为一致的环境，但是配送的品种和数量不能太多，批量的变化也不能太大。

这种配送方式的不足之处是会因定时配送，而造成车辆装载量不足等浪费的情形况发生；同时由于其配送时间和线路不便，因而对用户的适应性较差，灵活性和机动性不强。

5. 即时配送

（1）即时配送的定义。

即时配送是完全按用户突然提出的配送要求的时间和数量，随时进行配送的组织形式。这是一种有很高的灵活性的应急方式，用户可以用即时配送来代替保险储备，从而实现企业真正意义上的零库存。

但对配送的组织来说，很难做到充分利用运力，因此，其配送成本较高。同时，由于这种配送形式完全按照用户的要求来进行，因而配送的计划性较差，难以作为经常性的服务，只能是已确定长期固定关系的配送服务的补充和完善。

（2）即时配送的服务范畴。

如表 1-3 所示。

表 1-3　即时配送的服务范畴

划分依据	表现形式
以配送时效划分	多日达、次日达、当日达、两小时达、分钟级送达
以配送链条划分	仓—仓 仓—端 端—端
以配送地域划分	异地、同城
以配送需求划分	餐饮外卖、商超到家、生鲜冷物、物品递送、大件快运、小件快递

（3）即时配送的存在形式。

在即时物流的发展过程中，不同的需求类型会催生不同的存在形式，例如众包和自建两种运力组织形式，以及并单配送和专人专送两种配送模式。

① 众包模式是利用社会闲散运力，通常的薪酬计算方式为按订单量计算提成。

优势：运力招募迅速，通过平台化模式实现物流配送劳动力的增加以及配送效率的提升。

劣势：运营门槛高，难度大。

② 自建模式是以自营的形式招募骑手，通常的薪酬计算方式为底薪加提成。

优势：管控力度强，服务品质、服务时效均有保障。

劣势：运营成本高，需要高订单量维持运力规模。

③ 并单配送是配送员同时接多单，按系统规划顺序逐个配送。

优势：提高区域订单配送效率，运力利用最大化。

劣势：订单匹配与路线规划的系统门槛高，难度大。

典型代表需求：餐饮外卖。

④ 专人专送是用户下单后，配送员接单并直接递送到用户。

优势：保证单订单配送时效，提升用户体验。

劣势：价格较高，且配送员效率较低。

典型代表需求：物品递送（闪送）。

（三）按配送的组织形式划分

1. 销售配送

销售配送是指销售性企业作为销售战略的一个环节所进行的促销型配送。这种配送的配送对象往往是不固定的，客户也往往是不固定的，配送对象和客户依据对市场的占有情况而定，配送的经营状况也取决于市场状况，配送随机性较强而计划性较差。

2. 供应配送

供应配送是指客户为了自己的供应需要所采取的配送形式。这种配送形式往往由客户或客户集团组建配送据点，集中组织大批量进货（取得批量优惠），然后向本企业配送或向本企业集团若干企业配送。

3. 销售-供应-体化配送

销售-供应-体化配送是指销售企业对于基本固定的客户和基本确定的配送产品可以在自己销售的同时承担客户有计划的供应者的职能，销售企业既是销售者，同时又是客户的供应代理人。对某些客户来讲，这就可以减除自己对供应机构的需求，而委托销售者代理；对销售者来讲，能获得稳定的用户和销售渠道，有利于本身的稳定持续发展，有利于扩大销售量；对丁客户来讲，能获得稳定的供应，可大大节约自身为组织供应所耗用的人力、物力、财力，并能有效控制进货渠道，大大提高供应效率。

4. 代存代供配送

代存代供配送是用户将属于自己的货物委托配送企业代存、代供，有时还委托代订，以组织对本身的配送。这种配送形式在实施时，不发生商品所有权的转移，配送企业只是客户的委托代理人。商品所有权在配送前后都属于客户所有，所发生的仅是商品物理位置的转移。配送企业仅从代存、代送中获取收益，而不能获得商品销售的经营性收益。

（四）按配送商品种类和数量的多少划分

1. 单品种、大批量配送

对生产企业需求量较大的商品，单独一个品种或几个品种就可达到较大输送量，可实现整车运输的，可直接由生产企业或专业性很强的配送中心实行配送，这样的配送形式就是单品种、大批量配送。这种配送形式由于配送量大，可使车辆满载并使用大吨位车辆，从而提高运输效率；配送中心内部设置、组织、计划等工作也比较简单，配送成本较低。

2. 多品种、少批量配送

在现代社会，生产消费和市场需求纷繁复杂，不同的消费者其需求差异很大。有些生产企业，产品生产所消耗的物资品种很多，单位时间内每种物资的需求量却不是很大，呈现出多品种、少批量、多批次的状态。因此，相应的配送体系要按照用户的要求将所需要的各种物资选好、配齐，少量而多次地运达客户指定的地点，这就是多品种、少批量配送。

这种配送频率较高、作业难度较大、技术要求高、使用的设备复杂，配货、送货计划难度相对较大，要求有高水平的组织工作来保证和配合，是许多发达国家推崇的配送形式。

3. 配套型配送

配套型配送是按照生产企业的生产需要，尤其是装备型企业的生产需要，把生产每一台设备所需要的全部零部件配齐，按照生产节奏定时送达生产企业，生产企业可以随时将此成套零部件送入生产线以装配产品的配送组织形式。

在这种配送方式中，配送企业承担了生产企业的部分工作职责，使生产企业可以更加专注于生产。这种配送形式起到与多品种、少批量配送相同的效果。

五、配送中心的概念

《物流企业操作指南》对配送中心的定义是：配送中心是指接受并处理末端客户的订单信息，对上游运来的多品种货物进行分拣，根据客户的订货要求进行拣选、加工、组配等作业，并进行送货的设施和机构。

中华人民共和国国家标准《物流术语》（GB/T 18354—2021）规定：从事配送业务的物流场所或组织，应基本符合下列要求。

1. 主要为特定客户或末端客户服务

一般情况下，配送中心主要服务于某一类用户，或流通企业、生产企业，或者其他类型的特定用户。

2. 配送功能健全

配送几乎包含了物流活动中所有功能要素，如储存、装卸搬运、流通加工、包装、运送、信息处理等，是物流的一个缩影和综合体现。

3. 完善的信息网络

配送活动需要有一个完善的信息系统和信息网络。

4. 辐射范围小

配送中心的辐射范围受限于它的经济合理区域。

5. 能提供多品种、小批量、多批次、短周期的服务

配送中心未来配合生产企业和流通企业去满足日益多样化、个性化、迅速多变的市场需

求，而采取的物流措施和物流作业。

6. 以配送为主、储存为辅

配送中心强调物品的流动，储存只是暂时的。配送中心建立之前的交易送货模式如图 1-5 所示，配送中心建立之后的交易送货模式如图 1-6 所示。

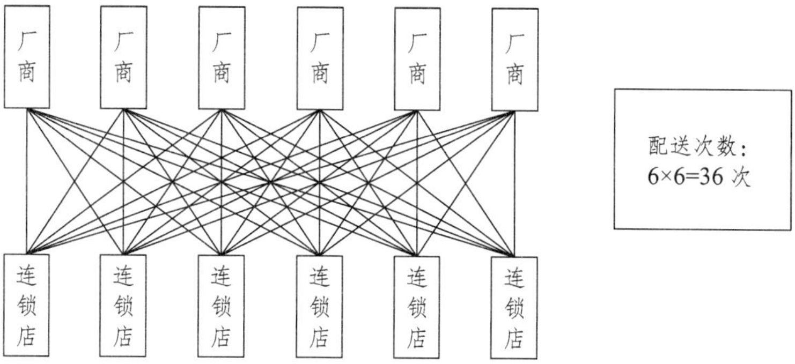

图 1-5　配送中心建立之前的交易送货模式

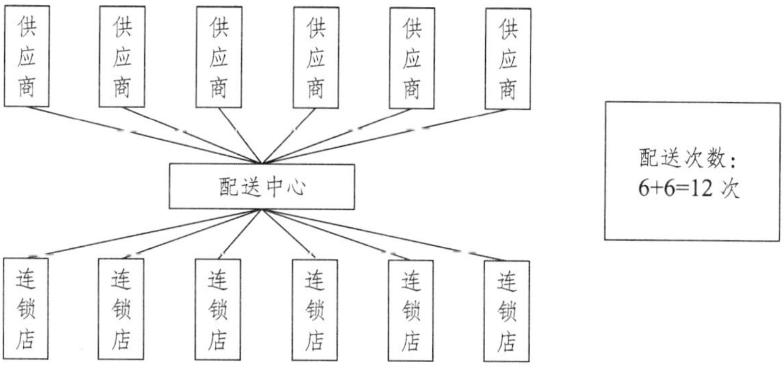

图 1-6　配送中心建立之后的交易送货模式

【同步案例】：不同流通渠道下物流成本的差异

某集团约有 3 000 家连锁店，商品种类约有 3 000 种，假设平均一天向 150 家供货商订货，订货一次约 3 min，一天配送 700 家店，每次收货点货时间为 5 min。设立配送中心以后，订货、收货、点货一次完成，订货一次 20 min，收货、点货一次 30 min，试计算每天节约的时间和配送次数。

假设平均一天向 150 家供货商订货，一天配送 700 家门店。

表 1-4　不同流通渠道下物流成本的差异分析表

项目	未设配送中心时		设物流中心时		改善效益	
	次数/天	时间/天	次数/天	时间/天	次数/天	时间/天
订货	150 次	450 min	1 次	20 min	−149 次	−430 min
配送	105 000 次		850 次		−104 150 次	
收货	150 次	750 min	1 次	30 min	−149 次	−720 min

配送中心不同于传统的仓库和物流中心，传统仓库注重于对物品的储存和保管，而配送中心是储存众多物品，且将储存周期较短的众多物品配送给众多零售商店或最终客户的场所；物流中心则是储存众多物品，且将储存周期较长的众多物品送达配送中心的场所。配送中心与物流中心的区别见表 1-5。

表 1-5　配送中心与物流中心的区别分析表

可比较项目	配送中心	物流中心
地理位置	处于物流的下游	处于物流的中游，是制造厂仓库与配送中心的中间环节，一般制造厂仓库与配送中心较远
运输状况	一般采用“门到门”的汽车运输，其作业范围较小（20~300 km），为本地区的最终客户服务	为使运输经济性，采用大容量汽车或铁路运输。
作业功能	为使零售店或最终客户不设库或少设库以及不设车队，具有强大的多客户、多品种、多频次少批量货物的拣选和配送功能	少批次大量货物的出入库方式

六、配送中心的作用

（1）促进业务的发展和扩展。传统的批发仓库通常是零售商上门采购，但通常商店营业时间长，商品周转也快，人力有限，亲自赴仓库提货的零售商很少。物流配送中心解决了客户的后顾之忧，使其能专心于销售额和利润的增长。

（2）产生规模效益。配送中心可以实现大批量的采购，形成对供应商强大的讨价还价的能力，迫使供应商最大限度地降低价格，这是连锁营销规模优势的根本所在。

（3）减少客户库存，提高库存保证程度。配送中心减少了各分店的库存水平，也相应减少了其仓库面积，提高了经营的灵活性和工作效率。连锁分店只需根据销售情况向配送中心提出订货计划，所需商品即可马上送达。

（4）与多家厂商建立业务合作关系，能有效而迅速地反馈信息，控制商品质量。由配送中心统一批量进货，保证了商品统一的价格以及品种和质量，集中送货，选择经济合理的运输方式和运输路线，从而促进物流成本的降低。

（5）配送中心是现代电子商务活动中开展配送活动的物质技术基础。对一个电子商务体系而言，物流配送是其中最为重要的一个环节。只有借助完善的配送中心的支持，才能保证商流、物流、信息流、资金流的正常运转。

七、配送中心的分类

配送中心是一种新兴的经营管理型态，具有满足多量少样的市场需求及降低流通成本的作用。由于建造企业的背景不同，其配送中心的功能、构成和运营方式有很大区别，因此，在配送中心规划时应充分注意配送中心的类别及其特点。配送中心的具体分类方式如下几种。

1. 按配送中心功能分类

表 1-6　按功能分类的配送中心

配送中心类别	特点	服务对象	举例
储存型配送中心	以储存为主要业务的配送中心，具有较强存储功能	企业原材料，零部件供应商需要大库存支持；大范围配送的配送中心，需要具有较大库存	美国赫马克配送中心拥有一个有16.3万个货位的存储区
流通型配送中心	基本上没有长期储存功能，仅以暂存或随进随出方式进行配货、送货	大量货物整批进入，按一定批量零出。采用大型分货机，进货时直接进入分货机传送带，分送到各用户货位或直接分送到配送汽车上	日本阪神配送中心，中心内只能暂存，大量储存则依靠一个大型补给仓库
加工型配送中心	对配送物进行加工之后进行配送，具有分装、包装、初级加工、集中下料组装等加工活动	以流通加工为主要业务的配送中心	食品加工配送中心、生产资料加工配送中心

2. 按配送中心的运营主体分类

（1）制造商型配送中心——M. D. C（Distribution Center built by Maker）。

制造商配送中心是以制造商为主体的配送中心。这种配送中心里的物品 100%是由自己生产制造，用以降低流通费用、提高售后服务质量和及时地将预先配齐的成组元器件运送到规定的加工和装配工位。从物品制造到生产出来后条码和包装的配合等多方面都较易控制，所以按照现代化、自动化的配送中心设计比较客易，但不具备社会化的要求。

（2）批发商型配送中心——W. D. C（Distribution Center built by Wholesaler）。

批发商型配送中心是由批发商或代理商所成立的，以批发商为主体的配送中心。批发是物品从制造者到消费者手中之间的传统流通环节之一，一般是按部门或物品类别的不同，把每个制造厂的物品集中起来，然后以单一品种或搭配向消费地的零售商进行配送。这种配送中心的物品来自各个制造商，它所进行的一项重要的活动是对物品进行汇总和再销售，而它的全部进货和出货都是社会配送的，社会化程度高。

（3）零售商型配送中心——R. D. C（Distribution Center built by Retailer）。

零售商型配送中心由零售商向上整合所成立的配送中心。以零售业为主体的配送中心。零售商发展到一定规模后，就可以考虑建立自己的配送中心，为专业物品零售店、超级市场、百货商店、建材商场、粮油食品商店、宾馆饭店等服务，其社会化程度介于前两者之间。

（4）专业物流配送中心——T. D. C（Distribution Center built by TPL）

专业物流配送中心是以第三方物流企业（包括传统的仓储企业和运输企业）为主体的配送中心。这种配送中心有很强的运输配送能力，地理位置优越，可迅速将到达的货物配送给用户。它为制造商或供应商提供物流服务，而配送中心的货物仍属于制造商或供应商所有，配送中心只是提供仓储管理和运输配送服务。这种配送中心的现代化程度往往较高。

3. 按配送中心承担的流通职能分类

（1）供应型配送中心。

这种配送中心执行供应的职能，专门为某个或某些用户（如连锁店、联合公司）组织供应。具有配送的用户有限且稳定；用户的配送要求范围确定，属于企业型用户；配送中心集中库存的品种固定；配送中心进货渠道稳固等特点。

（2）销售型配送中心。

这种配送中心执行销售的职能，以销售为目的，以配送为手段。这种销售型配送中心大致有三种类型：生产企业自己建立的配送中心，流通企业建立配送中心扩大销售，流通企业和生产企业配送中心流程联合的协作性配送中心。其特点是：配送的用户一般是不确定的，而且用户的数量很大；每一个用户购买的数量较少，属于消费型用户；计划性较差；配送中心集中库存的库存结构比较复杂，需要采用共同配送的方法才能取得比较好的经营效果。

4. 按服务范围分类

（1）城市配送中心——C. D. C（City Distribution Center）。

城市配送中心是以城市范围为配送范围的配送中心。由于城市范围一般处于汽车运输的经济里程，这种配送中可直接配送到最终用户，且采用汽车进行配送。所以，这种配送中心往往和零售经营相结合，由于运距短，反应能力强，因而从事多品种、少批量、多用户的配送较有优势。

（2）区域配送中心——R. D. C（Regional Distribution Center）。

区域配送中心是以较强的辐射能力和库存准备，向省（州）际、全国乃至国际范围的用户进行配送的配送中心。这种配送中心规模较大，一般而言，用户也较大，配送批量也较大，而且，往往是配送给下一级的城市配送中心，也配送给营业所、商店、批发商和企业用户，虽然也从事零星的配送，但不是主体形式。

5. 按货物种类分类

按货物种类分类的配送中心如表 1-7 所示。

表 1-7　按货物种类分类的配送中心

配送中心类别	说　明
经营散装货物的配送中心	主要为加工厂提供原料、食油、石油、汽油等，大多建造在铁路沿线或港口
经营原材料的配送中心	这里指的原材料，多是以集装箱为装载单元的货物
经营件货的配送中心	通常指用集装箱和托盘来运输的商品，其中主要是制成品，如食品
经营冷冻食品的配送中心	这种配送中心具有冷冻功能
经营特种商品的配送中心	只要经营特种商品，如有毒货物、易燃易爆货物、药品等

八、配送中心的功能

配送中心是进行配送活动的主要场所，它几乎包括了物流的所有功能要素，一般来说，配送中心主要功能有采购、集散、储存、分拣、配装、流通加工、送货、退货及信息处理等功能。

（一）采购功能

采购功能是配送中心根据市场或下游用户的需求情况，制定统一的采购计划，并按照计划获得所需的商品资源，从而为后续的配送活动做好必要的准备。配送中心只有首先采购到所有需要的商品，才能确保及时、准确地为用户配送所需要的商品。采购功能的另一个重要职责就是要确保配送中心获得质量符合要求、进货成本最低的商品。

（二）集散功能

货物由几个公司集中到配送中心里，再进行发运、或向几个公司发运。凭借其特殊的地位以及拥有的各种先进的设施和设备，配送中心能够将分散在各个生产企业的产品集中到一起，然后经过分拣、配装向多家用户发运。集散功能也可以将其他公司的货物放入该配送中心来处理、发运，以提高卡车的满载率，降低费用成本。

（三）储存功能

储存，一是为了解决季节性货物生产计划与销售季节性的时间差问题。二是为了解决生产与消费之间的平衡问题，为保证正常配送的需要，满足用户的随机需求，在配送中心不仅应保持一定量的商品储备，而且要做好储存商品的保管保养工作，以保证储备商品的数量，确保质量完好。

（四）分拣功能

用户对所需商品的品种、规格、数量以及送达时间等方面的要求差异很大，为了能够满足用户多样化的需求，配送中心必须采取适当的方法，通过分拣作业从现有的存货中拣选出用户所需要的商品，完成用户所需商品的配货工作，为送货工作的开展做好准备以满足用户的不同需要。分拣功能体现了配送中心“配”的精髓，是配送中心高水平物流服务的体现，是配送中心与传统仓库的主要区别，也是配送中心的主要功能。

（五）配装功能

配送企业为了提高服务质量、降低物流成本、增加经济效益，货物配装是物流配送的重要环节。合理的配装方案将会提高车辆的载重量利用率和容积利用率，从而降低配送中心的物流成本，增强企业的竞争力，同时为企业带来巨大的经济效益。

（六）包装与流通加工功能

根据配送的需要和用户的特殊要求，商品在配送中心有时需要进行重新包装。包装功能是配送中心的一项辅助功能，但却具有保护商品、方便储运、促进销售的重要作用，因此包装功能在配送中心中是必不可少的。同时，配送中心按照客户提出的要求或为了储存的方便，将采购回来的商品进行分类、拆箱改包、组装、贴标签、刷标志等一系列简单的加工作业。

（七）送货功能

用户为了降低自己的库存，往往采取小批量进货的方法。为了满足用户的需要，配送中心必须采用小批量送货的策略。为了避免小批量送货的不经济性，配送中心必须运用科学的方法，制定出合理的车辆配载方案和车辆行驶路线，以确保配送车辆的运力得到充分的利用，并在最短的时间内，完成最多用户的送货任务，同时要保证商品及时、准确地送达用户指定的地点。

配送中心的送货功能实现的是“门到门”的高水平服务，同时又要考虑降低送货成本，即要实现用较少的物流成本提供高水平的服务。因此，送货功能充分体现了配送中心“送”的精髓，也是配送中心的主要功能。

（八）退货处理功能

配送中心要对下游滞销商品、问题商品的退货和返修、包装容器即周转回收等进行合理处理。同时还要对上游供应商进行相关商品的退货处理，以及包装容器的返还等处理。通常配送中心的退换商品和包装容器回收等活动需要增加额外的耗费，因此配送中心必须对此类活动进行严格的控制，采取有效的方法尽量减少此类活动的发生。

（九）信息处理功能

配送中心为沟通物流配送各环节、各作业间活动而建立信息系统和信息网络，有效地为用户提供有关商品的购、储、运、销一体化服务及有关咨询服务，协调各部门、各环节的配送作业，并对配送商品的信息、作业信息、供应商信息、用户信息、市场信息、政策信息等进行处理，从而确保配送中心的各项运作顺利开展。

【任务实施】

一、任务描述

走访 1 ~ 2 家配送中心，了解它们的类型、功能、特点和发展状况，通过调研进一步了解和熟悉配送业务。

二、任务目标

（1）能够区分配送的类型。
（2）理解配送中心的功能及其在物流活动中所起的作用。
（3）提高学生调查研究和分析问题的能力。
（4）培养学生的团队协作意识。

三、任务实施步骤

（1）分组，每组 6 ~ 8 人，组建自己配送部门，为其命名，设计 logo 及经营理念。

（2）走访 1 ~ 2 家配送中心，仔细观察企业的运营过程，分析其类型，实现的功能，了解其发展状况。

（3）以组建的配送部门为单位，进行讨论分析，撰写调研报告。

四、任务评价

配送中心功能及类型调研实训评价表

班级		配送部（组名）	
考评内容	配送中心功能及类型调研		
考评标准	内　　容	分值	实际得分
	组建配送部门命名、logo及理念设计合理，有创意	25	
	有明确的调研对象，结构合理、层次清楚	10	
	企业调研内容真实、准确、全面	20	
	调研报告是否能准确分析配送中心的类型及功能	30	
	文字表述清楚、逻辑性强、讨论充分	15	
	合　　计	100	
存在的问题及改进措施			

任务二　配送作业流程及模式

【案例导入】——成都 CN 物流的仓配流程

成都 CN 物流配送中心 B2C 仓库作为全国八大仓之一，目前主要为西南片区（成都、重庆、贵阳、昆明、内江）提供小件的 B2C 订单、B2B 调拨、SWL 仓配一体业务以及天猫、揽件、中转、退货等业务。同时负责全国小件的 B2C 订单、B2B 调拨、中转业务。

CN 物流的仓配流程如图 1-7 所示。

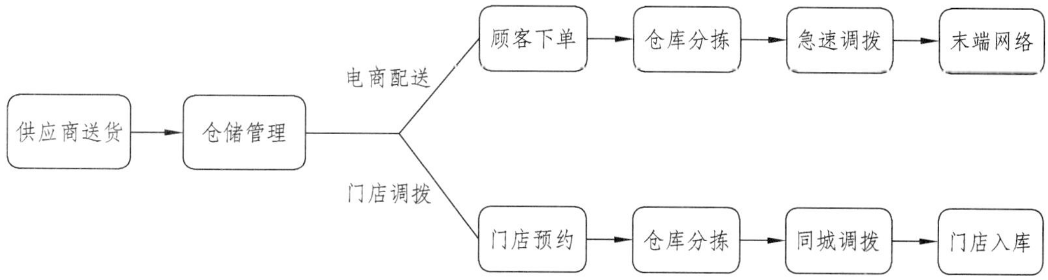

图 1-7　CN 物流的仓配流程图

【知识准备】

一、配送业务的基本环节

配送业务包含备货、理货和送货三个基本环节，其中每个环节又包含若干项具体的、枝节性的活动。

1. 备货

备货是指准备货物的系列活动，它是配送的准备工作和基础环节。备货包括两项具体活动：筹集货物和储存货物。筹集货物主要包括订货、进货、集货、验货、结算等一系列工作。储存货物包括暂存和储备两种表现形态，其中，暂存是按照分拣、配货要求，在理货区储存少量货物，是为了适应“日配”“即时配送”需要而设置的；储备是按照一定时期配送要求根据货源的到货情况有计划地确定的，它是配送持续运作的资源保证。

2. 理货

理货是配送的一项重要内容，也是配送区别于一般送货的重要标志。理货包括货物分拣、配货、包装和流通加工等经济活动，其中分拣是指采用适当的方式和手段，从储存的货物中选出用户所需货物的活动。分拣货物的操作一般采取两种方式来进行：其一是摘取式，其二是播种式。分拣和配货是完善送货、支持送货的准备性工作，是不同配送企业在送货时竞争和提高自身经济效益的关键要素。

3. 送货

送货是配送活动的核心，也是备货和理货工序的延伸，送货包括配载配装作业和配送运输作业两个环节。在物流活动中，送货实际上就是货物的运输。在送货过程中，常常进行三种选择：运输方式、运输路线和运输工具。

二、配送作业的流程

配送作业的流程如图 1-8 所示。

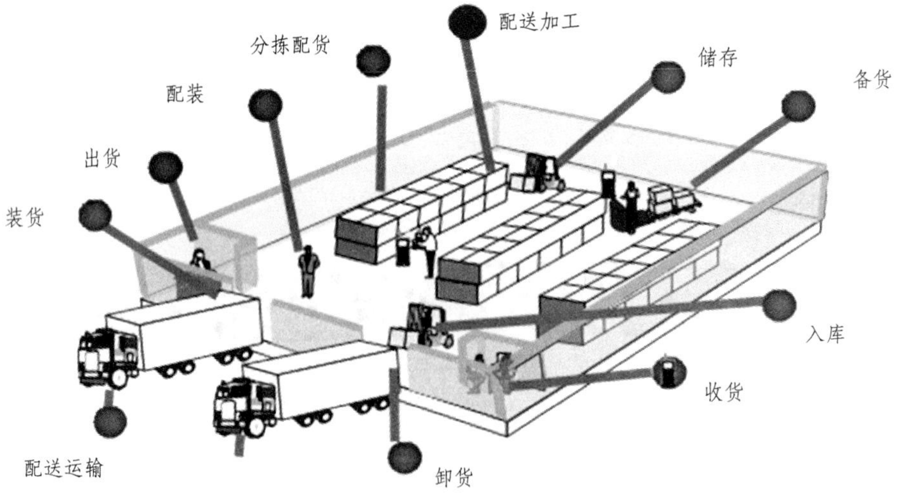

图 1-8　配送作业的流程

（一）配送作业的一般流程

配送作业是配送企业或部门运作的核心内容，因而配送作业流程的合理性以及配送作业效率的高低都会直接影响整个物流系统的正常运行。

配送作业一般流程为：备货→储存→分拣→配货→配装→送货。

（二）配送作业的特殊流程

对于有些配送活动而言，由于配送的商品特性和配送要求不同，采用的流程也不同，如无储存业务的配送，包含流通加工的配送，无分拣、配货环节的配送等。具体情况有如下 3 种。

1. 情况一

这类商品由于保质期短，如海鲜、鱼、肉类制品等，集货后不经过储存立即分拣配货、配送后送达客户。

特殊流程：备货→分拣→配货→配装→送货。

2. 情况二

这类商品保质期较长，如矿泉水、方便面食品、日用品等，可以在集货后经过储存保管，再按客户订单要求组织配送。

特殊流程：备货→储存→分拣→配货→配装→送货。

3. 情况三

这类商品在集货后，需按客户的要求按商品特性经过配送加工后再组织配送，如速冻食品、大包装进货食品。

特殊流程：备货→流通加工→储存→分拣→配货→配装→送货。

三、物流配送的模式

（一）自营配送模式

自营配送模式是指企业物流配送的各个环节由企业自身筹建并组织管理，实现对企业内部及外部货物配送的模式，如图 1-9 所示。

图 1-9　自营配送模式

1. 自营配送模式的优点

企业对供应链各个环节有较强的控制能力；可以合理地规划管理流程，提高物流作业效率，减少流通费用；可以使原材料和零部件采购、配送以及生产一体化；反应快速、灵活。

2. 自营配送模式的缺点

一次性投资大，成本较高；规模较小的企业所开展的自营配送模式规模有限，物流配送的专业化程度较低；企业配送效率低下，在管理上难于控制。

自营配送模式适用于规模较大的集团公司，即物流活动对企业成功的重要性很高，企业处理物流作业的能力也很高，企业对物流的控制力强，产品线单一的企业。

（二）第三方配送模式

第三方配送模式是指交易双方把自己需要完成的配送业务委托给第三方来完成的一种配送运作模式，如图 1-10 所示。

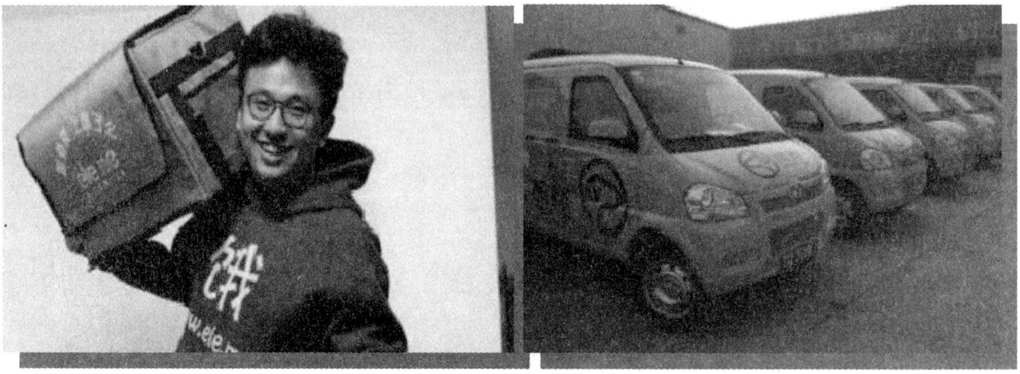

图 1-10　第三方配送模式

1. 第三方配送模式的优点

企业可以享有专业化的服务，可以致力于自己主营业务发展，增强其核心竞争力；企业提供社会资源的共享，避免资源的浪费，为企业减少了物流投资和营运管理费用，降低物流成本，同时可以避免物流带来的投资和营运风险；专业性强。

2. 第三方配送模式的缺点

可控性不强，不能保证供货的准确和及时，不能保证顾客服务质量和维护与顾客间的长期关系。

（三）共同配送模式

共同配送是由多个企业联合组织实施的配送活动（参考《物流术语》GB/T 18354—2021），是企业之间为了提高配送效率和实现配送合理化所建立的一种功能互补的配送联合体。

1. 共同配送的具体形式

（1）由一个配送企业综合若干家用户（企业）的要求进行统筹，在配送时间、数量、次数、路线等方面做出系统的、最优的安排。

（2）由若干个企业联合起来，共同组织配送系统对自己进行配送。

（3）多家配送企业联合，共同划分配送区域，共同利用配送设施，进行一定程度的配送分工，形成一种共同协作的配送方式。

【同步案例】：北京朝批商贸有限公司配送中心

目前，在北京商业零售市场，采取共同配送的主体数量十分有限，其中以北京朝批商贸有限公司最具代表性。北京朝批配送中心日均出货量为 15 万箱，其中，订货客户数 750 家，日均每家 200 箱，单品 4 500 多种。日出车量 203 部，平均每车转载 3~4 家客户的 750 箱商品。配送半径覆盖京郊区 1 000 余家门店。

通过对朝批等企业的调查了解，得出共同配送的经济效益显著的具体表现为：

✧　节省了固定成本投入。

✧　商品周转率提高，避免流动资金占用。

✧　规避缺货成本的发生。

✧　降低订货成本。

✧　提高整体配送效率。

共同配送模式如图 1-11 所示。

图 1-11　共同配送模式

2. 共同配送模式的优点

节省零售企业资本投入、提高客户服务水平、实现社会效益。

3. 共同配送模式的缺点

组织协调难度大、利益分配上的矛盾、各经营主体的商业秘密由于共同配送不易保密、有些货主出于对自己商业秘密的保护不愿参加。

（四）互用配送模式

互用配送是指几个企业为了各自的利益，以契约的方式达成某种协议，互用对方的配送系统，如图 1-12 所示。

互用配送模式的优点在于企业不需要投入较大的资金和人力，就可以扩大自身的配送规模和范围，但需要企业有较高的管理水平以及与相关企业的组织协调能力。与共同配送模式相比，两者的区别如表 1-8 所示。

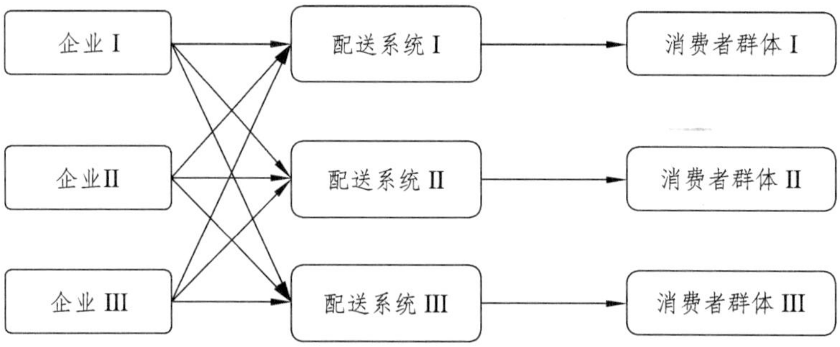

图 1-12　互用配送模式的基本形式

表 1-8　共同配送与互用配送的区别

共同配送模式	互用配送模式
旨在建立配送联合体，以强化配送功能为核心，为社会服务	旨在提高自己的配送功能，以企业自身服务为核心
旨在强调配送联合体的共同作用	旨在强调企业的自身作用
共同配送模式的稳定性较强	互用配送模式的稳定性较差
合作对象需是经营配送业务的企业	合作对象既可以是经营配送业务的企业，也可以是非经营业务的企业

【任务实施】

一、任务描述

走访调研 1～2 家不同类型的配送企业，了解它们的规模、配送作业流程和模式。

二、任务目标

（1）全面理解配送作业的流程。
（2）掌握物流配送模式在企业中的应用。
（3）能够根据配送企业的实际需要选择合适的配送流程和模式。
（4）提高学生调查研究和分析问题的能力。

三、任务实施步骤

（1）分组，每组 6～8 人，走访调研 1～2 家不同类型的配送企业，了解它们的规模、配送作业流程和模式。

（2）做好调研前的准备工作，进行相关资料的收集。

（3）根据调研的结果，讨论分析该企业的配送模式，撰写调研报告，并绘制出企业的配送作业流程图。

四、任务评价

企业的配送流程及模式调研实训评价表

班级		配送部（组名）	
考评内容	企业的配送流程及模式调研		
考评标准	内　　容	分值	实际得分
	调研对象明确，结构合理，层次清楚	10	
	企业调研内容真实、准确、全面	20	
	调研报告配送企业的作业流程及模式分析准确	30	
	文字表述清楚、逻辑性强、讨论充分	15	
	企业的配送作业流程图绘制准确	25	
	合　　计	100	
存在的问题及改进措施			

同步练习

一、单选题

1. 按用户或收货人的订货要求，在物流据点进行集货、分货、配货业务，并将配置货物送交客户或收货人的活动称为（　　）。

A. 调拨　　B. 配送

C. 分拣　　D. 拣选

2. 配送以（　　）为出发点。

A. 自身的需要　　B. 市场规模

C. 用户要求　　D. 产品特点

3. 按规定的时间间隔进行配送，配送数量和品种可按集货或一定联络方式（电话、计算机网络）进行指定的配送方式是（　　）。

A. 定量配送　　B. 定时配送

C. 即时配送　　D. 定时定量配送

4. 完全按用户要求的时间和数量进行配送的方式叫做（　　）。

A. 定量配送　　B. 定时配送

C. 即时配送　　D. 定时定量配送

5. 按配送物资种类及数量分类，向零售店补充一般生活消费品的配送属于（　　）。

A. 单品种大批量配送　　B. 多品种大批量配送

C. 多品种、少批量配送　　D. 配套成套配送

6. 承担配送的准备工作或基础工作，将分散的或小批量的物品集中起来的工作是(　　)。

A. 集货　　B. 分货

C. 配货　　D. 配装

7. 在配送中，不具有普遍性的功能要素是（　　）。

A. 配货　　B. 配送运输　　C. 送达服务　　D. 流通加工

8. 对配送的描述不正确的是（　　）。

A. 配送的资源配置是接近客户的配置

B. 配送和一般送货没有区别

C. 配送是一种“中转”形式

D. 配送是“配”与“送”的有机结合

9. 以下关于配送与物流的差别的论述，不正确的是（　　）。

A. 物流辐射范围比配送大

B. 配送一般发生在下游和末端靠近最终消费的地方

C. 配送处理的流体具有少品种、小批量、多批次等特点

D. 物流包括运输、储存、装卸搬运、包装、流通加工、物流信息处理及一些增值服务

10. 几个配送中心联合起来，共同制定计划，共同对某一地区用户进行配送，具体执行时共同使用配送车辆，这种方式叫做（　　）。

A. 柔性配送　　B. 灵活配送　　C. 即时配送　　D. 共同配送

二、多选题

1. 以下属于配送的功能的是（　　）。

A. 集货　　B. 结算　　C. 储存　　D. 配装

2. 配送的作用主要表现在以下哪几个方面？（　　）。

A. 完善输送及整个物流系统　　B. 提高末端物流的效益

C. 简化了手续、方便了用户　　D. 提高了供应保障程度

3. 配送的特点包括（　　）。

A. 配送是一种末端物流活动

B. 配送是“配”和“送”的有机结合

C. 配送是以客户需求为出发点的物流活动

D. 配送是一种小范围、综合性的物流活动

4. 按配送的职能形式配送可以分为（　　）。

A. 销售配送　　B. 供应配送

C. 销售与供应相结合的配送　　D. 代存代供配送

5. 按配送时间及数量分配送可分为（　　）。

A. 定时配送　　B. 定量配送　　C. 定时定量配送　　D. 即时配送

6. 按配送商品的种类和数量，配送可以分为（　　）。

A. 储存型配送中心　　B. 多品种少批量配送

C. 少品种大批量配送　　D. 区域配送中心

7. 日用小杂品的配送在现实生活中，往往都是采用（　　）方法来向用户供货和发送货物的。

A. 即时配送　　B. 配套配送

C. 定路线配送　　　　　　　　　　　　D. “多品种、少批量、多批次”的配送

8. 配送是特殊的送货，是高水平的送货，它与一般送货的区别表现在以下方面（　　）。

A. 配送是一种体制行为

B. 配送是一种偶然行为

C. 配送是一种有组织、有计划、高效率、优质服务的行为

D. 配送是被动的服务行为

三、简答题

1. 简述配送与运输的区别。
2. 简述配送作业的一般流程。
3. 什么是共同配送？共同配送的具体形式和特点是什么？
4. 简述即时配送的两种配售模式，并举例说明。

四、案例分析

凡客诚品的物流配送模式

◆　**凡客诚品（VANCL）概况**

凡客诚品（VANCL）是一个互联网快时尚品牌。自我定位为：“高性价比的自有品牌，全球时尚的无限选择，带给用户最好的体验”。2007 年 10 月，其创始人选择自有服装品牌网上销售的商业模式，发布了 VANCL 凡客诚品。经过数年经营已根植于互联网，一度成为遥遥领先的领军服装品牌。

VANCL 成立以来，业务迅速发展，产品种类也由 2008 年的男装衬衫、POLO 衫两大类几十款，发展到了男装、女装、童装、鞋、家居、配饰、化妆品等七大类。其所取得的成绩，不但被视为电子商务行业的一个创新，更被传统服装业称为奇迹，2009 年 5 月还被认定为国家高新技术企业。业务快速成长的同时，凡客诚品在运营初期短短十个月里，即获得了 IDGV0、联创策源、软银赛富、启明创投的先后三轮投资。其物流配送流程如图 1-13 所示。

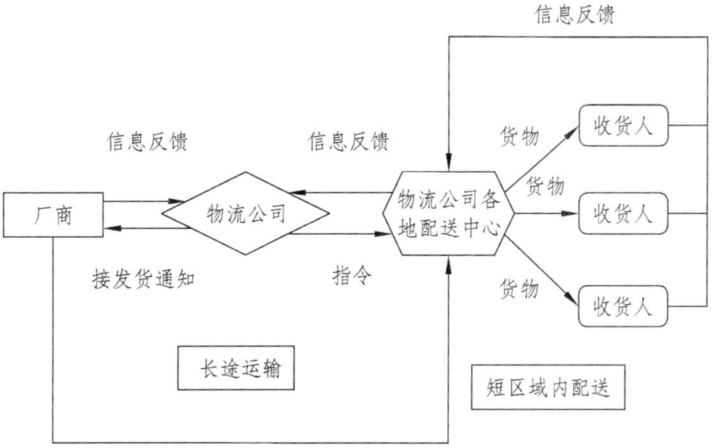

图 1-13　VANCL 物流配送流程图

◆ **凡客诚品（VANCL）的配送模式**

凡客诚品是 B2C 的模式，有基本固定的合作物流公司，因此送货时间比较固定。主要采取“自建+外包”的形式，在部分地区（主要是大城市）使用自己的配送队伍，在其他地区则外包给区域配送公司。所以凡客诚品采用的是自营配送和第三方配送相结合的配送模式。

1. 凡客初期——物流外包模式为主

由于业务量较小，资金不足等原因，在创业初期，凡客诚品采取以物流外包模式为主，自建物流配送方式相结合的模式。这时物流配送系统以及基础设施不完善，自建物流仅仅处于起步阶段。

在初期采取第三方物流模式，有以下几点优势：

（1）将企业本就有限的资源集中于巩固和扩展自身核心业务之上。

（2）供应商难以满足其小批量、多批次的货物提供，第三方物流可根据情况在货物配送中进行统筹安排，有效地降低成本。

（3）减少企业资金投资和资金短缺风险。

（4）第三方物流使企业能够拓展国际业务。

（5）供应链管理思想使第三方物流供需双方形成一种战略关系，在共赢的基础上，保证企业对变化的客户需求具有敏捷反应的姿态。

（6）第三方物流有利于提升社会效益。

然而，物流外包模式也存在着以下几点不足：

（1）对第三方物流公司依赖过强，限制了公司业务的发展。如 2008 年春节过后，凡客诚品网站上顾客抱怨声四起，因为很多快递公司的配送员都回家过年了，导致顾客的订货大面积被延迟。快递的运力不足使凡客损失了将近一个亿，大大影响了口碑营销的效果。

（2）第三方物流公司的服务水平很大程度上决定了凡客诚品的服务质量。据调查，快递公司的服务已成为电子商务交易中消费者投诉最多的问题之一。作为供应链中直接与消费者接触的环节，第三方物流公司的服务在一定程度上影响了公司形象和顾客满意水平，选择良好的物流公司对企业的发展至关重要。

（3）增加了企业资金的周转时间。由于第三方物流公司可以提供代收款服务，导致资金必须在物流公司中存放一段时间，而不是直接交付给企业。这一过程大大影响了资金安全，延长了资金运作周期。

2. 凡客现状——自建物流+第三方物流

在创业伊始的时候，凡客诚品就考虑到物流的重要性，在企业发展逐渐进入稳健后，公司创始人陈年决定成立自己的物流子公司。2008 年 4 月，凡客诚品又将自建物流系统分离出来，成立独立的如风达快递公司，并只为凡客诚品服务，主要保障核心城市的最后一公里配送服务。目前，如风达所提供的配送业务量约占凡客诚品总订单量的 25%，主要承担凡客诚品在北京、上海、广州、杭州及苏州这五个核心城市的物流配送，一天两次送货。目前计划在一线城市（计划 10 个）开通凡客诚品自建物流队伍。

凡客诚品选择自建物流的原因主要有以下几点：

（1）满足公司日益增长的业务量的需求。凡客诚品自 2007 年成立以来，订单呈现快速增长趋势。随着品牌战略实施，订单量更是飞速上涨。然而，凡客诚品的运营系统尚未准备好应对业务增长，以至于计划促销活动推迟。凡客诚品物流系统的协调性与前瞻性稍显薄弱。自建物流可以很好地缓解凡客诚品的物流压力，为企业的市场营销活动提供支持。

（2）数据显示，凡客诚品自 2007 年成立以来，营业额呈几何倍数增长，2011 年，更将营业额目标定为 100 亿元。物流作为电子商务企业一个重要板块，承担着直接与消费者沟通的责任，第三方物流服务较差的服务水平已经影响到电子商务企业的发展。B2C 进入“物流为王”的时代。目前，国内的大多数电子商务企业都将物流直接外包给第三方物流公司，以节省人力、物力。

2010 年 5 月，凡客诚品由于库房搬迁行动，导致自 5 月 19 日以来的数万订单延迟发货，在以公开信方式向消费者道歉的同时，紧急启动了补救与赔偿方案。

◆ **凡客诚品物流配送存在的问题**

（1）公司自有物流与部分合作的第三方配送企业服务水平还不够高，因此常遭遇消费者投诉。

（2）滞后的物流服务与快速发展的网络营销不相适应，例如凡客诚品目前仍处于传真手动处理订单的阶段。

（3）物流技术水平低，缺乏物流“软竞争力”。

（4）企业自建物流配送队伍使交易成本居高不下，且会由于配送队伍的专业程度影响企业的服务水平。

（5）自建物流虽然能够打破瓶颈，配送环节却并不盈利，并且前期还需要大量的人力财力投入。我国物流基础设施配套性、兼容性差，物流技术装备水平低，前期的基础设施投入巨大，另外对快递人员的培训也需要大量资金和时间。

（6）打造自建物流将面临传统快递企业的竞争。

◆ **问题与思考**

1. 凡客诚品面对物流瓶颈应该如何选择物流配送模式？请从物流和企业相互影响的角度进行分析。

2. 根据凡客诚品物流配送存在的问题，分析提出相应的解决方案。

项目二 配送中心规划与设计

知识结构图 ——配送中心规划与设计

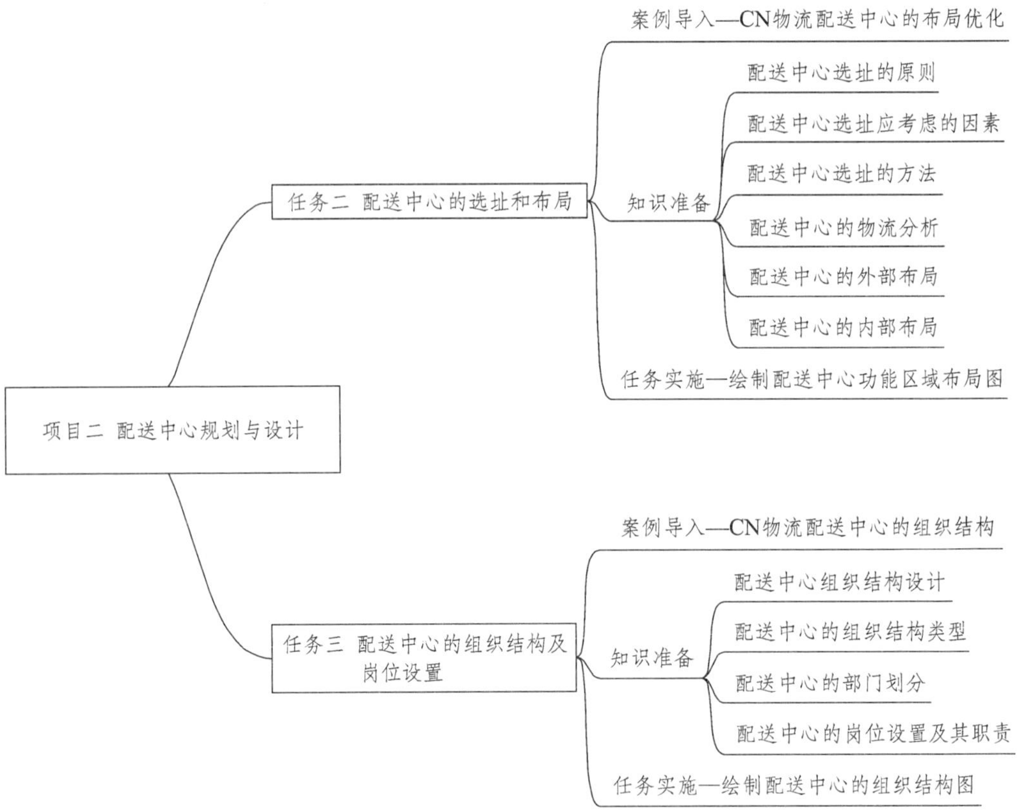

学习目标

1. 知识目标

（1）了解配送中心规划设计的目标、原则；

（2）明确配送中心规划设计的内容及流程；

（3）掌握配送中心选址的方法；

（4）掌握配送中心布局的相关知识；

（5）熟悉配送企业的组织结构和岗位设置。

2. 能力目标

（1）能够区别配送中心与物流中心；

（2）能够区分不同类型的配送中心，并绘制配送运作流程图；
（3）会根据实际分析各种配送中心的定位；
（4）能够对配送中心布局存在的问题给出合理意见及规划建议；
（5）能够准确描述配送各岗位的工作职责。

任务一 配送中心的选址和布局

【案例导入】——CN 物流配送中心的布局优化

CN 物流配送中心目前普遍使用原地存储，存储坪效为每平方米 40 件，为提升存储利用率，满足未来 3 年集团业务扩展需求，按照同期库存增长 20%、发货作业增长 20%，测算成都大区的存储面积需求，进行配送中心的布局优化。优化了仓库布局，增加了阁楼和高位货架，进行了标准化改造并上线了自动化设备。

配送中心现有存储、拣选面积为 7.5 万平方米，包装、收货面积为 0.5 万平方米，现有功能区面积为 1 万平方米，合计 9 万平方米。将 A 区用于存储热销品，采用托盘地堆形式，共有 120 个托盘货位，由原来的人到货的方式，优化为货到人的模式，减少了工人行走距离，提高了拣选时效；B 区用于存储慢销品，采用贯通式货架（6 层）形式，设立 9 600 个货箱位、5~6 个拣货工作站、5 个充电位，采用机器人拣选模式；改造 C 区为阁楼新增面积，增加 2 层阁楼，新增 0.8 万平方米拣选面积；改造 D 区为高架库，新增 1.5 万平方米存储面积。通过增加阁楼来解决拣选面积问题，通过增加高位横梁货架解决存储面积问题。

根据集团销售发展、平台商户入驻、三方物流业务发展要求，对配送中心进行标准化升级改造，主要通过升级改造、标准化托盘、条码技术、RF 无线智能终端几个方面实现。通过升级改造，总体仓储利用率将提高 80%，商品存储能力由 250 万件提高至 450 万件。标准化托盘，提高库内流通及与上下游供应商、物流商间流通效率，提高了人效和坪效空间利用率，自动化传送设备和分拨设备减少作业时长；通过条码技术（条码包括商品码、仓位码、集货位码、拣配码等），实现商品的单品管理和仓位的精准管理；仓库内部实现无线网络全面覆盖，通过 RF 无线智能终端，商品上货、理货、拣货全部由信息系统发送指令，商品存储由系统自动分配仓位，系统自动引导，实现自动化流水化作业。

标准化改造结束之后，采用全球领先的自动化立体存储，语音拣选、RFID、电子标签拣选，自动包装、传输与分拣等技术，结合 WMS 管理系统实现从订单下达、拣选到客户送达，全程运作的快速、透明、智能监控，大幅度提高小件商品的配送速度，并解决了品项繁多、订单规模巨大、配送作业分散等问题，信息化管理贯穿了作业的全过程，实现物流信息化、自动化、智能化，打造具有国际先进水平的大型地区管理总部。

【知识准备】

一、配送中心选址的原则

配送中心不同于传统仓库，其主要功能是提供配送服务。在供应链物流环节中，是一处物流节点，为物流下游经销商、零售商及客户提供配送工序。利用流通设施、信息系统平台，对物流经手的货物，作倒转、分类、流通加工、配套、设计运输路线、运输方式，为客户提供配送服务，目的是要节约运输成本、保障客户满意度。

配送中心位置的选择直接影响实际运营的效率和成本，配送中心的选址应在充分调查分析的基础上综合考虑自身经营的特点，因此要遵循以下原则。

1. 经济性原则

物流配送中心发展过程中，有关选址的费用，主要包括建设费用及物流费用（经营费用）两部分。物流配送中心的选址定在市区、近郊区还是远郊区，其未来物流活动辅助设施的建设规模及建设费用，以及运输等物流费用是不同的，选址时以上下游为依据，综合考虑选址及运营费用，并且以总费用最低作为物流配送中心选址的经济性原则。

2. 适应性原则

物流配送中心的选址须与国家以及省市的经济发展方针、政策相适应，与社会主义市场经济体制改革的方向相适应，与我国物流资源分布和需求分布相适应，与国民经济和社会发展相适应。

3. 战略性原则

物流配送中心选址应具有战略眼光，一是要考虑全局性，二是要考虑长远性。局部要服从全局，眼前利益要服从长远利益，既要考虑眼前的实际需要，又要考虑日后发展的可能。

4. 系统性原则

物流配送中心的工作，包括收验货、搬运、储存、装卸、分拣、送货、信息处理以及供应商、连锁商场等店铺的连接，如何使它们之间十分平衡、协调地运转是极为重要的。其关键是做好物流量的分析和预测工作，把握住物流的最合理流程。

5. 价值性原则

在激烈的市场竞争中，对于配送的准点及时和低缺货率等方面的要求越来越高，在满足服务高质量的同时，又必须考虑物流成本。特别是建造配送中心的耗资巨大，必须对建设项目进行可行性研究，并作多个方案的技术、经济比较，以求最大的企业效益和社会效益，而选址方案的确定正是其中关键的一环。

二、配送中心选址应考虑的因素

影响物流配送中心选址的因素繁多，物流配送中心设立的根本目的是降低社会物流成本，发挥其规模效益。所以，物流配送中心的建设一定要以足够的货流量为基础条件。同时，还应该考虑以下因素。

（一）客户的分布

为了提高服务水准及降低配送成本，物流配送中心多建在城市边缘接近客户分布的地区，如零售商型配送中心，其主要客户是超市和零售店，这些客户大部分分布在人口密集的地方或大城市。

（二）供应商的分布

供应商的分布地区也是物流配送中心选址应该考虑的重要因素。因为进入物流的商品全部是由供应商所供应的，物流配送中心愈接近供应商，则其商品的安全库存越容易控制在较低的水平上。由于我国国内一般进货的输送成本是由供应商负担的，因此这个因素往往不受到重视。

（三）交通条件

交通条件是影响物流的配送成本及效率的重要因素之一，交通运输的不便　将直接影响车辆配送的进行。因此，必须考虑对外交通的运输通路、未来交通与邻近地区的发展状况等因素。物流配送中心选址宜紧临重要的运输线路，以方便配送运输作业的进行。考核交通方便程度的条件有：是否为高速公路、是否为国道、是否为铁路、是否为快速道路、有哪些港口交通限制规定等。

（1）一般物流配送中心应尽量选择在交通方便的高速公路、国道及快速道路附近的地方，如果以铁路及轮船作为运输工具，则要考虑靠近火车编组站、港口等。

（2）对于综合型物流配送中心，一定要选择在两种以上运输方式的交汇地，如港口水运、公路运输、铁路运输、航空运输的各种组合。

（3）对于港口物流配送中心，还要选择内河运辖与海运的交汇地，既要满足吃水较深、能停靠大型货船的需要，又要克服内河泥沙淤积、河道疏通的困难。

（4）对于城市物流配送中心，要选择干线公路或高速公路与城市交通网络的交汇地，还要拥有铁路专用线或靠近铁路货运的编组站。

（四）人力资源条件

在仓储配送作业中，人力资源是重要的资源需求。由于一般物流作业仍属于劳力密集型的作业形态，物流配送中心内部必须备有足够的作业人力，因此在决定物流配送中心位置时必须考虑员工的来源、技术水准、工作习惯、工资水准等因素。如果物流配送中心的选址位置附近人口不多且交通又不方便时，基层作业人员不容易招募；如果附近地区的薪资水准太高，也会影响到基层作业人员的招募。因此必须调查该地区的人力、上班交通及薪资水准等评估条件。

（五）自然环境

1. 气候条件

充分了解当地自然气候环境有助于降低建设的风险，例如在自然环境中有湿度、盐分、降雨量、风向、风力瞬时风力、地震、山洪、泥石流等需要考虑的情况，有的地方靠近山边，湿度比较高，有的地方湿度比较低，有的地方靠近海边盐分比较高等，这些都会影响商品的储存品质，尤其是服饰产品或3C产品等对湿度及盐分都非常敏感。另外降雨量、台风、地震及河川等自然灾害，对于物流配送中心的影响也非常大，必须特别留意并且避免被侵害。选址时要避开风口，因为在风口建设会加速露天堆放商品的老化。

2. 地质地形条件

配送中心是大量货物的集结地，有些货物质量较大，会对地面造成很大的压力。如果配送中心所在地区的地质条件不佳（如存在淤泥层、松土层等），就会导致受压地段沉陷、翻浆等。因此，企业进行配送中心选址时，要选择土壤承载力较高的地区。同时，配送中心应位于地势较高、地形平坦之处，且应留有适当的面积。

（六）政治环境

政策环境也是物流配送中心选址评估的重点之一，包括企业优惠措施（土地提供、减税）、城市规划（土地开发、道路建设计划）、地区产业政策。对于土地的使用，必须符合相关法规及城市规划的限制，尽量选在物流园区或经济开发区。另外，还要考虑土地大小与地价，在考虑现有地价及未来增值状况下，配合未来可能扩充的需求程度，决定最合适的用地面积大小。

三、配送中心选址的方法

（一）定性分析方法

主要是根据选址影响因素和选址原则，依靠专家或管理人员丰富的经验、知识及其综合分析能力，确定配送中心的具体选址。主要方法有：优缺点比较法、德尔菲法。定性分析法的优点是注重历史经验，简单易行；缺点是容易犯经验主义和主观主义的错误，当可选地点较多时，不易做出理想的决策，从而导致决策的可靠性不高。

1. 优缺点比较法

优缺点比较法是一种简单的配送中心选址分析方法，尤其适用于非定量因素的比较。具体做法是：罗列出各个配送中心选址方案的优缺点进行分析比较，并按最优、次优、一般、较差、极坏 5 个等级对个方案的各个特点进行评分，将每个方案的各项得分加总，得分最多的方案为最优方案。优缺点比较法的比较要素可以参照前述的各种选址影响因素和选址原则给出。

2. 德尔菲法

德尔菲法，也称专家调查法，该方法是由企业组成一个专门的预测机构，其中包括若干专家和企业预测组织者，按照规定的程序，背靠背地征询专家对未来市场的意见或者判断，然后进行预测的方法。

具体步骤是：

① 组建专家小组；

② 向所有专家提出配送中心选址的相关问题及要求，并附上各选址方法的所有背景材料，同时让专家提交所需材料清单；

③ 各个专家根据他们所收到的材料，提出自己的意见；

④ 将专家的意见汇总，进行分析和处理；

⑤ 将分析结果再反馈给各专家，专家根据反馈材料修改自己的意见和判断；

⑥ 对专家的意见进行综合处理，确定选址方案。

（二）定量分析法

定量分析法有很多种，如重心法、运输问题法、量本利分析法、加权分析法、CFLP 模型等。优点是：能求出比较准确可信的解。

其中重心法是研究单个物流配送中心选址的常用方法，其基本思想是所选配送中心地址到各个配送网点（或客户）的运输费用最小，并假设到各网点的配送费率是相同的。

重心法是一种模拟方法，它将物流配送网络中的需求点和资源假设为分布在某一平面范围内，各处的需求量和资源量分别假设为聚积在一个重心上的物体的重量。物流配送网络中这些物体的重心就作为配送中心地址的最佳设置点。求得物体重心，则配送中心的地址就确定了，如图 2-1 所示。

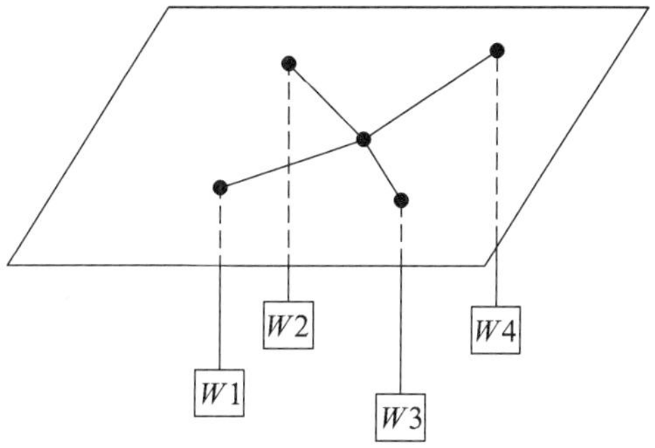

图 2-1　重心法

假设有 n 个配送网点，需要建立一个配送中心。各配送网点（或客户）在平面坐标系中的坐标是已知的（或可求）的，为 $(x_i, y_i)(i=1,2,\cdots,n)$，如图所示，则该配送中心的坐标位置（$x_0$，$y_0$）可以用图 2-2 的重心法公式求得。

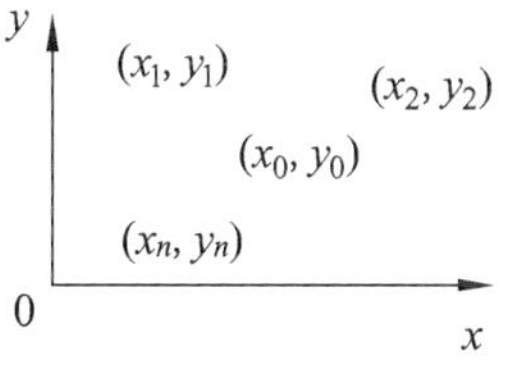

$$\begin{cases} x_0=\sum_{i=1}^{n} x_i W_i \Big/ \sum_{i=1}^{n} W_i \\ y_0=\sum_{i=1}^{n} y_i W_i \Big/ \sum_{i=1}^{n} W_i \end{cases}$$

图 2-2　重心法公式

图中，W_i 表示配送中心向第 i 个配送网点（或客户）的年配送物流量。

【同步案例】：重心法的应用

某连锁超市拟建一个物流配送中心负责其下属 5 个连锁店的物流配送。这 5 个连锁店的地理坐标和每年的物流运输量如表 2-1 所示。假设单位运量单位距离的运输成本相同，试用重心法确定该连锁超市拟建物流配送中心的坐标位置。

表 2-1　连锁超市门店的地理坐标与年物流运输量

连锁超市门店	连锁店 1		连锁店 2		连锁店 3		连锁店 4		连锁店 5	
地理坐标/km	x_1	y_1	x_2	y_2	x_3	y_3	x_4	y_4	x_5	y_5
	2	6	5	10	3	15	16	8	10	16
年物流运输量/t	150		200		220		300		180	

➢ **解**：这是一个直接利用重心法公式求配送中心坐标位置的问题。依题意，将各个连锁店的位置坐标代入公式，即可得到拟建物流配送中心的位置坐标：

$$x_0=\frac{2\times150+5\times200+3\times220+16\times300+10\times180}{150+200+220+300+180}\approx8.15$$

$$y_0=\frac{6\times150+10\times200+15\times220+8\times300+16\times180}{150+200+220+300+180}\approx10.93$$

➢ **所以**：配送中心应该建在（8.15，10.93）这个位置。

重心法适合于配送范围较小，只设立一个配送中心的情形。重心法模型简单，计算量少，可以较快地求出配送中心选址的大体位置。同时，重心法考虑因素比较简单，因此还需要综合考虑前述的各种选址影响因素和实际情况对计算结果进行修正，以得到更合理的结果。

与定性方法相比较，用定量选址法进行选址时能求出比较准确、可信的解，但又常常为了量化，使本来比较复杂的实物简单化、模糊化，甚至有的意见被量化以后可能被误解和曲解。因此，定性与定量方法相结合是一种比较科学而又切合实际的选址方法。

四、配送中心的物流分析

（一）物流需求分析

在进行配送中心规划设计时，最重要的一项分析就是物流需求分析，通常采用的分析方法是 EIQ 分析法。EIQ 分析就是利用“E”“I”“Q”这三个物流关键要素，来研究库存的需求特性，为仓储提供规划依据。其中，E（Entry）指订单件数、订购次数，I（Item）指货品的种类、品项、单品，Q（Quantity）指货品的数量或库存量。即是从客户订单的品项、数量、订货次数等方面出发，进行的配送特性和出货特性分析。

EIQ 分析的分析项目如下。

1. 订单量分析（EQ）

单张订单出货数量的分析。主要了解单张订单订购量的分布情形，可用于决定订单处理的原则、拣货系统的规划，并将影响出货方式及出货区的规则。

2. 订货品项数分析（EN）

单张订单出货品项数的分析。主要了解订单订购品项数的分布，对于订单处理的原则及拣货系统的规划有很大的影响，并将影响出货方式及出货区的规划。通常需配合出货品项数、订单出货品项累计数及总品项数三项指标综合考虑。

3. 品项数量分析（IQ）

每单一品项出货总数量的分析。主要了解各类货物出货量的分布状况，分析货品的重要程度与运量规模。可用于仓储系统的规划选用、储位空间的估算，并将影响拣货方式及拣货区的规划。

4. 品项受订次数分析（IK）

每单一品项出货次数的分析。主要分析各类货品出货次数的分布，对于了解货物的出货频率有很大帮助，可配合 IQ 分析决定仓储与拣货系统的选择。

➷ **一个具体的 EIQ 资料分解实例。**

具体如表 2-2 所示。

表 2-2　EIQ 资料分解表

	出货品项							订单出货数量	订单出货品项
		l_1	l_2	l_3	l_4	l_5	l_6	EQ	EN
出货订单	E_1	4	6	0	5	3	2	EQ_1=20	EN_1=5
	E_2	3	0	7	8	7	0	EQ_2=25	EN_2=4
	E_3	5	0	1	0	0	6	EQ_3=12	EN_3=3
	E_4	3	5	0	7	4	0	EQ_4=19	EN_4=4
单品出货量	IQ	IQ_1=15	IQ_2=15	IQ_3=15	IQ_4=15	IQ_5=15	IQ_6=15	GEQ/GIQ=76	
单品出货次数	IK	IK_1=4	IK_2=2	IK_3=2	IK_4=3	IK_5=3	IK_6=2		GEN/GIK=16

（二）配送中心常见的 EIO 模式

具体如表 2-3 所示。

表 2-3　常见的 EIQ 模式

分析项目	分布图	分析	应用
EQ	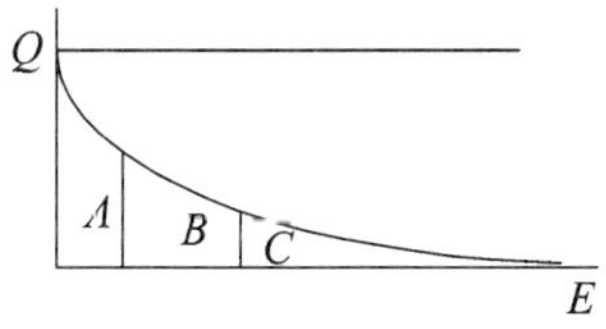	为一般配送中心常见模式，由于量分布趋于两极化，可利用 ABC 分析做进一步分析	规划时可将订单进行分类，将少数订量大的订单作为重点管理，相关拣货设备的使用也可分级
IQ	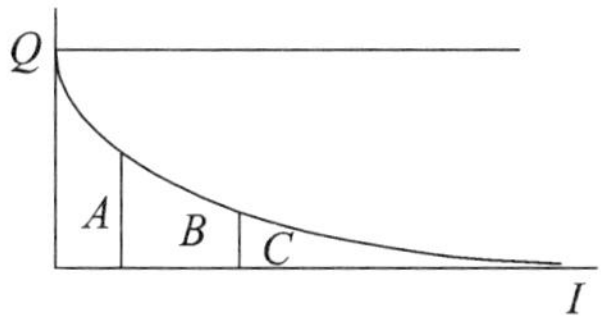	为一般配送中心常见模式，由于量分布趋于两极化，可利用 ABC 分析做进一步分析	规划时可将产品按储区储存，各类产品储存单位、存货水平可设定不同标准
IK	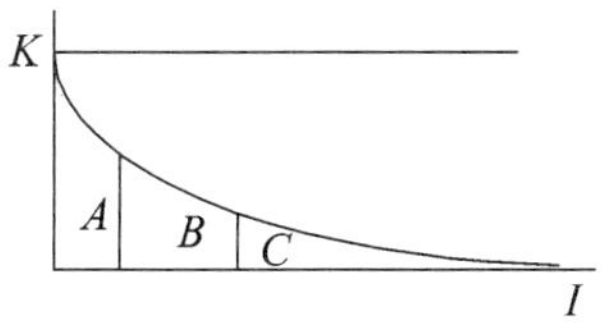	为一般配送中心常见模式，由于量分布两极化，可利用 ABC 分析做进一步的分析	规划时可按产品分类划分储区及储位配置，A 类可接近出入口或便于作业的位置及楼层，以缩短行走距离。品项多时可考虑作为订单分割的依据来分别拣货

（三）EIQ 分析的作用

1. 掌握重要客户及需求特性

通过 EQ 分析，可以了解客户的订货数量，了解哪些是大量销售的畅销款，哪些是滞销款。

2. 确定品项需求特性与拣货方式

在 IQ 与 IK 分析中，可以了解每一种产品品项的出库分布状况，作为产品储存、拣货、分类方式的参考。

3. 储位规划与管理

从 EIQ 分析数据上计算仓库的储位规划，以使各种产品的储位能在作业效率和空间利用率上，获得最经济的效益。

4. 计算库存及相关作业空间需求

从 IQ 的总出货平均数乘以品项数，便可作为整体需求量，再乘以库存天数，可估计出库存总需求量：EQ 平均量乘以订单数，即可估计出配送车辆需求或备货区域空间。

5. 物流设备选型的重要依据

通过对 EIQ 资料的分析计算，可以决定所需要的设备种类或自动化程度，不致因为过度自动化而造成财力上的浪费。

五、配送中心的外部布局

配送中心的布局是根据现状和发展预期，确定配送中心应该如何分布。由于配送中心的长期使用和难以更改的特性，其布局是一项带有战略性的决策。在实际工作中，要结合企业实际，充分发挥配送中心的功效，合理分布，选取适宜的布局形式。

（一）辐射型

配送中心位于众多用户之中，商品由配送中心向四周配送，形成辐射状，从配送中心到各用户的距离之和应小于其他候选地至各用户的距离之和，如图 2-3 所示。

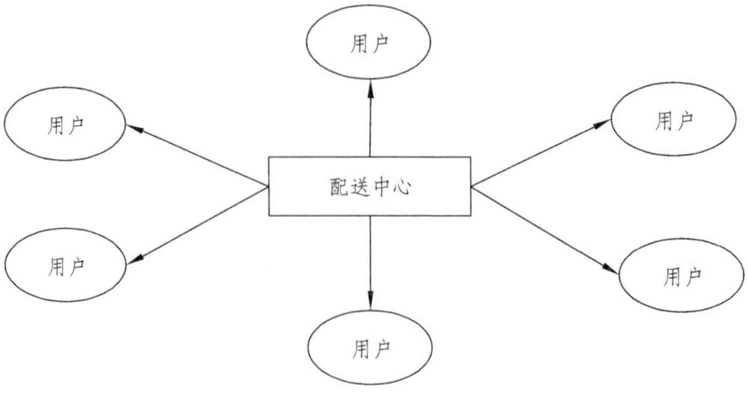

图 2-3　辐射型配送中心

这种类型的配送中心可适应以下条件：

（1）配送中心附近是用户相对集中的经济区域。

（2）配送中心靠近主要运输干线，利用干线运输将货物运达配送中心，然后再配送到各个用户，但要尽可能避免逆干线配送时不合理的对流运输的产生。

（二）扇形

商品从配送中心向一个方向配送，形成扇形，如见图 2-4 所示。

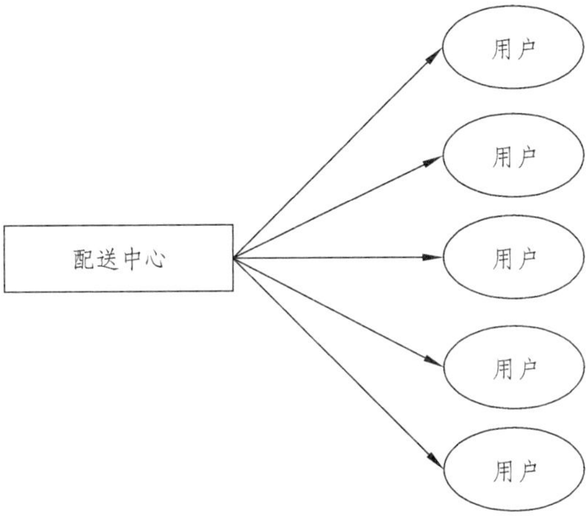

图 2-4　扇型配送中心

这种类型的配送中心特点是：商品有一定的流向，配送中心位于主要运输干线的中途或终端，配送中心的商品配送方向与干线方向一致或在运输干线侧面。

（三）双向辐射型

用户集中在配送中心的两侧，商品从配送中心向两个相反方向配送，形成双向辐射型，如图 2-5 所示。

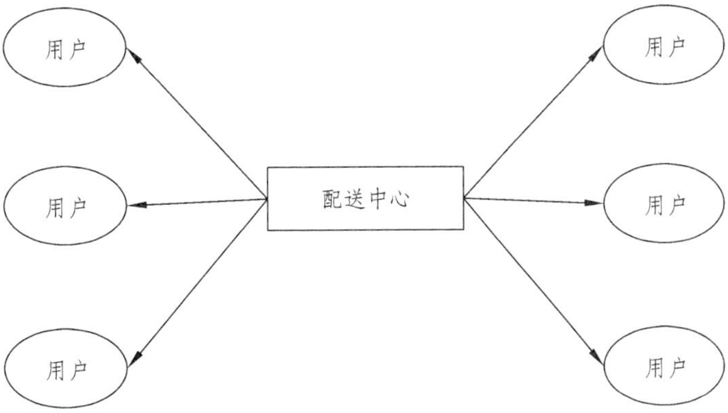

图 2-5　双向辐射型配送中心

这种类型的配送中心特点是：配送中心靠近主要运输干线，配送中心的商品向运输干线两侧配送。

六、配送中心的内部布局

（一）配送中心功能区域的构成

配送中心是根据用户的订单和销售预测，进行规模化采购、进货、储存，然后按客户订单所需商品及数量，在规定时间准时送达客户的物流场所。一般配送中心功能区域由以下几部分构成，见图 2-6。

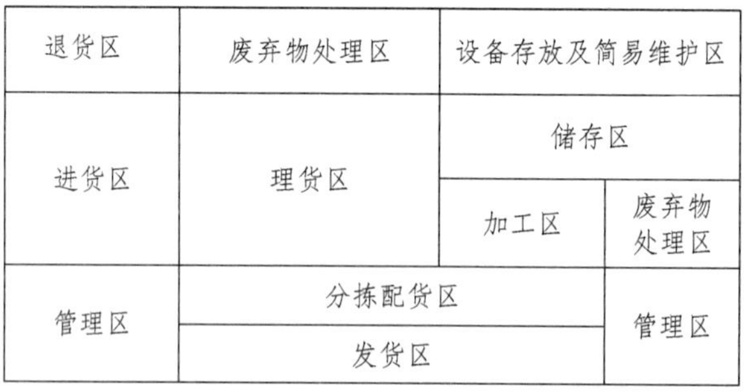

图 2-6　配送中心功能区域的构成

1. 管理区

是中心内部行政事务管理、信息处理、业务洽谈、订单处理以及指令发布的场所，一般位于配送中心的出入口。

2. 进货区

收货、验货、卸货、搬运及货物暂停的场所。

3. 理货区

对进货进行简单处理的场所。在这里，货物被区分为直接分拣配送、待加工、入库储存和不合格需清退的货物，分别送往不同的功能区。在实行条形码管理的中心里，还要为货物贴条形码。

4. 储存区

对暂时不必配送或作为安全储备的货物进行保管和养护的场所。通常配有多层货架和用于集装单元化的托盘

5. 加工区

进行必要的生产性和流通性加工（如分割、剪裁、改包装等）的场所。

6. 分拣配货区

进行发货前的分拣、拣选和按订单配货。

7. 发货区

对物品进行检验、发货、待运的场所。

8. 退货处理区

存放进货时残损或不合格或需要重新确认等待处理货物的场所。

9. 废弃物处理区

对废弃包装物（塑料袋、纸袋、纸箱等）、破碎货物、变质货物、加工残屑等废料进行清理或回收复用的场所。

10. 设备存放及维护区

存放叉车、托盘等设备及其维护工具的场所。

（二）作业区域设置

配送中心的作业区域包括物流作业区及外围辅助活动区。物流作业区的作业包括装卸货、入库、订单拣取、出库、出货等，通常具有物流相关性；而外围辅助活动区的工作场所包括办公室、计算机室、维修间等，则具有业务上的相关性，经作业流程规划后即可针对配送中心的营运特性规划所需作业区域。配送中心的主要作业区域包括进货区、理货区、仓储区、拣选区、流通加工区、集配货区、出货区、办公区、计算机管理监控区、劳务性活动区、维修区等。

1. 能力需求分析

（1）仓储区能力估算。

确定所需的作业区域后，需依据各项基础需求分析资料，确定各区域的基本运转能力。下面介绍仓储区和拣选区运转能力的估算方法。

仓储区的储运能力的估算方法可采用周转率估计法。其计算公式为：

$$仓容量=（年仓储运转量/周转次数）\times 安全系数$$

利用周转率来进行储存区储存量的估计是简便而快速的初估方法，可适用于初步规划或储量概算的参考。

（2）拣货区的储运能力规划。

规划配送中心拣货区的运转量，与仓储区估算方法类似，但是须注意仓储区的容量是维持一定期间（厂商送货期间）内的出货量需求，因此对进出货的特性及处理量均须加以考虑；而拣货区则以单日出货货品所需的拣货作业空间为主，故以品项数及作业面为主要考虑因素，一般拣货区的规划不需包含当日所有的出货量，当拣货区货品不足时，由仓储区进行补货。其规模计算的原则及方法说明如下。

年出货量计算：将配送中心的各项进出货品换算成相同拣货单位的拣货量，并估计各货品别的年出货量，如果货品物性差异很大（如干货与冷冻品）或基本储运单位不同（如箱出货与单品出货），可以分别加总计算。

- 估计各货品别出货天数：按各类货品别估计年出货天数。
- 计算各货品平均出货天数的出货量：用各货品年出货量除以年出货天数。
- ABC 分析：对出货量进行 IQ 分析，进行 ABC 分类，对各类货品制订不同的拣

货区存量水准。各类货品的存量水准乘以各类别的货品品项数，即可求得拣货区储运量的初估值。

2. 区域面积的规划

各功能区域面积的确定与各区域的功能、作业方式、所配备的设施和设备以及物流量等

有关，应分别进行详细计算。例如仓储区面积的大小与仓储区具体采用的储存方法、储存设备和作业设备密切相关，常用的储存方法有地面堆码、货架存放、自动仓库等几种，应根据确定的总的仓储能力计算所需的面积或空间。

对于物流作业区域，由于其面积主要取决于货物作业量，因此可以用以下的简单公式估算该区域的面积：

$$S=\sum h_j/\lambda$$

公式中 h_j 为第 j 种货物每日的作业量（t），λ 为该区域的面积利用系数（t/m^2）各区域的面积利用系数取决于货物的类型、货物的存放方式以及所采用的作业设备等，应根据经验和具体条件确定。

（三）配送中心功能区作业量定额分布

配送中心功能区域作业量定额分布如表 2-4 所示。

表 2-4　配送中心功能区域作业量定额分布表

作业区名称	单位面积作业量/（t/m^2）
收货验收作业区	0.2 ~ 0.3
分拣作业区	0.2 ~ 0.3
储存保管作业区	0.7 ~ 0.9
配送理货作业区	0.2 ~ 0.3
辅助生产区	建筑面积占整个配送中心的 5% ~ 8%
办公生活区	建筑面积占整个配送中心的 5%左右

【任务实施】

一、任务描述

参观学院的物流实训中心，进一步了解和掌握配送中心的内部功能区域和具体布置，并绘制出物流实训中心的功能区域布局图。

二、任务目标

（1）全面了解配送中心的功能区域及其作用。
（2）熟悉配送中心的功能区域布局。
（3）锻炼学生的动手能力、分析能力和团队合作精神。

三、任务实施步骤

（1）分组，每组 6 ~ 8 人，仔细观察物流实训中心库房，听老师的介绍，明确收发货区、理货区、储存区、加工区等功能区域的具体位置。
（2）用皮尺或卷尺量出各功能区尺寸，确定立柱的位置，标注各功能区域和通道。
（3）利用电脑软件按比例缩小绘制库内功能区域布局图，并分析各功能区域的作用。

四、任务评价

绘制配送中心功能区域布局图实训评价表

班级		配送部（组名）	
考评内容	绘制配送中心功能区域布局图		
考评标准	内　　容	分值	实际得分
	数据测量准确	20	
	能画出个功能区域的正确位置	30	
	比例缩放正确、适中，整体效果美观	20	
	各功能区域作用分析准确	20	
	人员分工合理	10	
	合　　计	100	
存在的问题及改进措施			

任务二　配送中心的组织结构及岗位设置

【案例导入】——CN 物流配送中心的组织结构

CN 物流配送中心的组织结构及岗位职责如图 2-7 所示。

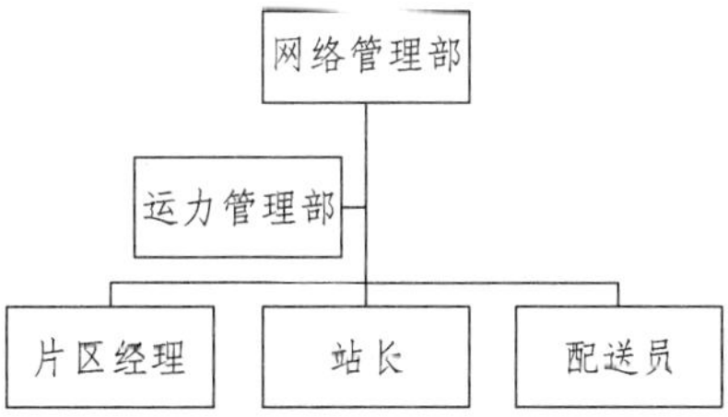

图 2-7　CN 物流配送中心组织结构图

片区经理职责：配送点规划、建设、管理、调整；能力建设、日常作业监控、服务质量监控；配送点各项管理要求、服务规范传达、配送点巡点；人员招聘、培训、团队建设。

站长职责：配送员管理、日常作业数据监控、服务质量监控；配送员培训、薪资结算等。

配送员职责：用标准的形象、规范的操作流程、舒心的服务，将顾客的商品安全、准确、准时地送达顾客手中。

【知识准备】

一、配送中心组织结构设计

组织结构是指为了实现组织的目标，在组织理论指导下，经过组织设计形成的组织内部各个部门、各个层次之间固定的排列方式，即组织内部的构成方式。配送中心作为从事配送业务的组织，为了更有效地进行经营和管理，实现经营目标，必须建立合理的配送中心组织结构。

配送中心组织机构设计，是有效组合和协调配送组织内的任务、权力和责任的活动，基本功能是协调组织中人员与任务之间的关系。

（一）配送中心组织结构设计的影响因素

1. 配送中心的规模

不同规模的配送中心会采用不同的组织结构形式，同一个配送中心在发展的过程中，随着配送中心组织规模的扩大和复杂化，也会对其组织结构进行变革。

2. 配送中心的战略

组织战略是实现组织目标的基本手段。它决定着组织在一定时期内的活动方向和水平，组织战略的变化必会导致组织的变化。为了实现组织目标，组织结构设计必须服从组织战略的需要，只有按照这一要求设计的组织，才能成为组织目标实现的有效和可靠的依托。

不同的组织战略要求有不同的组织任务和职能，组织战略的变化和调整会影响组织的工作重点以及各职能部门和职位在组织中的重要性的变化，因此，组织战略会影响组织的职能、职位、职权、规范制度的设计以及组织部门和职位以及相互关系的调整。

3. 配送中心的环境

对配送中心组织结构设计具有重要影响的是配送中心所在的外部环境。包括物质的和精神的、有形的和无形的、自然的和社会的等对配送中心具有影响的因素和条件的总和。如果配送中心所处的环境相当稳定，则其组织结构的稳定性程度很高，具有专业化、分工与阶层性的特征；但如果配送中心的环境动荡不定，则组织就不得不采取富有弹性的、权变性的结构，组织内部的相互依赖程度增加，从而使组织有很强的应变能力，成为一个处在不断变革与调整中的经济有机体。

4. 配送中心的技术因素

技术是组织中把相关资源转化为最终产品及服务的能力和方式的总和。对配送中心来说，其技术既包含组织配送活动的能力和方式的物流技术，也包含配送中心组织管理的能力和方式的一般技术。

物流技术对于配送中心组织结构设计具有重要影响，不同的物流技术水平和物流技术装备，对于配送中心的活动内容的划分、部门的设立、职能的设计、职务的设置和权力的配置、组织制度规范的内容和实施方式以及组织的各部门关系，会有不同的要求。一般技术如计算机和信息网络技术，会极大地改变配送中心组织活动的内容，改变配送中心组织的构成部门和职位，改变配送中心组织的权力配置和权力关系，改变配送中心组织制度规范的要求，形成高度集约化的组织形式。

（二）配送中心组织结构设计原则

1. 任务目标原则

企业组织设计的根本目的，是为实现企业的战略任务和经营目标服务的。配送中心管理的核心目标是提供高服务水平的同时，消耗较低的成本。因此，配送中心组织结构的设立既要考虑企业内部机构设置的合理性，同时还要考虑机构设置对客户的影响。这是一条最基本的原则。

2. 专业分工和协作的原则

现代企业的管理，工作量大，专业性强，分别设置不同的专业部门，有利于提高管理工作的质量与效率。在合理分工的基础上，各专业部门只有加强协作与配合，才能保证各项专业管理的顺利开展，达到组织的整体目标。贯彻这一原则，在组织设计中要重视横向协调问题。

3. 有效管理幅度原则

由于受个人精力、知识、经验条件的限制，一个领导人能够有效领导的直属下级人数是有一定限度的。有效管理幅度不是一个固定值，它受职务的性质、人员的素质、职能机构健全与否等条件的影响。这一原则要求在进行组织设计时，领导人的管理幅度应控制在一定水平，以保证管理工作的有效性。由于管理幅度的大小同管理层次的多少呈反比例关系，这一原则要求在确定企业的管理层次时，必须考虑到有效管理幅度的制约。

4. 集权与分权相结合的原则

企业组织设计时，既要有必要的权力集中，又要有必要的权力分散，两者不可偏废。集权是大生产的客观要求，它有利于保证企业的统一领导和指挥，有利于人力、物力、财力的合理分配和使用。而分权是调动下级积极性、主动性的必要组织条件。合理分权有利于基层根据实际情况迅速而正确地做出决策，也有利于上层领导摆脱日常事务，集中精力抓重大问题。因此，集权与分权是相辅相成的，是矛盾的统一。没有绝对的集权，也没有绝对的分权。企业在确定内部上下级管理权力分工时，主要应考虑的企业规模大小、企业生产技术特点、各项专业工作的性质、各单位的管理水平和人员素质的要求等因素。

5. 稳定性和适应性相结合的原则

稳定性和适应性相结合原则要求组织设计时，既要保证组织在外部环境和企业任务发生变化时，能够继续有序的正常运转；同时又要保证组织在运转过程中，能够根据变化了的情况做出相应的变更，组织应具有一定的弹性和适应性。为此，既需要在组织中建立明确的指挥系统、责权关系及规章制度；又要求选用一些具有较好适应性的组织形式和措施，使组织在变动的环境中，具有一种内在的自动调节机制。

（三）配送中心组织结构设计步骤

组织结构设计的任务是要能简单而明确地指出各岗位的工作内容、职责与权力，以及与组织中其他部门和岗位的关系，要求明确负责该岗位工作者所必需具备的基本素质、技术知识、工作经验、处理问题的能力等条件。因此，组织结构设计的步骤一般可以分为以下四步。

1. 岗位的形成

通过对组织目标的分析，明确组织任务，并且通过对任务的分解和综合，形成了为完成任务所需的最小的组织单位，即岗位。并应明确每个岗位的任务范围、岗位承担者的责职权利以及应具备的素质要求等。所以，一个全新的组织结构设计需要从下而上进行。

2. 部门划分

根据各个岗位所从事的工作内容的性质以及岗位职务间的相互关系，依照一定的原则，可以将各个岗位组合成被称作“部门”的管理单位。组织活动的特点、环境和条件不同，划分部门所依据的标准也是不一样的。对同一组织来说，在不同时期的背景中，划分部门的标准也可能会被不断调整。

3. 机构设计和组织形式

每个组织都需要一个组织结构，它是在岗位形成和部门设计的基础上，根据组织内外能够获取的人力资源，对初步设计的部门和岗位进行调整，并平衡各部门、各岗位的工作量，以使组织机构合理。一个组织结构可以采用不同的形式，其组织形式可以按照模式进行选择。

4. 形成文件

文件是采用合适的表达方法对机构组织所作的书面表达。主要类型有：组织机构图、岗位责任书、岗位人员分配图和显示岗位和部门在完成总任务方面所占份额的职能图。

二、配送中心的组织结构类型

配送中心是专门从事物流活动的组织和场所，作为一个流程型组织，其组织结构是指中心的整个组织结构按部门划分和按层次划分，组成纵横交错关系的组织形式，它决定于配送中心的业务规模、经营内容、人员素质、经营管理水平和内外部环境等因素，并随着配送中心的发展、管理水平和技术手段的不断提高而不断改进。从一般的发展过程来看，配送中心作为一个流通型组织，其组织结构类型主要分为以下三种。

（一）职能型组织结构

职能型组织结构是指企业按职能划分部门。按职能划分部门来组织经营活动，可体现企业活动的特点。配送中心是利用其高效、快速的配送能力实现商品顺畅流通的，其基本的企业职能主要有营销、配送业务和财务，同时还包括一些保证经营活动顺利进行的辅助性职能，如人事、客户服务和增值业务等。在这些基本职能部门内也会发生相应的任务划分，即当任何职能部门发觉自己的管理幅度太宽时，就会自然派生出一些子部门，以此来适应管理的需要。职能型组织结构如图 2-8 所示。

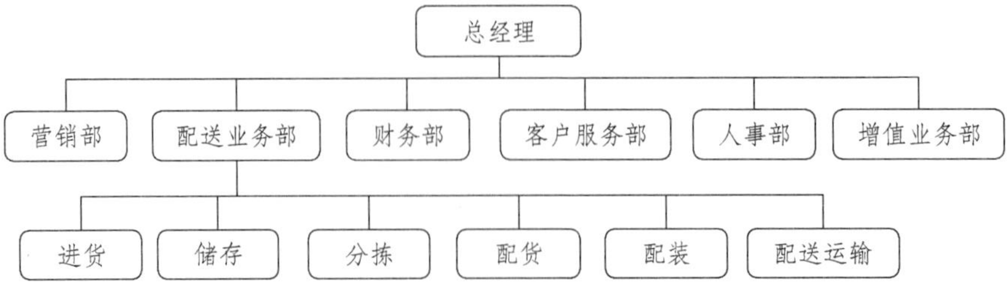

图 2-8　职能型组织机构

职能型组织结构提倡内行领导，能够加强企业管理工作的专业化分工，达到管理工作的准确性和高效率。但由于各职能部门的管理人员长期在一个专业部门工作，形成了自己的行为模式，因而往往会从本位出发考虑问题，只忠实于自己所在的部门，而不把企业看成一个整体，部门之间相互协调比较困难，导致企业对外界的反应比较慢。

这种机构不适合于大型企业及网络化布置的物流配送中心，而比较适合于外部环境比较稳定，采用常规技术的中小型企业，如专业配送中心和特殊配送中心。

（二）产品型组织结构

随着企业产品经营的多样化，把用户特点不同和制造工艺不同的产品集中在同职能部门，会给企业的运作带来许多困难，而管理跨度又限制他们增加下级人员的可能。在这种情况下，就需要按产品分工进行组织结构的设置，建立产品型组织结构形式。该形式要求高层管理者授予一位部门管理人员在某种产品经营上的广泛权力，并要求其承担一部分利润指标，而高层管理者仍控制财务、人事等方面的职能，规划整个企业的发展方向。这种组织结构形式如图 2-9 所示。

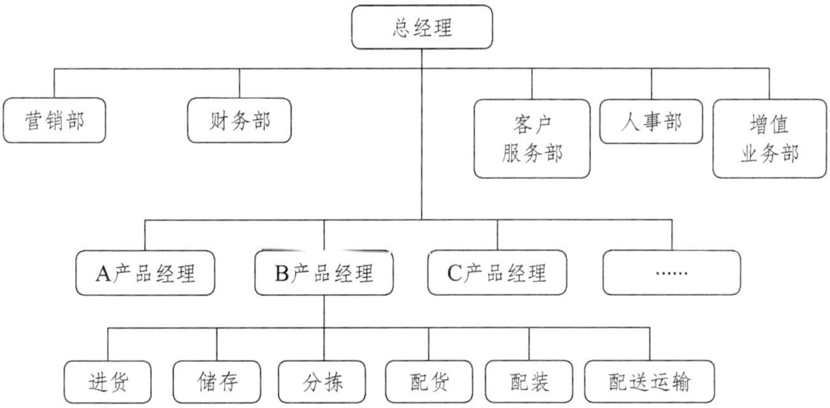

图 2-9　产品型组织机构

产品型组织结构有利于企业加强对外部环境的适应性，以市场为主导，及时调整经营方向，减少市场风险，有利于促进企业内部的竞争，提高劳动效率，降低经营成本。但这种形式由于总部和事业部中的职能部门可能重叠，从而导致管理费用增加；按产品划分部门，企业必须有较多的有全面管理能力的人员；同时由于各产品部门的负责人具有较大的决策权，可能会过分强调本单位的利益，而影响企业的统一指挥。为了避免失控，企业应把足够的决策权和控制权掌握在总部手里。

（三）区域型组织结构

在经营范围分布很广的企业中，应按区域划分部门，建立区域型组织结构，即将一个特定地区的经营活动集中在一起，委托给一个管理者去完成，如图 2-10 所示。

按区域划分的部门可以调动各地区管理者的积极性，加强各地区各种活动的协调；还可以减少运输费用和时间，降低配送成本。但也存在着需要较多管理人员，造成机构重复设置，高层管理者难以控制各地区的管理工作等问题。

这种组织结构较适合于综合型配送中心。

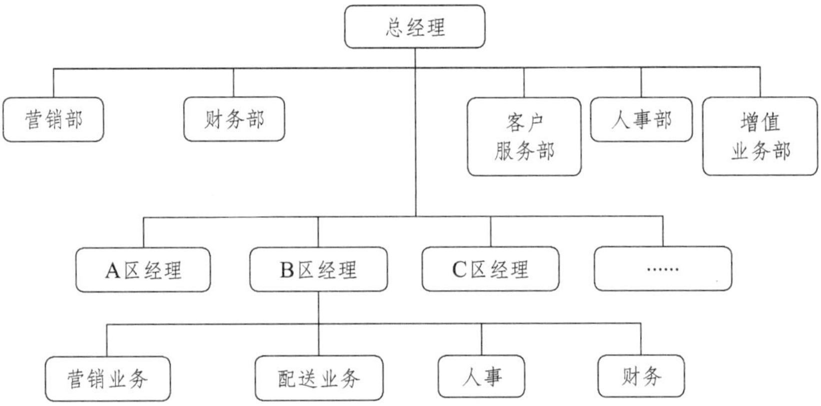

图 2-10　区域型组织机构

三、配送中心的部门划分

配送中心的一级部门一般可分为业务部门、智能管理部门和行政事务部门。

（一）业务部门

业务部门指直接参加和负责组织物流配送中心业务活动的部门，它们的主要任务是直接从事物流的经营、操作，对外建立经济联系，并负责处理经营业务纠纷等，是中心组织机构的主体。其规模和分工程度直接影响着其他部门的机构设置。

物流配送中心的业务部门，包括担负从货品进入物流配送中心到按用户要求送达目的地全部工作的各个物流业务机构，按照不同的业务种类，可分为：仓储管理部、运输管理部、配送管理部、信息管理部等。业务部门的组织结构划分和设置主要有以下四种方法：

（1）根据处理对象的货品类别分设二级业务部门，即通过设置下级机构分别负责一类或几类货品的全部物流业务。

（2）根据经营业务的不同环节分设二级业务部门，即按入库、保管、出库、运输等不同环节设置机构，分别负责不同的业务内容。

（3）把前两种方法结合起来，就是在货品种类分工的基础上，再把该类货品处理的各个业务环节交由一个二级业务机构来负责。

（4）根据地理区域范围的划分分设二级业务机构。

（二）职能管理部门

职能管理部门指与业务部门活动有着直接关系，专为业务部门开展工作提供服务的管理部门。该部门直接承担计划、指导、监督和调节职能，包括计划统计、财务统计、劳动工资、价格等管理，以及在专业技术上予以帮助。按领导的委托向业务部门布置工作，负责收集、整理经营业务信息，是各级领导的参谋机构，不直接从事物流配送中心的经营活动。物流配送中心的职能管理部门是按照管理职能及管理工作的复杂性，分工的需要而设置的。

（三）行政事务部门

行政事务部门指间接地服务于经营业务和职能管理部门活动的行政事务机构，包括秘书、总务、教育、保卫等机构。它们的主要任务和职责权限是为经营和管理工作提供事务性服务——人事管理、安全保卫和法律咨询等。上述是物流配送中心组织结构设置的一般模式，并不是永久不变的，应当随着企业自身条件和内外部经济条件的变动加以必要的充实和调整，以保证企业目标的顺利实现。

四、配送中心的岗位设置及其职责

配送中心的岗位设置由配送中心的功能、作业流程和组织结构决定，表 2-5 是配送中心岗位设置及其职责。

表 2-5　配送中心岗位设置及其职责

一级部门	工作组	岗位名称	岗位职责
总经办		总经理/副总经理	负责（协助）物流公司管理工作
		主任/副主任	1. 负责总经办日常工作，搭建总经理日常管理平台； 2. 推进集团经营管理目标在地区的分解、落地； 3. 协助总经理做好外联工作； 4. 负责物流公关关系和项目申报工作
		计划专员	1. 区域重点工作计划管理工作； 2. 区域重点项目管理工作； 3. 区域绩效考核及指标管理工作； 4. 区域会议组织及管理工作； 5. 区域日常基础管理工作，巡检、行程、重大事件、发文等
		稽查专员	1. 负责区域内规章制度落地执行结果的检查； 2. 参加区域巡检工作； 3. 负责区域内各项违规行为的调查； 4. 完成总部交办的其他事项
设备与包装材料管理部	耗材组	耗材管理部长	1. 负责设备耗材管理部的整体管理工作； 2. 负责耗材日常补货、到货跟踪、验收、保管、领用、发放、盘点、报废等，保证耗材到货质量稳定，发放及时
		耗材管理员	1. 耗材到货质量数量验收，货物保管； 2. 耗材领用、购买的发放； 3. 耗材定期盘点、每日耗材日报统计等
	设备组	运维管理部长	负责监督、指导片区内其他公司设备维保工作
		运维工程师	1. 实施设备各类保养计划，组织抢修设备各类故障，保障设备正常运转，提高设备稼动率； 2. 备品备件管理，售后服务供应商管理
仓储管理部	储存保管组	仓储经理	1. 负责仓储运营部日常管理工作； 2. 负责具体业务的日常作业管理工作
		商品管理专员	1. 负责仓储管理部商品管理，入库、整理、核查、出库等工作，具体包括库内商品动碰盘点、滞销机盘点、库内商品散仓合并、次日商品来货库位整理、库内每天消防巡检、5S 巡检、商品销售出库单据打印等； 2. 负责收发货单证管理、单据保管、交接及异常处理工作

续表

一级部门	工作组	岗位名称	岗位职责
仓储管理部	储存保管组	操作员	负责收发货具体操作工作
		叉车员	负责货物装卸、上下架工作
		客服专员	负责重点外部业务服务及日常运营对接工作
	质控组	质控专员	协助负责区域全链路服务质量管控及服务指标
		经营总监/副总监	统筹/协助负责地区货品业务工作
	不良品仓储组	运营经理	负责不良品仓储运营部日常管理工作
		不良品操作员	1. 负责不良品的退换货鉴定、分理、入库交接、上架、盘点、出库交接； 2. 负责协助工厂鉴定、整理
	防损组	运营经理	负责防损部仓储运营部日常管理工作
		防损专员	负责仓库风险管控、质量管理、资产安全管理工作、精益生产项目的落地与执行工作
运输管理部		运营经理	1. 负责运输管理部工作； 2. 负责区域内长期线路规划，临时线路调整，临时配载审核，规划执行监控，运输成本管控，场地搬迁、临时分流、新业务路由规划
		运输专员	1. 现场管理：单边车数据审核（内径长宽高），运输任务指派、打印运输单、现场靠车提货，卸车靠港安排、满载监控反馈、动态路由调整（达量直发、经停等）安排、承运商现场管理； 2. 办公室：数据处理跟进（发车、在途、在途包裹、未清未达）；出险差异，买赔异常处理，投诉；结算跟进；外部业务
		驾驶员	负责驾驶干线运输车辆工作
配送管理部		运营经理	1. 负责配送中心现场作业管理，分拨标准化巡检与执行落地，操作员、外包人员现场管理； 2. 负责货件装卸车、过磅、称重、分拣、扫描、解建包/箱/托、安检、外部业务的揽收，TC 转运下单，打印面单，张贴面单，换单的现场作业管理
		质量专员	负责分拨每日运营数据监控、日/周/月度质量分析、异常数据清零跟进，仲裁判责取证及定责，客服工单处理，违规作业惩处执行跟进，外包公司作业质量评估，分拨人员绩效、计量数据核算工作
		配送专员	1. 负责配送中心货物日常服务投诉处理与质量管理； 2. 负责日常销单，以及未清、未达的日常运营规范管理； 3. 负责按客户要求制订合理的配送方案； 4. 负责运营专项落地，以及相关设备物资管理
		问题件员	负责分拨无头件、破损、污染件、禁运品、退换货、出险、未清未达等各类问题件处理，协助客服工单现场核查，仲裁三件现场核实与异常数据清零跟进

续表

一级部门	工作组	岗位名称	岗位职责
		操作员	1. 普通操作员，负责装卸车、称重、分拣、扫描、解建包/箱/托； 2. 司磅，负责地磅的整车过磅作业； 3. 安检，负责安检机作业，安检台账登记，禁运品处理； 4. 外业操作员，负责外部业务的揽收，TC 转运下单，打印面单，张贴面单，换单
		送货员	1. 熟悉和掌握自有运输能力和车辆、设备状况、道路交通情况； 2. 负责使用配送车辆把客户需要的货物送达至客户手中，并与客户办理好交接
车辆管理部		车辆管理专员	负责自有车辆的日常维护保养工作跟进
客户服务部		客服经理	负责整个客服部管理工作
	质培管理组	质检主管	负责客服岗位、网点公司及站点相关客户服务工作的质量检查
		培训主管	围绕服务质量的提升，负责针对客服岗位组织开展培训、辅导工作
	订单管理组	订单处理员	负责订单处理质量的监管，做好服务兜底工作（时效响应/时效完结/升级客诉）
	仲裁管理组	仲裁员	负责公司及站点仲裁件追责的管理
	商户服务组	受理员	负责商户（公司市场部）服务对接工作，包括商户订单的跟单、问题受理与处理等工作
信息部		信息管理员	负责配送中心计算机硬件和软件的采购、维护、管理，以及信息管理系统的运行与维护
营销部		业务经理	1. 负责业务拓展工作； 2. 针对配送中心货物的特点和区域范围，制定合理有效的营销策略
		营销员	1. 负责货物销售支持工作； 2. 负责客户筛选、客户资料整理、归类和客户关系维护工作； 3. 负责与客户的资金结算
财务部		财务会计	1. 负责配送中心账务处理，报表的编撰与分析工作； 2. 负责短期和长期预算的编制与控制
		出纳	1. 严格审核收付凭证，据以收付款项，并记录现金、银行存款日记账； 2. 编制银行存款余额调节表，做好银行对账、报账工作； 3. 配合会计做好各种账务处理
		业务结算员	负责收发货业务中各项费用的结算、收费，向客户出具结算和相关的收费凭证等
行政部		行政部长	1. 负责行政部管理工作； 2. 负责行政日常事务工作
		安保	负责安全保障工作
		保洁	负责清洁保障工作

【任务实施】

一、任务描述

参观相关的物流配送中心，进一步了解和掌握配送中心的组织结构和岗位设置，并绘制出物流配送中心的组织结构图。

二、任务目标

（1）全面了解配送中心的组织结构设计的原则和类型；
（2）能够绘制配送中心的组织结构图；
（3）能够准确描述配送各岗位的工作职责；
（4）锻炼学生的调查研究、分析问题能力和团队合作精神。

三、任务实施步骤

（1）分组，以组建的配送部为单位，每组6～8人，参观2家物流配送企业，了解企业的组织结构，部门划分。
（2）记录并熟悉各个配送中心的岗位设置。
（3）对记录资料记性汇总分析。
（4）绘制出配送中心的组织结构图。
（5）准确描述配送中心各岗位的工作职责。

四、任务评价

绘制配送中心的组织结构图实训评价表

<table>
<tr><td>班级</td><td colspan="2"></td><td>配送部（组名）</td><td></td></tr>
<tr><td>考评内容</td><td colspan="4">绘制配送中心的组织结构图</td></tr>
<tr><td rowspan="6">考评标准</td><td colspan="2">内　　容</td><td>分值</td><td>实际得分</td></tr>
<tr><td colspan="2">调研过程遵守纪律、记录认真</td><td>30</td><td></td></tr>
<tr><td colspan="2">配送中心组织结构图绘制准确</td><td>30</td><td></td></tr>
<tr><td colspan="2">岗位划分清楚，职责明确</td><td>30</td><td></td></tr>
<tr><td colspan="2">团队协作</td><td>10</td><td></td></tr>
<tr><td colspan="2">合　　计</td><td>100</td><td></td></tr>
<tr><td>存在的问题及改进措施</td><td colspan="4"></td></tr>
</table>

同步练习

一、单选题

1. 配送中心是指从事配送业务且具有完善信息网络的场所或组织，应基本符合下列要求（　　）。

A. 主要为特定客户或末端客户提供服务　　B. 配送功能健全

C. 存储能力强　　D. 辐射范围小

2. 配送中心的功能是通过货物对象及其相关资源的最终配置而确定的。在现代物流过程中许多新的功能被不断强化，以下不是配送中心功能的是（　　）。

A. 储存　　B. 销售　　C. 信息　　D. 流通加工

3. 利用下列功能元素（拣货、配货、出货、加工、订单处理）完成一般配送中心作业的业务流程排序（　　）。

A. 订单处理　拣货　加工　配货　出货

B. 订单处理　加工　拣货　配货　出货

C. 加工　订单处理　拣货　配货　出货

D. 加工　订单处理　配货　拣货　出货

4. EIQ 分析中，通过（　　）分析，可以了解客户的订货数量，哪些是大量销售的畅销款，哪些是滞销款。

A. IQ 分析　　B. EQ 分析　　C. EN 分析　　D. IK 分析

5. 下列哪项是按配送中心功能来进行分类的（　　）。

A. 零售商型配送中心　　B. 批发商型配送中心

C. 加工配送中心　　D. 化妆品配送中心

6. 没有长期储存功能，仅以暂存或随进随出方式进行配货、送货的配送中心是（　　）。

A. 流通型配送中心　　B. 储存型配送中心

C. 加工型配送中心　　D. 销售型配送中心

7. 以第三方物流企业（包括传统的仓储企业和运输企业）为主体的配送中心是（　　）。

A. 制造商型配送中心　　B. 批发商型配送中心

C. 零售商型配送中心　　D. 专业物流配送中心

8.（　　）是配送中心的工作人员进行拣货和配货作业的场所，其面积大小因配送中心的类型不同而异。

A. 接货区　　B. 理货区　　C. 储存区　　D. 配装区

9.（　　）是指企业按职能来划分部门，并按所划分的职能部门来组织经营活动的模式。

A. 直线职能型组织结构　　B. 集权型组织结构

C. 产品型组织结构　　D. 区域型组织结构

10. 配送选址方法中不属于定量分析法的是（　　）。

A. 重心法　　B. 运输问题法

C. 德尔菲法　　D. 加权分析法

二、多选题

1. 配送中心是指从事配送业务且具有完善信息网络的场所或组织，应基本符合下列（　　）等要求。

A. 主要为末端客户提供服务　　B. 配送功能健全

C. 存储能力强　　D. 辐射范围小

2. 配送中心内部的设备主要分为（　　）几大类。

A. 存储设备　　B. 搬运设备　　C. 分拣设备　　D. 流通加工设备

3.（　　）是区域配送中心的特征。

A. 较强辐射能力

B. 运输距离均处在汽车运输经济里程范围内

C. 较强的库存准备

D. 服务对象主要是零售商、连锁店或生产企业

4. 按配送中心的功能分类可以分为（　　）。

A. 储存型配送中心　　B. 流通型配送中心

C. 加工型配送中心　　D. 区域配送中心

5. 配送中心选址时应考虑（　　）。

A. 客户分布　　B. 供应商分布

C. 交通条件　　D. 土地条件

6. 从配送中心的形成及发展过程来看，配送中心是基于下列哪些需要而逐步发展起来的（　　）。

A. 物流合理化　　B. 拓展市场

C. 现代化　　D. 规模化

7. 目前，不论是连锁商业企业自建的配送中心，还是完全属于第三方物流企业的配送中心，常见的组织结构类型有（　　）。

A. 直线职能型组织结构　　B. 集权型组织结构

C. 产品型组织结构　　D. 区域型组织结构

8. 配送中心选址的主要影响因素有（　　）。

A. 交通运输　　B. 土地条件　　C. 周边环境　　D. 客户分布

9. 配送中心外部布局的形式有（　　）。

A. 扇形　　B. 辐射型　　C. 单向辐射型　　D. 双向辐射型

10. 配送中心的普通操作员，负责货物的（　　）等作业运作与管理。

A. 装卸车　　B. 分拣　　C. 称重　　D. 扫描

三、简答题

1. 分析配送中心与物流中心的区别。
2. 简要阐述配送中心的类型。
3. 简述德尔菲法的操作步骤。
4. 简述配送中心组织结构的类型。

四、案例分析

各具特色的配送中心

在欧美发达国家的配送实践中，大致上形成了五种类型的配送中心：直属运输业的配送中心、批发业配送中心、零售业配送中心、汽车制造业配送中心、交货代理服务业配送中心。下面分别对它们进行介绍。

1. 直属运输型配送中心

在欧美一些国家，直属运输业配送中心的主要业务活动以货物运输为主，它的货物配送是围绕着运输而进行的。

直属运输业配送中心的特点是运输能力较强，可调动的运输设备（运输车辆）比较多。但是，并不是所有的运输车辆都由配送中心自备。有些配送中心本身拥有的运输设备很少，它们向用户配送货物或运送货物主要是依靠租用社会上众多运输公司的车辆来完成的。

属于运输业范围的配送中心，其代表组织主要有：RPS 洛杉矶中心、英联邦政府运输公司货物集配中心、ASC 公司斯德哥尔摩货运站等。对其组织状况的分述如下：

（1）美国 RPS 洛杉矶中心。

（2）英联邦政府运输公司货物集配中心。

（3）瑞典 ASC 公司斯德哥尔摩货运站。

2. 批发型配送中心

属于批发业配送中心的代表性组织有以下几个：

（1）芬兰 Sesko 公司中央配送中心。

中央配送中心利用计算机处理订货和交货事宜。其程序大致如下：

① 零售店用电话或便携式终端计算机向 Sesko 公司设在地方的分店提出订货要求；

② 分店用电脑将用户的订货数量等信息发送至公司本部；

③ 订货数据经计算机中心处理以后，传输给地方仓库或中央仓库；

④ 地方或中央仓库按照得到的信息和指令分拣商品；

⑤（夜间）用卡车从中央仓库向地区仓库发运货物；

⑥ 通过各地区仓库向各用户发送（配送）商品。

从时间上看，第 1~3 项工作通常是在当天完成，第 4 项、第 5 项工作在次日完成，而完成向用户配送商品的工作一般在第三天完成。

（2）Main Street 哥伦布配送中心。

Main Street 公司是专营服装和鞋子等商品的大型联合企业，它设有 21 家商店和一个名叫哥伦布的配送中心。

配送中心的面积是 1.1 万平方米（12 万平方英尺），由以下三部分组成。

① 设立在中央位置的以纸盒为货物包装单位的商品中心验货场所；

② 设在商品中心一侧的商品分拣区（配置 2 台分拣“挂架商品”的分拣机和分拣毛衣、运动衫等服装的分拣设备）；

③ 设在另一侧的出货场所，此处配置单元分拣机 1 台（即按照商店种类分拣货物的设备）。

此外，还配备着长 2 ~ 30 m 的 3 层结构的流动货架。

（3）瑞典 lCA 公司西南配送中心。

瑞典 LCA 公司西南配送中心的任务是向瑞典西南部的 240 家商店配送食品和日用品。

（4）美国 Super Rite 食品公司哈里斯堡配送中心。

哈里斯堡配送中心的特点是：库存能力强，配送规模大，库存能力可达 4.8 万托盘，每周出库的食品数量为 80 万箱，商品周转速度是 20 次/年。

哈里斯堡配送中心向零售店配送商品的时间依用户的要求而定。通常，对食品杂货店每周配送 3 次商品；配送日用品，每周 4 次；对零售店，在订货的当天夜间送货或订货的次日配送。

3. 零售型配送中心

零售业配送中心隶属于（商品）零售公司，既为提供物流服务的组织，同时又属商品销售（零售）中心。其代表组织主要有：

（1）美国 JCPenny 曼彻斯特配送中心。

曼彻斯特配送中心经营的商品主要有服装、装饰品、日杂品、家具、家电等。

曼彻斯特配送中心的作业效率很高。从接受订货到配送货物仅需 24 ~ 48 h。

（2）美国 Southland 圣贝纳迪诺配送中心。

圣贝纳迪诺配送中心的最大特点是：建有高水平的计算机控制系统和保持着较高的作业效率。

（3）英国 Waitrose 伯克舍布鲁内卢配送中心。

伯克舍布鲁内卢配送中心是由事务所、生鲜食品中心和干货中心组成的。

商品分拣作业主要采取指令分拣方式，具体做法是：

按照计算机发出的指令，操作人员用塔式吊车将货物运至分拣台；然后，按商店顺序拣选出商品，并将货物装入网箱中。待全部网箱（36 箱）装满商品以后，利用台车把配备好的货物自动送到发货站台，开始运送货物。

4. 汽车制造业配送中心

自从日本汽车打入欧洲和美国市场以后，日本汽车配件的供应和需求开始不断增加。于是，在美、法、英等国家先后建立起了许多供应日本汽车配件的组织——汽车配件中心。

从职能上看，这些称作配件中心的组织，既负责向用户供应和销售汽车配件，同时，也从事货物（配件）的储存、分拣、输送等物流活动。向用户提供系列化的后勤服务，起着配送中心的作用。下面，我们仅介绍两个这样的物流组织。

（1）德国 Mazda Motor 配件中心。

特点：德国 Mazda Motor 配件中心的特点是：经营规模比较大，设备先进且数量较多。在这个配件中心内部，共配置了 17 台能吊装各种大型配件和小型配件的塔式起重机，10 台运输配件的自动化机械（A. C. V 型运输机）和各式分拣设备。此外，在中心内部还建立了使用光导传送技术的新的库存管理系统，使分拣出的配件能及时出库。

运作：Mazda Motor 配件中心的工作人员主要是利用各种机械来进行配件的入库和出库作业的。其运作过程是：在盛装配件的容器上贴有标明入库位置的条形码，当升降机（或运输机械）吊运的货物所到架位正好与条形码读出要求相符合时，便按指令将货物送入货架。出库作业与入库作业类似，也利用条形码技术和光导装置。

（2）美国 Suzuki Motor 洛杉矶配件中心。

具体运作：在洛杉矶汽车配件中心，货物入库和出库同样进行自动化控制。其做法是：货物被运送上入库货台以后，由计算机打出货物（入库）定位的指示单（指示单贴在托盘上，上面打印着收货码），经条形码读出器识别后，自动将货物送入货架储存（其中小配件是利用单向转动货架储存）。小型配件出库时，先用条形码读出器扫描货签，确定被拣选货物；然后，用机电系统自动控制存有被拣选货物的货架，令其转动。与此同时，盛货箱被传送机（带）送至转动货架的出口处，应拣选的货物（小配件）会自动拣入箱中。大型配件出库时，拣选货物采用多级转动货架操作。这种货架有 200 个存货空间。大型配件同样是依据订单拣货、装箱和送货的。

设备配置：吊装大型配件用的塔式起重机 5 台，吊装中型配件用的塔式起重机 3 台，运输大型配件的转车台、运输中型配件的运输机和转动货架 5 台。

5. 代理服务型配送中心

德国 Dextra 公司配送中心属于代理服务型配送中心，其基本功能与业务流程如下：

主要功能：按委托方要求从工厂接收货物，对货物进行分拣、配装后将货物送到用户手中。

特点：这种属于纯粹代理性的物流服务业。

运作流程：Dexrta 公司配送中心配备有许多先进的物流设备，共有升降机 8 台、自动分拣机 2 台、接货运输机 8 台、记录入库的终端机 8 台。具体做法是：以托盘为装载单元的货物进货后，先用叉车从装载体上搬运到通往自动化仓库的传送带上；在仓库收货台上，按照货主所属分别填写收货卡片，并将卡片贴到托盘上；同时贴上条形码，自动入库。经过分拣的货物出库时，直接装上托盘，并用塑料薄膜封装，然后装车，直接发送到零售店。

6. 评述

该案例不是独立的企业物流案例，它有选择地对一些发达国家的物流配送中心特色与作业流程做了简洁的介绍。其中最重要的一点或许是建立物流配送中心应当以国情、区域特点、行业特色及服务对象范围为基本出发点，以此开始市场调研与决策配送中心的规模、结构、服务范围、经营特点等。这一点特别值得当前我们高速发展的物流配送中心借鉴。

◆ **问题与思考**

（1）直属运输业的配送中心、批发业配送中心、零售业配送中心、汽车制造业配送中心、交货代理服务业配送中心各有什么特点，其配送运作模式是什么？

（2）案例中欧美国家的配送中心与我国相同类型（或基本相同）的配送中心进行比较，有哪些特点和不足？

项目三　订单作业管理

知识结构图——订单作业管理

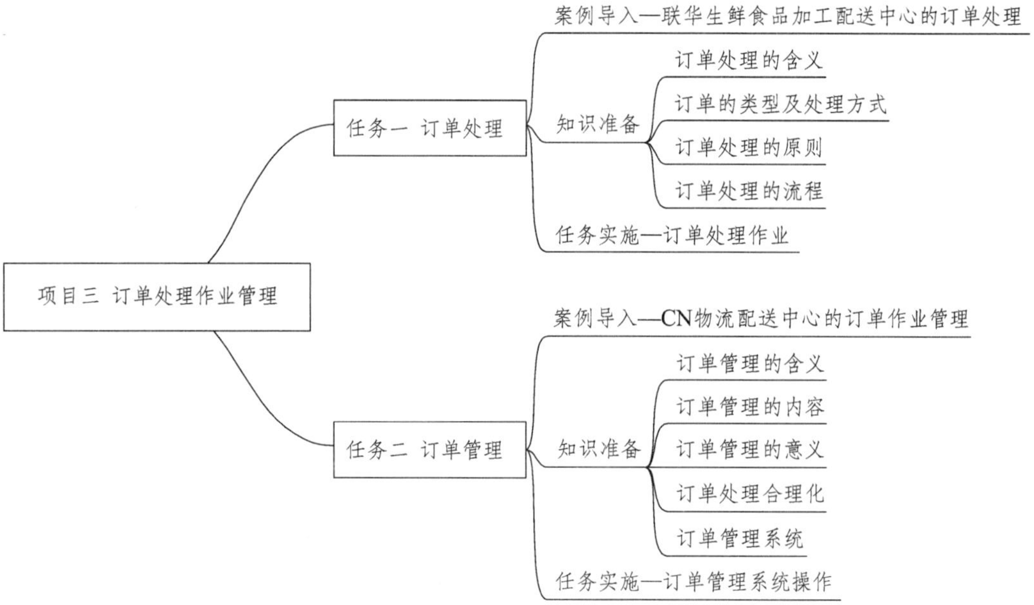

学习目标

1. 知识目标

（1）理解订单处理的内涵；

（2）熟悉订单处理的原则和内容；

（3）掌握订单的类型及处理方式；

（4）掌握订单处理作业的操作流程和方法；

（5）理解订单管理的含义、内容及意义；

（6）掌握订单合理化的影响因素及措施；

（7）熟悉订单管理系统的含义及功能。

2. 能力目标

（1）能够识别订单中需要确认的要素，掌握不同类型订单的处理方法；

（2）能够按照订单处理流程处理订单；

（3）能够根据客户需求与企业实际，结合优先权法则库存进行合理分配；

（4）能够根据影响订单处理的因素，选择相应的措施，提高订单处理的效率和客户服务水平；

（5）能够熟练使用订单管理系统。

任务一　订单处理

【案例导入】——联华生鲜食品加工配送中心的订单处理

联华生鲜食品加工配送中心是我国目前设备最先进、规模最大的生鲜食品加工配送中心，建筑面积 35 000 m^2，年生产能 20 000 t，可处理 15 类约 1 200 种生鲜食品的加工配送。

该配送中心对各门店的订单处理过程如下：

各门店通过联华数据通信平台将订单实时地传输到生鲜配送中心，并在订单上标明各种商品的数量和相应的到货日期。生鲜配送中心接收到门店的要货数据后，立即生成各门店要货订单，并对不同物流类型的商品进行不同处理。

1. 储存型商品

系统计算当前的有效库存，若有效库存足够分配，则按照门店的要货需求进行分配；若有效库存不足，则根据日均配货量和相应的供应商送货周期自动生成各储存型商品的建议补货单，采购人员根据该补货单及实际情况进行调整后即可形成正式的采购订单。

2. 中转型商品

中转型商品一般不设库存，随进随出，系统根据门店要求的到货日期排序后，直接生成采购订单。

3. 直送型商品

根据到货日期，排列各门店直送经营的商品，然后生成供应商直送订单，并通过 EDI（电子数据交换）系统直接发送给供应商。

4. 加工型商品

系统按日期汇总门店要货，根据各产成品或半成品的 BOM 表（Bill of Material，物料清单）计算物料耗用，比对当前的有效库存，生成加工原料的建议订单，生产计划员根据实际需求进行调整。

各种不同的订单在生成或手工创建后，通过系统中的供应商服务系统自动发送给各供应商，时间间隔在 10 min 内。

【知识准备】

一、订单处理的含义

2019 年 11 月 11 日，这无是电商行业一年一度的“狂欢节”，物流订单量也创下新纪录：18:31，2019 天猫双 11 物流订单突破 10.42 亿，超过去年天猫双 11 全天，如图 3-1 所示。而与此同时，送达时间也再次创下新纪录：8：00，2019 天猫双 11 全国签收城市数量已超 200 个，很多“剁手党”感受到了夜买晨收的快感。

图 3-1　2019 年“双 11”物流订单量

那么，在这样海量的单量签收背后，一件宝贝它是如何开启它的高速之旅的呢？准确而高效的订单处理就是进行优质配送的第一步，是配送中心订单驱动作业的第一个环节。

订单是配送中心开展配送业务的依据，配送中心接到客户订单以后需要对订单加以处理，据以安排分拣、补货、配货、送货等作业环节。

从接到客户订单开始到着手准备拣货之间的作业阶段，称之为订单处理。订单处理是与客户直接沟通的作业阶段，对后续的拣选作业、调度和配送产生直接的影响，是其他各项作业的基础。订单完成的水平高低直接决定了配送中心的服务水平，订单处理作业效率在很大程度上体现着配送中心的运作效率。

二、订单的类型及处理方式

（一）一般订单

一般订单是指正常的、一般性的订单。指接单后，按正常的作业程序拣货、出货、配送、收款结账的订单。

处理方式：接单后，将订单信息输入订单处理系统，按正常的订单处理程序处理，数据处理完后进行拣货、出货、配送、物流中心定期进行收款结账等。

（二）现销式订单

现销式订单是与客户当场直接交易、直接给货的订单。如业务员到客户处取得的订单或客户直接到物流中心取货的订单。

处理方式：现销式订单资料输入后，由于物品已经交付给客户，所以，订单资料不需再参与拣货、出货、配送等作业，只需记录交易资料，以便收取应收款项。或现场将货款结清，返回物流中心后进行入账处理。此种方式对出入库货品的检查、核对非常重要。

（三）间接订单

间接订单是指客户从物流中心订货，但由供货商直接配送给客户时需要的订单。

处理方式：接单后，将客户的出货资料传给供应商，由供应商负责按订单出货。其中需要注意的是：客户的送货单是自行制作或委托供应商制作的，配送中心的管理信息系统要记录所有相关单据的信息，以便保证市场预测时依据数据的准确性。

（四）合约式订单

合约式订单是指与客户签订配送契约而产生的订单，如在一定时期内定时配送某种物品。

处理方式：到约定的送货日时，将该笔业务的资料输入系统进行处理，以便出货配送，或在最初便输入订货的相关信息，并设定各批次的送货时间，以便在约定日期自动产生需要送货的订单资料。

（五）寄存式订单

寄存式订单是指客户因促销、降价等市场因素先行订购一定数量的商品，往后视需要再要求出货的交易。

处理方式：当客户要求配送寄存商品时，系统应检查该客户是否确实有此项寄存商品。若有，则出此项商品，否则应加以拒绝。

（六）兑换券订单

兑换券订单是指客户用兑换券兑换商品，配送出库时所产生的订单。

处理方式：将客户用兑换券所兑换的商品配送给客户时，系统应核查客户是否确实有此兑换券的回收资料。若有，依据兑换券所指定的商品及兑换条件予以出库，并应扣除客户的兑换券回收资料。

三、订单处理的原则

订单处理是配送服务的第一个环节，也是配送服务质量的根本保证。订单处理应遵循以下原则。

（一）尽量缩短订货周期

订货周期是指从客户发出订单到收到货物所需的全部时间，其长短取决于订单传递时间、订单处理时间、货物运输的时间。客户下单后，要及时处理，尽量缩短订货周期，以降低客户的成本，提升客户满意度。

（二）尽量避免缺货现象

避免缺货是维持客户忠诚的关键之一。缺货将会影响客户的生产和经营，导致客户流失。

为了减少缺货现象，配送中心必须保持适量的存货。如果配送中心缺货，应及时想办法解决，尽量避免缺货现象发生。

（三）提供紧急订货

配送中心要提高客户服务水平，在客户紧要关头及时帮助解决问题，并能与客户建立长远的关系。

（四）尽量满足客户对包装的要求

严格按客户的要求进行包装，针对不同客户的货物包装要求采用不同的包装，尽量提供对客户有利的包装，如零售客户的货物包装要适于在货架上摆放，批发客户的货物包装要便于大批量购买，包装相对比较大。

（五）不忽视小客户

对小客户订单的恰当处理，可以帮助企业与客户之间建立稳定的供销关系，小客户虽然订货较少，但却可能成为潜在大客户，为其以后的大批量订单和持续合作打下良好的基础。

四、订单处理的流程

订单处理的操作流程如图 3-2 所示。

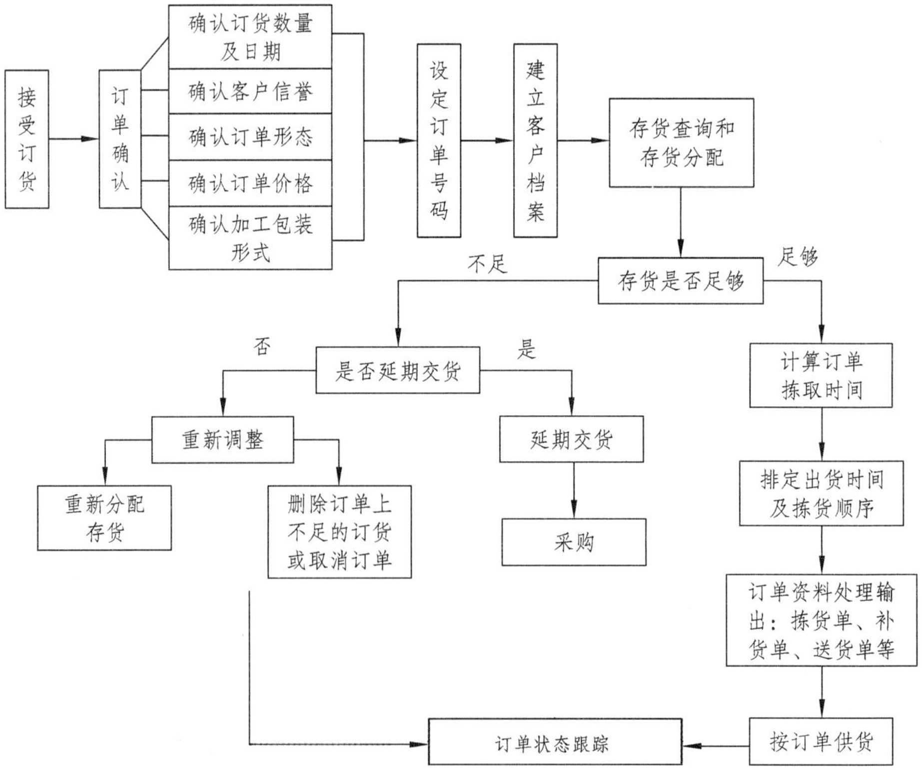

图 3-2　订单处理流程图

（一）接受订货

接受订货是订单处理的第一步，订货的方式主要有传统订货和电子订货两种。随着物流的发展，客户对物流服务水平要求不断提高，需要配送中心加快订单处理的速度。而电子订货的传送速度更快，可靠性及正确性更高，它不仅可以大幅度提高客户服务水平，还可以有效地缩减存货及相关成本费用。因此，接受订货方式也逐件由传统的人工下单、接单，演变为计算机间直接送收订货资料的电子订货方式。

1. 传统的订货方式

传统订货方式是指人工下单、接单的方式，常见的有：

（1）厂商补货。

供应商直接携带商品，依次向各订货方送货，根据客户的存货情况，缺多少补多少，这种方式常用于周转率较快的商品或新上市商品。

（2）厂商巡货，隔日送货。

供应商派巡货人员前一天先到各客户处巡查需要补充的货物，隔天再予以补货。这样厂商可利用巡货人员为店铺整理货架、贴标或提供经营管理意见等的机会促销新产品或将自己的产品放在占优势的货架上。

（3）口头订货。

客户以电话方式向配送中心订货，但因客户每天需订货的种类可能很多，数量也不尽相同，因而错误率较高。

（4）传真订货。

客户将缺货资料整理成书面资料，利用传真机发给配送中心。利用传真机可快速订货，但传送的资料常因品质不良而增加事后的确认作业量。

（5）邮寄订单。

客户将订货表单，或订货磁片、磁带邮寄给配送中心。目前，这种方式的邮寄效率及品质基本上已经不能满足市场的需求。

（6）客户自行取货。

客户自行到供应商处看货、补货，此种方法多为以往传统杂货店因离厂商较近而被采用。客户自行取货虽可省却配送环节，但个别取货可能影响物流作业的连贯性。

（7）业务员跑单、接单。

接单业务员到各客户处推销产品，并进行合作洽谈，成功后将订单带回公司。不管利用何种订货方式订货，都需人工输入资料，而且经常重复输入，耽误时间，容易出错。随着客户更高频率地订货，且要求快速配送，传统的订货方式已无法满足需求，从而诞生新的订货方式——电子订货。

2. 电子订货系统（Electronic Order System，EOS）

电子订货是将订货资料由书面资料转为电子资料，采用电子传送方式，通过通信网络进行传送，该信息系统被称为电子订货系统（EOS）。电子订货方式可分为以下三种：

（1）订货簿与终端机配合。

订货人员携带订货簿及手持终端机巡视货架，若发现商品缺货则用扫描器扫描订货簿或货架上的商品标签，再输入订货数量，当所有订货资料皆输入完毕后，再利用数据机将订货资料传给供应商。

（2）销售时点系统（Point of Sale，POS）

客户若有 POS 收银机，则可在商品库存档里设定安全库存量，每进行一笔商品销售业务，计算机会自动扣除该商品库存，当库存低于安全存量时，即自动产生订货资料，将此订货资料确认后通过电信网络传给供应商。

（3）订货应用系统。

客户资讯系统里若有订单处理系统，就可将订货应用系统产生的订货资料经转换软件转成与供应商约定的共同格式，再在约定时间将资料传送出去。

采用电子资料交换方式取代传统商业下单，速度更快、更准确，但计算机直接传递成本较高，企业应在比较成本与效益的差异后来决定究竟要选用何种订货方式。

（二）订单确认

1. 确认货物数量及日期

接受订单后需对订货资料进行基本检查，即检查品名、数量、送货日期等是否有遗漏、笔误或不符合公司要求的情形。尤其是当送货时间有问题或出货时间已延迟时，需与客户再次确认订单内容或更正运送时间。若采用电子订货方式接单，也须对已接受的订货资料加以检验确认。

2. 确认客户信用

配送中心不论接受何种订单，配送系统都必须首先查核客户的财务状况，以确认其是否有能力支付该订单的账款。通常的做法是检查客户的应收账款是否已超过其信用额度。接单系统中一般采取以下两种途径来查核客户信用状况。

（1）输入客户代号或客户名称。

输入客户代号和名称资料后，系统即开始检查客户的信用状况，若客户应收账款已超过其信用额度，系统会给以警示，为输入人员决定是继续输入其订货资料还是拒绝其订单提供参考。

（2）输入订购项目资料。

若客户此次订购金额加上以前累计的应收账款超过信用额度，系统应将此订单资料锁定，以便主管审核。审核通过后，此订单资料才能进入下一个处理步骤。

3. 确认订单形态

配送中心虽有整合传统批发商的功能以及高效率的物流信息处理功能，但在面对较多的交易对象时，仍需根据客户的不同要求采取不同的做法，在接受订货业务上，表现为具有多种订单的交易形态，所以，应对不同的客户采取不同的交易及处理方式。

4. 确认订单价格

不同的客户、不同的订购批量，可能有不同的售价，因而输入价格时系统应加以检核。若输入的价格不符（输入错误或业务员降价接受订单等），系统应加以锁定，以便主管审核。

5. 确认加工包装

客户订购的商品是否有特殊的包装、分装或贴标等要求，或是有关赠品的包装等，资料系统都需详细进行确认和记录。

（三）设定订单号码

每一张订单都要有单独的订单号码，此号码一般是由控制单位或成本单位来制定，除了便于计算成本外，还有利于制造、配送等一切相关的工作。所有工作的说明单及进度报告等都应附有此号码。

（四）建立客户档案

将客户信息进行详细记录，不但有益于此次交易的顺利进行，而且有益于以后合作机会的增加。客户档案的内容主要有：

- 客户姓名、代号、等级形态（产业、性质）；
- 客户信用额度；
- 客户销售付款及折扣率的条件；
- 开发或负责此客户的业务员；
- 客户配送区域；
- 客户收账地址；
- 客户点配送路径顺序：区域、街道、客户位置（分布）；
- 客户点适合的车辆形态；
- 客户点卸货特性；
- 客户配送要求；
- 过期订单处理指示。

（五）库存查询与分配

1. 库存查询

物流人员将订单资料输入订单处理系统，通过货物编号、客户代号等相关信息进行库存查询。

库存查询的目的在于确认库存是否能满足客户需求，如果不足，则看是否可用替代品替代、过期交货、补货或重新分配库存等方式进行弥补。存货资料一般包括品项名称、号码、产品描述、库存量、已分配存货、有效存货及期望进货时间。

2. 库存分配

订单资料输入系统，确认无误后，最主要的处理业务在于如何对大量的订货资料进行最有效的分类、调拨，以便后续物流作业的顺利进行。存货分配模式可分为单一订单分配和按批次分配两种。

（1）单一订单分配。

这种情况多为线上即时分配，即在输入订单资料时，就将存货分配给订单。

（2）按批次分配

输入所有的订单资料后，一次分配库存。配送中心因订单数量多，客户类型等级多，且多为每天固定配送次数，因此，采取批次分配是确保配送中心库存能力的最佳分配方式。

根据作业的不同，各配送中心的分批原则可能不同，总的来说，常有以下几种划分方法如表 3-1 所示。

表 3-1　常见的按批次分配的方法

分批原则	具体做法
按接单时序划分	这种方法将整个接单时段划分为几个合理区段。若一天有多个配送批次，可配合配送批次将订单按接单先后顺序分为几个批次来处理
按配送区域储径划分	即将同一配送区域储径的订单汇总后一起处理
按流通加工需求划分	即将需要加工处理或需要相同流通加工处理的订单一起处理
按车辆需求划分	若配送商品需要特殊的配送车辆（如低温车、冷冻车、冷藏车）或由于客户所在地、下货特性等需要特殊配送车辆，可汇总合并一起处理

3. 库存分配不足的处理

（1）库存分配优先性原则。

- 具有特殊优先权者先分配；
- 根据订单交易量或交易金额来取舍；
- 将对公司贡献度大的订单做优先处理；
- 依客户信用状况，优先处理信用较好的客户的订单。

（2）库存分配不足的处理方法。

若现有存货数量无法满足客户需求，且客户又不愿接受替代品时，则依据客户意愿与公司政策来规定对应方式。具体处理方法如表 3-2 所示。

表 3-2　库存分配不足的处理方法

情况分析	处理方法	处理说明
客户不允许过期交货	重新调拨	当客户不允许过期交货，同时公司不愿意失去此客户订单时，需要重新调拨分配订单
	删除不足额订单	客户不允许过期交货，且公司也无法重新调拨
	取消订单	对于客户希望所有订单一起配送达到。且不允许过期交货，也无法重新调拨时，只有将整张订单取消
客户允许过期交货	补送	情况一：客户允许不足额的订货，等待有货时再予以补送
		情况二：客户允许不足额的订货或整张订单，留待下一次订单一起配送
	删除不足额订单	客户允许不足额的订货，可等待有货时再予以补送，但公司政策不希望分批出货
	延迟交货	情况一：有时限延迟交货。客户允许一段时间的过期交货，且希望所有订单一起配送
		情况二：无限时延期交货。不论需要等待多久，客户都允许过期交货，且希望所有订货一起送达，则等待所有订货到达后再出货

案例分析

现在客户订单上有 A 类商品 180 件，时间要求比较紧，现在遇到以下情况，请问应该如何处理？

情况一：仓库里没有足够的货物，与客户沟通后，客户不允许过期交货。

情况二：同上，客户同意过期交货，但是目前配送中心里有 100 件存货。

（五）计算订单拣取时间

订单处理人员要事先计算每个订单或每批订单的可能拣取时间，以便有计划地安排出货先后顺序。

（1）计算每一单元和每一品项的拣货时间，且通过计算机记录这些数据。

（2）根据每个单元和每一品项的拣货时间，结合每份（或每批）订单订购货物的数量和寻找每批货物所需时间，确定拣取整批货物的标准时间。

（3）根据每份（或每批）订单的订货数量及一些纸上作业时间，来算出相应订单的拣货时间，以便结合客户的要求来确定发货时间和拣货程序。

（六）依订单排定出货时间与拣货顺序

通常会依据客户需求、订单拣取时间及内部工作负荷来排定出货时间和拣货顺序。

（七）订单资料处理输出

订单资料处理完毕后，就可以打印相关的出货单据了，主要有拣货单、送货单、缺货资料等。

1. 拣货单

作为拣货作业的主要依据，用于商品出库作业的提示资料，打印拣货单时应根据商品储位的前后相关顺序，尽量减少拣货人员往返取货的次数，同时详细标示出拣货数量、拣货单位等信息拣货单如表 3-3 所示。

表 3-3　拣货单

							操作编号：	
作业编号				库房				
拣货员				日期				
货品明细								
序号	储位	货品名称	规格	批次	单位	应拣	实拣	备注

2. 送货单

送货单是货物送达时客户签收、确认的单据，打印送货单时要保证送货单资料与实际出库资料一致，还应附有订单的异常情况，如缺货商品、缺货数量等送货单如表 3-4 所示。

表 3-4　送货单

编号：							
客户名称				送货日期			
收货地址				联系电话			
货品明细							
序号	货品名称	规格	包装单位	数量	单价	总金额	备注
合计大写：						小写：	

收货单位经手人：　　　　　　　　　　送货单位经手人：

3. 缺货资料

库存分配后，对于缺货商品或缺货的订单，应提供按商品或供应商的名称代号查询的缺货资料，以便提醒采购人员及时采购。缺货的订单是用来供客户或业务人员查询的缺货订单资料。如补货单、紧急进货单等如表 3-5 所示。

表 3-5　补货单

编号：							
类别				补货时间	年　月　日　时　分		
项次	货物编号	货物品名	规格	单位	补货数量	金额	备注

审核：　　　　　　　　　　　　　　　经办：

（八）按订单供货

依据订单供货要先确定供货的优先等级的原则，不同企业有不同的确定供货优先等级的标准：如按预先设定的客户优先等级处理；处理时间最短的先处理；批量最小、最简单的订单先处理；按接受订单的时间先后顺序处理；按向客户承诺的到货日期的先后进行处理；离承诺到货时间最近的订单先处理等。

（九）订单状态跟踪

为了满足客户使其能够及时了解订单处理状态，配送中心需要对订单处理进行状态跟踪，并与客户交流订单处理状态的相关信息，向客户提供优质的服务。

【任务实施】

一、任务描述

CN 物流配送中心 2020 年 3 月 8 日接到客户的订货要求：

上午 8 点，订单部收到接单部转过来的富通商贸订购传真一份；
上午 10 时，订单部收到接单部转过来的乐康零售订购电话记录单一份。
现要求订单部根据订单处理流程，完成客户订单处理作业。

1. 客户订单资料

客户一：富通商贸订单（见图 3-3）。

成都市青羊区光华大道二段XXX号；电话：028-8865XXX 传真：028-8865XXX；税务登记号：22334455667XXX；开户银行号：天大银行光华支行12345678902XXX		富通商贸责任有限公司	
收件人：	王华	发件人：	张泽夏
传真：	028-6723XXX	页数：	1
电话：	028-6727XXX	日期：	2020/03/08
关于：	MP3；MP4；音箱；订货	抄送：	

☐紧急　☐请审阅　☐请批注　☑请答复　☐请传阅

1. 休闲黑瓜子　8箱
2. 金多多营养米粉　3箱
3. 好娃娃薯片　2箱
4. 可乐年糕　4箱
5. 一统方便面　6箱：附送泡面碗1个/包

送货时间：3月20日下午2点-3点之间送达。

图 3-3　富通商贸客户订单

客户二：乐康零售订单（见图 3-4）。

电话记录

记录人：王华
来电人：乐康零售商有限公司　黄敬经理　电话：028-8409XXX　地址：成都市成华区欣然一街XX号
抄送：订单部张林
日期：2020-03-08
关于：食品；订货

商品描述	数量
休闲黑瓜子	5箱
黄老五花生仁	5箱
可乐年糕	3箱
好享营养麦片	6箱
一统方便面	4箱
好味道沙拉酱	2箱

送货时间：3月20日下午1点-2点送达。

图 3-4　乐康零售客户订单

2. 客户信息

具体如表 3-6 和 3-7 所示。

表 3-6　富通商贸客户信息

客户名称：	富通商贸责任有限公司		客户电话：	028-8865××××	
客户传真：	028-8865××××		客户级别：	A 级	
客户信用额度：	50 000 元		应收账款：	45 700 元	
联系人资料					
姓名：	张泽夏	手机：	1356627××××	E-mail：	zxm@126. com
电话：	028-8854××××		传真：	028-8854××××	
开发或负责此客户的业务员资料					
业务员：	李凯	电话：	028-8867××××	手机：	1378092××××
客户配送区域：	成都市青羊区光华大道二段××号				
客户收账地址：	天大银行光华支行 1234567890×××××				
客户点适合的送货车辆形态：	小型货车				
客户配送要求：	准时达				
延迟订单的处理方式					
无论何种订单，请与订货人员进行沟通处理。如公司人员按照约定执行，则仿照“一般物品延迟时，客户允许一段时间的过期交货，且希望所有订单一起配送”执行					
客户点卸货特性：	人工卸货				

表 3-7　乐康零售客户信息

客户名称：	乐康零售商贸有限公司		客户电话：	028-8409××××	
客户传真：	028-8414××××		客户级别：	B 级	
客户信用额度：	5 000 元		应收账款：	2758. 5 元	
联系人资料					
姓名：	李宏	手机：	1378382××××	E-mail：	tmm@126. com
电话：	028-8407××××		传真：	028-8409××××	
开发或负责此客户的业务员资料					
业务员：	张冰	电话：	028-8867××××	手机：	1385062××××
客户配送区域：	成都市成华区欣然一街××号				
客户收账地址：					
客户点适合的送货车辆形态：	小型货车				
客户配送要求：	准时达				
延迟订单的处理方式					
无论何种订单，请与订货人员进行沟通处理。如公司人员按照约定执行，则仿照“一般物品延迟时，客户允许一段时间的过期交货，且希望所有订单一起配送”执行					
客户点卸货特性：	人工卸货				

3. 库存信息

CN 物流配送中心库存信息如表 3-8 所示。

表 3-8　CN 物流配送中心库存信息

序号	货品名称	规格	单位	库存量/箱
1	五粮液原浆	330 mm×235 mm×240 mm	箱	18
2	休闲黑瓜子	395 mm×295 mm×275 mm	箱	12
3	好享营养麦片	220 mm×180 mm×160 mm	箱	29
4	好味道沙拉酱	398 mm×272 mm×180 mm	箱	25
5	好娃娃薯片	345 mm×285 mm×180 mm	箱	30
6	可乐年糕	330 mm×235 mm×180 mm	箱	25
7	金多多营养米粉	460 mm×260 mm×180 mm	箱	23

二、任务目标

（1）了解不同形态的订单及其处理方式；

（2）熟悉订单处理的原则；

（3）掌握订单处理作业的操作流程和方法；

（4）能够按照订单处理流程处理订单；

（5）能够根据客户需求与企业实际，结合优先权法则库存进行合理分配；

（6）树立服务第一、信誉为先的企业经营理念；

（7）培养学生分析问题、解决问题的能力。

三、任务实施步骤

（1）学生以个人为单位，根据任务资料分析制作订单；

（2）确认订单中货品品名、数量、送货日期、订货价格等内容；

（3）填写客户信用额度表，分析客户优先权；

（4）设定订单号码（订单号设定规则如下：PSDD——配送订单；20XXXXXX——接受订单的年月日；000X——表示一天中的第 X 笔单子）；

（5）按订单分配库存货物，编制库存分配表。若库存分配不足，需编制客户沟通记录卡，说明缺货处理办法；

（6）输出订单资料，如拣货单、送货单、补货单等；

（7）进行任务评价、总结，完成实训报告。

四、任务评价

订单处理作业实训评价表

班级		配送部（组名）	
考评内容	订单处理作业		
考评标准	内　　容	分值	实际得分
	订单分析制作正确	20	
	订单内容确认仔细、无遗漏	10	

续表

考评内容	订单处理作业		
考评标准	客户优先权分析正确	20	
	库存分配合理，处理方法得当	30	
	订单资料输出正确	20	
	合　计	100	
存在的问题及改进措施			

任务二　订单管理

【案例导入】——CN 物流配送中心的订单作业管理

CN 物流配送中心主要承担小件 B2C 订单、B2B 调拨、SWL 仓配一体业务、天猫、揽件、中转、退货、运输、快递等业务，同时承担 CN 在西南等区域的小件类商品存储、分拨、转运等职责。其订单由大数据驱动，主要的订单来源渠道为：线上易购、线上天猫、线下门店。在 CN 物流自动化仓储运营中心，从订单处理、快速拣选、快速包装、分拣到出库，最快可以在 30 min 之内完成整个订单处理。

顾客在平台 App 购买商品，OMS 中台系统下传订单，仓储 JWMS 系统接收订单，并按时间节点自动创建订单，商品拣选，商品包装，分拨分拣，出库，同城、支线、干线运输，末端配送手持派工、销单。

【知识准备】

一、订单管理的含义

订单管理是客户关系管理的有效延伸，能更好地把个性化、差异化服务有机地融入客户管理中去，能推动经济效益和客户满意度的提升。订单供货的目的是使品牌能让客户自由选择，货源安排上做到公开透明，产品能更加适应和满足消费者的需要。其业务流程的变化首先体现在企业客户经理的工作上。客户经理对辖区内客户需求的预测和具体订单是否准确，不但关系到工业企业和零售户对公司的满意度，更关系到按客户订单组织货源这项工作能否顺利的开展。

二、订单管理的内容

（一）订单分类管理

由于订单的内容往往涉及企业产品的特性和业务的特色，不同的企业对订单内容的制定都有所不同。在面对众多的交易对象时，需要针对客户的不同需求和不同的处理对象，采取不同的处理方法，最大限度地利用资源和提高作业效率。在接受订货业务的过程中，按交易形态的不同有多种订单，而不同的订单有多种处理方式。

（二）订单输入管理

接到客户的订货订单后，应该紧接着将此资料输入订单管理系统。订单的输入包括人工输入和联机输入两种方法。

人工输入的成本较高，而且不能保证效率和准确性。在大型的配送中心，每天处理的业务量急速增加、订货种类愈加繁杂，对响应时间的要求变得越来越高，人工输入已不能满足需求，因此一般采用电子订货的方式以及电子数据交换系统，通过网络和信息系统自动将订单信息进行传输处理。

（三）订单拣配管理

资料输入系统经确认无误后，最主要的管理工作就是将大量的订货资料进行有效的分类、调拨库存，以便顺利、高效地开展后续的物流作业。

存货的分配调拨，可分为单一订单分配及批次分配。批次分配可以按接单时段划分，如电商的“211”配送时效就是根据订单下单时间进行拣配作业的。也可以按配送区域路径划分，或者按流通加工需求的不同划分。

（四）订单跟踪管理

接下来，订单上的物品是否按时按量出货、货款是否付清、是否出现意外情况以及如何处理，都是提升客户服务水平并掌握运营状况的重要因素，因此，我们要对订单进行持续跟踪管理。

1. 订单状态

订单进入物流中心后，其状态会随着作业流程的进行而发生变动。一般可分为以下几种状态：

- 已输入及已确认订单：订单上的订货资料已经输入系统，而且所有需要确认的条件都已经核查处理完毕。
- 已分配订单：经过库存分配的已输入及已确认订单，为已分配订单。
- 已拣货订单：已打印拣货单进行拣货作业的已分配订单，为已拣货订单。
- 已出货订单：已拣货订单经过分类、装车、出货后，为已出货订单。
- 已收款订单：已出货订单经由客户确认签收后，即为实际的出货资料，该资料为应收账款的依据。根据这些资料的记录，制作取款发票向客户收取货款。取得账款的出货订单，即转为已收款订单。
- 已结账订单：已收款订单经由内部确认结账后，转为已结账订单。

2. 订单档案

订单档案应当准确地反映订单完成情况，以及当不同状态的订单进行转换时如果发生异常情况及处理方式。

订单档案包括订单状态、预计销售资料及不合格资料、已分配未出库的销售资料及缺货资料、转录资料、补送资料、已拣货未出库销售资料、在途销售资料、历史销售资料等。

3. 异常情况处理

异常订单处理主要涉及客户取消订单、客户增订、缺货、客户拒收、短少等情况。客户取消订单时，如果订单还未出库，应找出此订单，将其删除，并恢复相关品项的库存资料（库存量、出库量）；若此订单已处于拣货状态，则应从已拣货未出库销售资料里找出此笔订单，将其删除，并恢复相关品项的库存资料（库存量、出库量），并注意要把已经拣取出来的物品放回拣货区。

三、订单管理的意义

在销售物流活动中，订单管理通常都扮演着重要的角色。从本质上讲，整个物流过程都是为了完成订单而发生的，其作业绩效影响到物流活动的每项作业，不论是间接的还是直接的。而且，处理订单的很多环节都直接与客户打交道。因此，订单完成的水平高低直接决定了企业物流服务水平；订单处理作业效率很大程度上体现了企业物流运作效率。

（一）订单是整个物流作业的开端

企业通常在接到订单之后，才会采取相应的处理措施，开展一系列的物流活动来完成订单规定的内容。换言之，由客户端接受订货资料，将其处理、输出，然后仓库人员根据处理过的订单资料开始拣货、理货、分类、配送等一连串物流作业，最后按照订单进行装车运送。物流作业可分为进货物流及出货物流，每天的物流作业都是直接或间接由订单处理作业开始的。订单处理的正确性、效率性，影响到后续的作业绩效。错误的订单处理会引起错误的拣货、配送作业以及事后的退货、补送作业，这些物品往返的处理成本长期下去不是物流部门能够接受的，而反映在客户服务水平上也是无法接受的。

（二）订单是整个信息流的开端

信息的产生是伴随着作业活动产生的，信息处理是为整个物流活动服务的。订单处理既是企业物流作业的开端，也是整个信息流作业的起点。在企业的管理信息系统中，大量原始订单经过订单处理系统处理后，生成出货指示资料，转入派车管理系统进行配送路径安排及车辆指派。同时，每天的派车资料也是运费管理及车辆、行车管理系统的资料来源。另外，出货指示资料也要输入出货管理系统，进行出货资料的实际修正及出车时出货信息的确认。当配送完成后，出货资料经回库处理系统确认实际送货资料后，即可进入客户应收账款系统进行账款结算。由此可见，许多子系统的资料及报表都来源于订单资料，订单管理系统的作业绩效关系着整个信息系统的绩效，并影响着作业处理的正确性及效率。

四、订单处理合理化

订单处理合理化是将订单处理与作业与配送中心其他环节的作业紧密结合起来，提高配送中心的整体作业能力和服务水平。订单处理合理化也是订单管理工作的关键。

（一）订单处理合理化的影响因素

1. 时间因素

订单处理时间的长短是影响订单处理质量的根本因素。一般来说，配送中心希望订单处理的时间越长越好，以保证处理的准确。而用户则希望处理订单的时间越短越好，以便能快速发货。因此，订单处理合理化的目标是在保证订单处理准确性的前提下，努力减少时间耗费。

2. 成本因素

订单处理系统的成本是影响订单处理的重要因素。一般来说，电子订货系统处理速度快、错误率低，但往往需要较高的成本。而人工处理虽然成本较低，但处理效率低且错误率高。因此，订单处理合理化需要配送中心充分考虑经营规模与成本，合理配置订单处理系统。

3. 信息因素

订单资料信息是影响订单处理效率的关键因素。一般来说，配送中心根据用户订单资料信息进行货物的分类、拣选等工作，一旦信息有误，就会造成重复性工作或延迟送货，甚至失去客户。因此，订单处理的合理化要求配送中心具有较好的信息系统。

4. 供货因素

供应商是否按时供货是影响配送中心订单处理进度的重要因素。一般来说，供应商的货物及时、准确地送达配送中心，才能保证配送中心整体运营工作的开展。如果供应商供货延迟或错误，容易造成配送中心存货不足，无法处理订单。因此，订单处理的合理化要求供应商及时、准确供货。

（二）订单处理合理化的措施

配送中心应该通过配送业务的分析，在满足客户订单服务需求的同时，努力改善订单处理过程以降低配送总成本，获得同行企业的竞争优势。订单处理合理化的措施体现在以下三个方面。

1. 提高订单履行的准确度

如果能够准确无误地完成客户订单的处理周期，不产生任何错误，那么订单处理的时间是最短的，因此要尽量减少出错的几率。

2. 合理分配订单处理的先后顺序

从企业的发展角度出发，把有限的时间、生产能力及人力资源配置到最有利可图的订单上，享有优先级的订单被优先处理，而其他订单则于稍后进行处理。

3. 灵活选择订单处理的方法

把订单收集成组批处理可降低处理成本、将几个小订单集中组成较大运输批量可降低运输成本，但都延长了订单处理时间。因此，在减少处理成本与运输成本的同时，要进行综合平衡。

五、订单管理系统

（一）订单管理系统的含义

订单管理系统是一组与订单处理相关的功能模块，其涉及的作业主要包括：客户订单的受理、入库和出货订单的受理及相应的订单处理生成入库计划与发货计划等。

订单管理系统的工作流程是首先对客户的订单信息进行接收，然后对订单进行处理，及时掌握交易动态，在有突发状况发生时及时反馈。

（二）订单管理系统的功能

订单管理系统是物流管理系统中不可缺少的一部分，其功能如下。

1. 业务流程管理

包括订单管理、合同管理、退款管理、库存管理等，订单管理系统既可接收单次订单，也可接收批量订单，在接收订单的同时反馈库存信息，在客户下订单时能及时获知库存情况，系统根据客户级别、订单紧要情况、各地库存情况等进行合理配置。同时，实时记录回款及退款情况，并及时对突发状况进行处理。

2. 客户信息管理

包括客户历史订单情况、订单完成情况、客户的反馈信息等，根据相应数据分析，将客户进行分类管理，例如 VIP 客户、一般客户、潜在客户等；同时，实行定期提醒机制，在客户生日、节日按时提醒，从而有效维护客户关系。

3. 数据智能分析

每日及时生成新增客户、订单成交金额、实际回款、各类产品销售排行等情况表，每周、每月、每年分时段形成各类数据变化趋势表格，采用大数据计算方法，得出各类能够辅助企业做出生产运营决策的数据，例如潜在客户、有风险订单、产品趋势等。

随着互联网的普及和应用，大众在下订单购买各类产品时，希望能够得到更好、更快捷的服务，订单管理系统的不断智能化与信息化，能够使企业与客户的合作关系更加融洽，是优化企业销售模式、提高企业市场应变能力、增强企业核心竞争力的关键所在。

【任务实施】

一、任务描述

CN 物流配送中心于 2020 年 3 月 12 日接到客户远大、宜家、万福的订货需求，现要求订单部利用订单管理系统，完成客户订单处理作业。

客户一：远大公司采购订单（见表 3-9）。

表 3-9 远大公司采购订单

远大公司采购订单						
订单编号：D04120502			订货时间：2020.3.12			
序号	商品名称	单位	单价/元	订购数量	金额/元	备注
1	休闲黑瓜子	箱	100	3	300	
2	可乐年糕	箱	100	3	300	
3	亚太记事本	箱	100	4	400	
4	黄老五花生仁	箱	100	5	500	
5	一统方便面	箱	100	2	200	
6	芬达橙味汽水	瓶	50	1	50	
7	康师傅冰红茶	瓶	50	1	50	
8	脉动维生素饮料青柠味	瓶	50	2	100	
9	佳洁士牙刷	个	50	1	50	
10	心相印湿巾	包	50	2	100	
11	维达抽纸	包	50	2	100	
12	农夫山泉饮用水	瓶	50	1	50	
13	雪碧柠檬味碳酸饮料	罐	50	2	100	
14	乐虎氨基酸维生素功能饮料	罐	50	2	100	
15	娃哈哈无汽苏打水饮品	瓶	50	1	50	
16	合计	—	—	32	2450	

客户二：宜家公司采购订单（见表 3-10）。

表 3-10 宜家公司采购订单

订单编号：D04120503			订货时间：2020.3.12			
序号	商品名称	单位	单价/元	订购数量	金额/元	备注
1	休闲黑瓜子	箱	100	5	500	
2	小白熊奶嘴	箱	100	2	200	
3	亚太记事本	箱	100	3	300	
4	五粮液原浆	箱	100	4	400	
5	脉动维生素饮料青柠味	瓶	50	2	100	
6	康师傅冰红茶	瓶	50	2	100	
7	精品笔记本	本	50	1	50	
8	维达抽纸	包	50	1	50	
9	加多宝凉茶	罐	50	2	100	
10	姚记扑克牌	盒	50	2	100	
11	可口可乐	瓶	50	1	50	
12	雪碧柠檬味碳酸饮料	罐	50	2	100	
13	乐虎氨基酸维生素功能饮料	罐	50	1	50	
14	蒙牛酸酸乳草莓味	盒	50	1	50	
15	合计	—	—	29	2150	

客户三：万福公司采购订单（见表 3-11）。

表 3-11　万福公司采购订单

订单编号：D04120504		订货时间：2020. 3. 12				
序号	商品名称	单位	单价/元	订购数量	金额/元	备注
1	休闲黑瓜子	箱	100	5	500	
2	金多多营养米粉	箱	100	3	300	
3	婴儿纸尿裤	箱	100	2	200	
4	好娃娃薯片	箱	100	2	200	
5	芬达橙味汽水	瓶	100	2	200	
6	康师傅冰红茶	瓶	50	2	100	
7	心相印湿巾	包	50	1	50	
8	佳洁士牙刷	个	50	1	50	
9	精品笔记本	本	50	2	100	
10	姚记扑克牌	盒	50	2	100	
11	农夫山泉饮用水	瓶	50	1	50	
12	怡宝饮用纯净水	瓶	50	2	100	
13	乐虎氨基酸维生素功能饮料	罐	50	1	50	
14	娃哈哈无汽苏打水饮品	瓶	50	1	50	
16	合计	—	—	27	2050	

二、任务目标

（1）熟悉订单管理系统的功能；
（2）掌握订单管理系统的操作步骤；
（3）能够操作订单管理系统；
（4）能够按照订单处理流程处理订单；
（5）能够根据客户需求与企业实际，结合优先权法则对库存进行合理分配；
（6）树立服务第一、信誉为先的企业经营理念；
（7）培养学生分析问题、解决问题的能力。

三、任务实施步骤

（1）学生以个人为单位，根据任务资料进行订单分析；
（2）使用订单管理系统，在客户管理功能模块里添加客户信息、客户合同信息、商品信息；
（3）进入基础管理功能模块添加商品信息；
（4）使用订单管理系统，录入客户订单信息；
（5）进行订单查询、订单跟踪处理；
（6）组织学生进行任务实操结果评价；
（7）进行任务总结，完成实训报告。

四、任务评价

订单管理系统操作实训评价表

班级		配送部（组名）	
考评内容	订单管理系统操作		
考评标准	内　　容	分值	实际得分
	客户信息、客户合同信息添加正确	20	
	商品信息录入完整	20	
	客户订单信息录入正确、无遗漏	20	
	订单查询、跟踪处理工作合理	20	
	订单管理系统操作熟练	20	
	合　　计	100	
存在的问题及改进措施			

同步练习

一、单选题

1. 从接到客户订单开始到（　　）之间的作业阶段，被称为订单处理。

A. 调拨　　B. 着手准备拣货　　C. 分拣　　D. 配送

2. 接单后，按正常的作业程序拣货、出货、配送、收款结账的订单属于（　　）。

A. 一般订单　　B. 间接订单　　C. 寄存式订单　　D. 兑换券订单

3. 订单资料不需再参与拣货、出货、配送等作业，只需记录交易资料，以便收取应收款项。这样的订单属于（　　）。

A. 一般订单　　B. 现销式订单　　C. 寄存式订单　　D. 兑换券订单

4. 接单后，将客户的出货资料传给供应商，由供应商负责按订单出货。这样的订单属于（　　）。

A. 合约式订单　　B. 寄存式订单　　C. 一般订单　　D. 间接订单

5.（　　）是订单处理的第一步。

A. 设定订单号码　　B. 确认订单　　C. 接受订货　　D. 建立客户档案

6. 即将同一配送区域储径的订单汇总后一起处理。这种分批次的方法属于（　　）。

A. 按接单时序划分　　B. 按配送区域储径划分

C. 按流通加工需求　　D. 按车辆需求

7. 订单处理合理化的目标是在保证订单处理准确性的前提下，努力减少（　　）耗费。

A. 成本　　B. 信息　　C. 配送　　D. 时间

8.（　　）作为拣货作业的主要依据，用于商品出库作业的提示资料。

A. 送货单　　B. 拣货单　　C. 补货单　　D. 出库单

9.（　　）是货物送达时客户签收、确认的单据，打印送货单时要保证送货单资料与实际出库资料一致，还应附有订单的异常情况，如缺货商品、缺货数量等。

A. 送货单　　B. 拣货单　　C. 补货单　　D. 出库单

10. 电子订货系统的英文简称是（　　）。

A. EDI　　B. EOQ　　C. EOS　　D. EOD

二、多选题

1. 订单处理合理化的因素有（　　）。

A. 时间因素　　B. 成本因素　　C. 信息因素　　D. 供货因素

2. 订单处理的原则有（　　）。

A. 尽量缩短订货周期　　B. 尽量避免缺货现象

C. 提供紧急订货　　D. 尽量满足客户对包装的要求

E. 不忽视小客户

3. 订单管理系统的功能主要有（　　）等。

A. 订单管理　　B. 客户信息管理　　C. 数据智能分析　　D. 财务管理

4. 异常订单处理主要涉及客户（　　）等情况。

A. 取消订单　　B. 增订　　C. 清点

D. 缺货　　E. 客户拒收

5. 传统订货方式常见的有（　　）。

A. 厂商补货　　B. 厂商巡货，隔日送货

C. 口头订货　　D. 传真订货　　E. 电子订货

6. 库存不足，但是客户不允许过期交货，其处理方法有（　　）。

A. 重新调拨　　B. 补送　　C. 删除不足额订单

D. 延迟交货　　E. 取消订单

7. 库存不足，但是客户允许过期交货，其处理方法有（　　）。

A. 重新调拨　　B. 补送　　C. 删除不足额订单

D. 延迟交货　　E. 取消订单

8. 常见的订单按批次分配的方法有（　　）。

A. 按接单时序划分　　B. 按员工喜好划分

C. 按配送区域储径划分　　D. 按流通加工需求划分

E. 按车辆需求划分

9. 订单确认时需要确认的内容包括（　　）。

A. 确认货物数量及日期　　B. 确认客户信用

C. 确认订单形态　　D. 确认订单价格

E. 确认加工包装

10. 存货分配模式可分为（　　）两种。

A. 单一订单分配　　B. 按货量分配

C. 按时间分配　　D. 按批次分配

三、简答题：

1. 简述订单管理的内容和意义。
2. 在订单处理过程中，应如何进行存货分配？
3. 订单处理合理化的措施有哪些？
4. 简述订单管理系统的功能。

四、案例分析

一张京东订单的奇妙之旅

想必大家知道京东的211、311等配送方式，如果用户选择不同的配送时间，京东的快递就必须在用户指定的时间内送达，而如果下游的生产系统收到订单数据比较晚，就会影响后续的配送时间，并最终影响客户体验。

作为一个普通的购物者，当我们在浏览器中输入www. jd. com的网址并按下回车，便可以看到京东商城的首页，根据自己的需要选择喜欢的商品，然后加入购物车，提交订单后，即可享受京东的极速物流体验，最终完成一次简单快乐的购物历程。但实际上，订单提交后，需要经历多个环节和各个系统的处理才能完成使命。

用户每一个提交订单的动作，对于京东系统来说，都是一条订单处理的指令。完成订单提交这个动作的过程中，有多达上百个的系统正在准确而高速地运转着。

交易引擎会根据指令，安排订单流转的行程并通知订单中心（您可以在订单中心随时查看整个生产过程）、财务中心（需要准备多少钱）、仓储中心（由哪个库房生产等），保证用户的订单有条不紊地进入后续的生产流程中，这个过程需要300 ms的时间。

订单成功提交后即进入履约阶段，订单履约中心（OFC）专门提供订单生成后的履约工作，确保实物流转和订单信息的秒级精准同步。OFC将完成过滤存在风险的订单、生产信息准备、生产计划的制定等工作，系统把满足生产条件的订单传递到库房进行物流生产。

同时系统还肩负着将下游系统主数据、订单处理状态回传给订单中心、库存中心的任务，是客户订单业务最核心的后台支撑系统。

订单生成后，还会有一系列动作，那就是做订单的拆分、时效计算、转移、预分拣、发票数据准备、面单数据准备等一系列步骤。因为在订单中的商品，比如电脑、图书、日常用品等，他们是存放在不同仓库里的。这就需要将一个大订单拆分成多个小订单进行生产，这就是订单拆分。系统会根据用户购买商品的种类、大小、有无现货、距离远近等情况，综合计算出一个最优方案，并依据方案对订单进行拆分。同时将下单时使用的优惠券、京豆、礼品卡等，合理地分摊在每个拆分后的新订单上，包括根据不同商品品类对应不同工商税务要求，发出电子发票的任务。

订单拆分完成后，OFC会调用订单时效模块，逻辑上会考虑生产时效、生产成本、库存、客户体验等多个因素，给出一个优化的方案。之后，OFC会调用青龙系统的预分拣模块，通过匹配用户填写收货地址和配送站点，并考虑生产能力和负载情况，分配配送站点。然后调用订单时效模块，修正订单可到达客户的时间；调用发票模块准备好发票数据；调用面单模块准备好面单数据。

订单一切准备工作就绪后，OFC 下传模块会将符合生产条件（库存状态、时效 211/311/411）的订单立刻下传到库房。

这是京东配送的产品处理流程，第三方商家订单的处理流程相对简单，不需要判断是否满足生产条件，而是经过预分拣环节，确定京东是否可配送后，就下发到商家后台系统，由商家完成订单后续备货、发货流程。到了这步，订单终于下传到库房。

但惊人的是，以上庞大复杂的链路耗时并不久，订单从下单到库房的时间已经从早年的 30 min 优化到了 5 s，为京东的“1 小时达”“211”“411”等各种超快配送服务提供了保证。因此，以上的各个环节，用户的感受都是在提交订单的瞬间获得的。

时效系统（promise）根据发货仓库、配货中心、送货地址、地图、实时路况等数据，核算出最优路线，并完成精准送达时间的计算。

而且，为了更快更好地把货物送到用户手里，京东还推出了移动仓库服务，通过实时定位和调度移动仓，同时还涉及库存数量，根据覆盖地区范围和时效的多维度变化以及移动货车各项风险分析控制，实现更加快速的送达服务。一个包裹的实物旅程为了更好地服务于用户，京东在全国多地建造了目前国内规模庞大、技术先进的物流中心——“亚洲一号”，库房实现了自动化分拣系统。在这里，库房生产拉开序幕。经过库房拣货组、复核组、打包组接力后，库房生产结束。

在库房生产时，为了保证拣货效率，减少库房行走路径，通常会将多个订单同一商品合并拣货，再将所有的商品分摊到相关订单，这个过程叫“分货”。这个过程非常复杂，特别是存在一单一品和一单多品的订单。京东自创的“篮子”分拣设备和智能显示屏，能大大提高分货效率和准确性。接下来，将订单商品在复核台上扫描确认，进行商品打包操作。复核、打包操作完成也会回传状态给订单跟踪系统。到这里，库房内的生产操作基本完成了。

打包完成的商品会被送往分拣中心，分拣中心将送往配送中心的所有订单准备就绪。订单状态变更为：

“您的订单在【×××分拣中心】发拣完成”。

“您的订单在【×××分拣中心】发货完成，准备送往【×××配送站】”。

商品打包完成后，通过龙门架对接分拣机传送到分拣中心，通常分拣中心就在库房隔壁。分拣中心会对包裹进行收货、验货、分货、装车、发车，分拣中心同时将状态回传给订单跟踪系统。

订单经过几个小时的车程抵达配送中心，完成验货。“晨光初晓，勤劳的配送小哥载上与您的承诺，开启崭新一天的旅程”。

◆　**京东订单处理案例启示**

从以上这张京东订单的故事中，我们看到了订单处理对于物流配送系统的支持。其实我们从网站下的订单（也叫原始单）在库房是直接生产不了的，需要经过 OFC 这个环节的处理，才能到达各个生产系统。由此可见，这个环节必然会有大量数据需要处理，而且还要保证时间。海量的订单以及用户需要的快速响应，意味着订单处理的速度与准确度要高度智能化

每年“双十一”“618”的业务量剧增都在考验快递企业不断推陈出新以适应整体环境的发展变化。其中仓储自动化设备、时效是企业之间竞争的核心。智能物流、自动化分拣等科技技术的投入，整个物流体系才能够与突发性的需求相匹配，适应快递数量的快速增长。

◆ **问题与思考**

（1）京东的订单处理具有哪些特点？

（2）京东的订单处理如此快速准确，对京东这个品牌的发展具有什么样的意义？

项目四　备货作业管理

知识结构图——备货作业管理

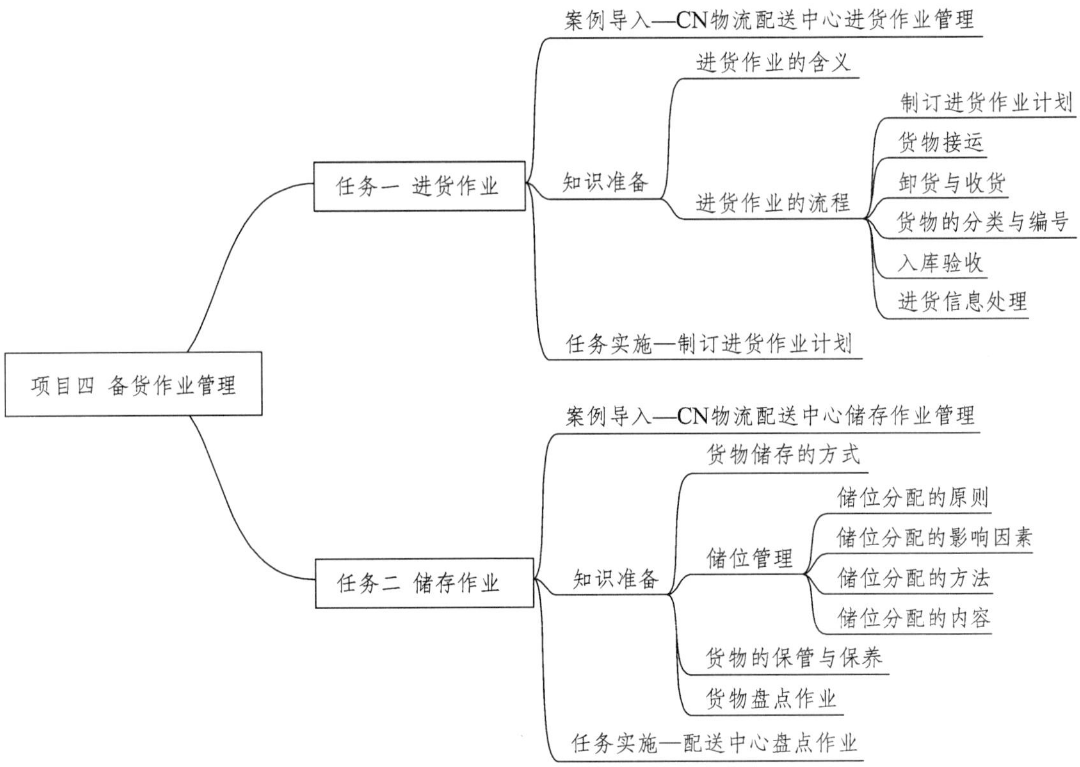

学习目标

1. 知识目标

（1）了解进货作业的含义；

（2）掌握进货作业的流程；

（3）掌握货物编号的方法；

（4）熟知货物分类储存的原则和方法；

（5）理解储位分配的原则、方法和内容；

（6）掌握货物保管养护的方法；

（7）掌握货物盘点的内容、方法及流程。

2. 能力目标

（1）能够准确进行货物分类并按不同的方法进行编号；

（2）能够根据客户订单制订进货作业计划；

（3）能够高效准确地对到库商品进行储存保管。

任务一　进货作业

【案例导入】——CN 物流配送中心进货作业管理

CN 物流配送中心为了加强进货管理，保证公司货物的安全，要求针对所有入库的商品进行验收，并做出以下规定。

（1）根据我司作业单上的商品编码对应的描述核实实际到货的中文描述及数量，二者必须一致。

（2）根据作业单提示数量进行质检验收，拆零销售的商品必须开箱验收。

（3）验收期间出现商品提手断裂，包装水浸、受潮、污渍、褶皱勒痕严重，液体、颗粒、粉类商品溢漏，包装破洞的都不可入库。

（4）商品包装所贴标签不可遮住商品本身重要信息，比如：效期、规格、描述、成分等。

（5）包装上的国标码与系统需一致。

（6）包装出现其他平台 logo 标志不可入库。

（7）原厂封贴开封或有二次封贴迹象不可入库。

（8）收货时与供应商当面清点，出现多货/错货危险品让司机带回。

（9）效期商品与非效期商品需注意：实物包装上的生产日期、保质期、到期日三者必须有其二，以便录入系统对在库商品进行效期管理；进口的有效期、商品生产日期、到入库当日累加天数超过此产品总保质期 1/2 的不可入库；国产的效期商品生产日期到入库当日累加天数超过此产品总保质期 1/3 的不可入库；1 个 SKU（单品）的批次（生产日期）必须在 3 个以下方可入库；酒水（除啤酒）需要酒水流通随附单，名酒需要有物流码（目前针对茅台、五粮液、剑南春等品牌）；小家电必须开箱全检；小家电内层包装国标码正确，外层运输包装没有国标码或不正确的可打码贴码入库。

效期商品入库码盘：同一单品不同批次的需分开码放；保质期商品，商品外箱上也必须有生产日期；商品整齐码放，每层码放数量一致；码放高度遵照收货人员要求；商品条码向外码放；套装商品需张贴“套装勿拆”标识。

非效期商品大批量入库：码放高度根据收货人员提示进行操作；商品条码向外码放；商品整齐码放，每层码放数量一致；同一个托盘只允许码放一种商品；缠绕膜将整托盘缠绕。

【知识准备】

客户订单被处理后，传递到的第一个环节就是备货部门，备货是配送中心根据客户的需要，为保证配送业务的顺利实施而准备货物的一系列活动。备货包括筹集货物（订货、进货、集货、验收、结算等）和储存货物（暂存、储备）两个环节。

一、进货作业的含义

进货是配送的基础工作，是配送中心根据客户的需要，为配送业务的顺利实施而从事的组织商品货源和进行商品入库的一系列备货活动。进货可使配送中心的配送活动得以顺利开展，可使社会库存结构合理，降低社会总成本，还可使配送中心节约库存空间，降低配送成本，增加经济效益。

二、进货作业的流程

进货作业的流程如图 4-1 所示。

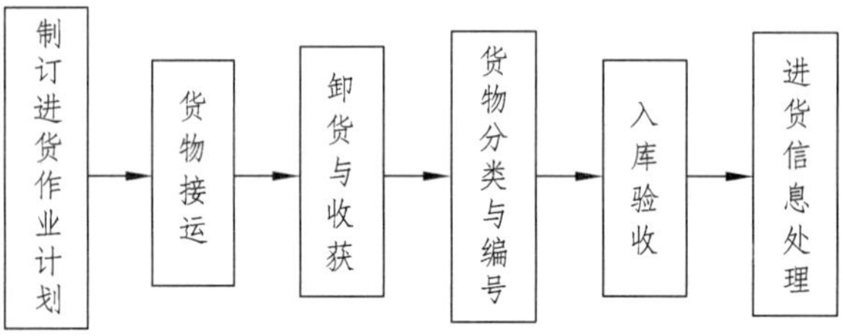

图 4-1　进货作业的流程

（一）制订进货作业计划

进货作业计划是根据采购计划与实际的进货单据，以及供应商的送货规律与送货方式来制订。目的是依据订单所反映的信息，掌握商品到达的时间、品类、数量及到货方式，尽可能准确预测出到货时间，尽早做出卸货、储位、人力、物力等方面的计划和安排，保证整个进货流程的顺利进行，同时提高进货效率，降低作业成本。主要包括以下内容。

1. 储位准备

储位准备是根据预计到货的商品特性、体积、质量、数量和到货时间等信息，结合商品分区、分类和储位管理的要求，预计储位，预先确定商品的理货场所和储存位置。

2. 设备准备

设备准备是根据到货商品的理化性能及包装、单位重量、单位体积、到货数量等信息，确定检验、计量、卸货与搬运方法，准备好相应的检验设施、度量衡、卸货及码货工具与设备，并安排好卸货站台空间。

3. 人员安排

依照到货时间和数量，预先计划安排好接货、卸货、检验、搬运货物的作业人员。

4. 文件单证准备

根据到货计划，准备到货单证核查的相关文件，准备相关验收标准。

（二）货物接运

货物的接运是向托运方或者承运方办清业务交接手续，按时按量地将货物安全地接运回配送中心，并协同作业人员做好货物的入库工作。接运的主要任务是及时而准确地向交通运输部门提取入库货物，要求手续清楚、责任分明、为验收工作创造有利条件。常见的接运方式有以下四种，如表 4-1 所示。

表 4-1　常见的接运方式

接运方式	说明	注意事项
车站码头接货	由铁路运输部门将货物运至车站，或由水路运输部门将货物运至港口码头，配送中心自备运输工具，派车把货物从车站、码头接运到库的方式	注意提货时出示“领货凭证”，港口提货用提货单换运单
专用线接运	铁路运输部门将转运的货物直接运送到库内专用线的一种接运方式	注意确定卸车货位准备人力和机具；引导车辆入位；编制卸车记录
库内收货	供应商直接将货物送到配送中心的接运方式	供货单位送货到库时，保管员直接与送货人在收货现场办理接货手续；发现问题要分清责任
自提货	配送中心直接到供应商仓库提货的接运方式	提运人员在提货前要了解和掌握所提货物入库验收有关要求和注意事项；现场点交，办理签收手续

（三）卸货与收货

配送中心卸货一般在收货站台上进行。送货方到指定地点卸货，并将抽样商品、送货凭证、增值税发票交验。卸货的方式通常有人工卸货、输送机卸货和码托盘叉车卸货。

常用的卸货设施有：可移动式楔块（见图 4-2）、升降平台（见图 4-3）、车尾附升降台（见图 4-4）、吊钩（见图 4-5）。

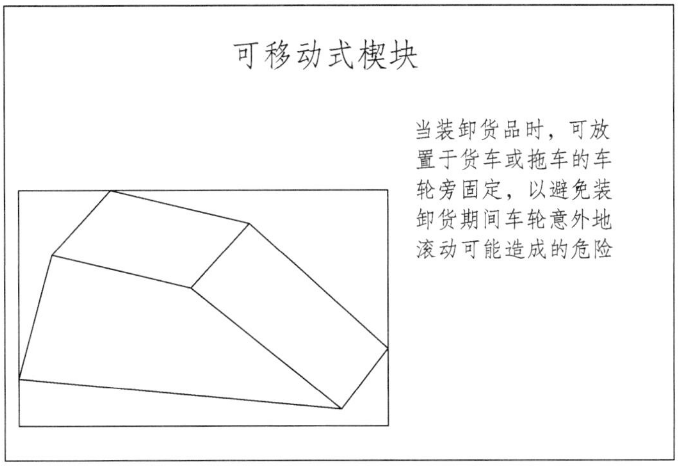

图 4-2　可移动式楔块

图 4-3　升降平台

图 4-4　车尾附升降台

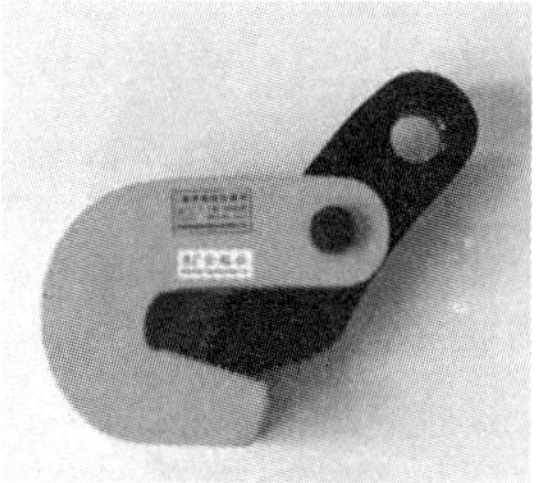

图 4-5　吊钩

收货的目的在于确保所送货物的数量、质量、时间等与订货合同一致。收货的要点是准确清点商品数量、验货、记账，然后将货品转入集存区储存。

（四）货物的分类与编号

1. 货物分类

（1）货物分类的含义。

货物分类是为了一定的目的，按照一定的标准，科学而系统地将货物分成若干个不同类别的过程。将多种商品按其性质或其他条件逐次区分，分别归纳入不同的货物类别，进行系统地排列，以提高作业效率。

（2）货物分类的作用。

- 分类是商品控制合理化的基础，是货品编号的依据。
- 将商品系统分层归类，可提高管理效率。
- 便于收发保管。
- 方便商品的分配与调拨。
- 便于记账及统计分析。
- 减少作业中的移动距离，使存取人员容易记忆商品位置，增加作业效率。

（3）货物分类的原则

- 应按同一标准、同一原则。
- 应根据企业自身的需要，选择适用的分类形式。
- 应系统地展开，逐次细分、层次分明。
- 应明确且相互排斥，当某产品已归于某类，绝不能再分至其他类。

➢ 应具有安全性、普遍性，分类系统应能包罗万象，适用于广大的地区类别，使所有物料均能清楚归类。

➢ 应具有不变性，以免造成货物混乱。

➢ 应具有伸缩性，以便随时增加新产品或新货物。

➢ 应确切而实用，绝不能流于空想。

（4）货物分类的方式。

货物分类的方式如表 4-2 所示。

表 4-2　货物分类的方式

分类方式	说　明
按货物种类和性质分类	为适应货物储存保管的需要，可以选择按货物特性分类的方式。因为不同特性的货物所需的保管条件不同，而且有些货物不分类存放，货物间还会相互影响，导致货物失去原来的特性，如茶叶和肉类混放在一起就会引起货物串味、变质
按货物的使用目的、方法及程序分类	如需进行流通加工的货物，可按不同的加工方法进行分类，将直接性原料分为一类，间接性原料分为一类；化妆品可按使用目的分为洗发类和护肤类等
按货物采购的便利程度分类	按交易行业进行分类
按会计科目分类	如为方便账务处理
按货物形态分类	如货物的内容、形状、尺寸、颜色、重量等
按资讯分类	如货物发往地区、顾客类别等

2. 货物编号

（1）货物编号的含义。

货物编号就是将货物按其分类内容进行有次序的编排，用简明的文字、符号或数字代替货物的名称、类别及其他有关信息的一种方式。

（2）货物编号的作用。

➢ 增加商品资料的正确性。

➢ 查核管理容易。

➢ 提高商品作业活动的工作效率，且便于信息的传递。

➢ 可以利用电脑处理分析。

➢ 可以节省人力、减少开支、降低成本。

➢ 便于进货、发货。

➢ 因记录正确可迅速按秩序储存或拣取货品，一目了然、减少弊端。

➢ 削减存货。一旦有了统一编号，可以防止重复订购相同的商品，且仓储及盘点作业将更易于进行，对控制存货有很大帮助。

➢ 可考虑选择作业的优先性，如先进先出。

➢ 利用编号代码来表示各种商品，可防止企业机密外泄。

（3）货物编号的原则。

① 简易性：应将商品化繁为简，便于商品活动的处理；

② 完全性：要使每一项商品都有一种编号代替；

③ 单一性：每一个编号只能代表一项商品；

④ 一贯性：要统一而有连贯性；

⑤ 充足性：其所采用的文字、记号或数字，必须有足够的数量来编号；

⑥ 组织性：编号应有组织，以便存档或查知账卡及相关资料；

⑦ 易记性：应选择易于记忆的文字、符号或数字，或富于暗示及联想性；

⑧ 扩充弹性：为未来商品的扩展及产品规格的增加留有余地，使其可按要求自由延伸，或随时从中插入；

⑨ 分类展开性：若商品过于复杂使得编号庞大，则应使用渐进分类的方式来做层级式的编号；

⑩ 应用机械性：信息化管理是当前的趋势，因而编号的设置应考虑与电脑的配合。

（4）货物编号的方法。

① 流水编号法：以阿拉伯数字为编号工具，由 1 开始，按照数字顺序依次往下编，常用于账号或发票编号，属于眼展式的方法，是一种最简单的编号方法。如表 4-3 所示。

表 4-3　流水编号法

编号	货品名称
1	洗发水
2	肥皂
3	牙膏
4	洗面奶

② 数字分段法：把数字分成多段，让每一段数字代表具有共同特性的一类商品。如表 4-4 所示。

表 4-4　数字分段编号法

编号	货品名称
	将 1-5 预留给洗发露编号用
1	去屑洗发露
2	护色洗发露
3	柔顺洗发露
4	…
5	…
	将 6-12 预留给洗面奶编号用
6	美白洗面奶
7	控油洗面奶
8	保湿洗面奶

③ 分组编号法：以货物的特征分成多个数字组，每一个数字组代表此项货物的一种特性。如表 4-5 所示。

例如：	类别	形状	供应商	尺寸
编号	07	—5	—006	—110

表 4-5　分组编号法

货品	类别	形状	供应商	大小	意义
编号	07				饮料
		5			圆筒
			006		统一
				110	4ft×9ft×15ft

④ 实际意义编号法：按照货物的名称、重量、尺寸、分区、储位、保存期限或其他特性的实际情况进行编码。如表 4-6 所示。

表 4-6　实际意义编号法

编号	意　义
FO4915　B1	FO 表示 Food，食品类
	4915 表示 4×9×15，尺寸大小
	B 表示 B 区，货品所在储区
	1 表示第一排货架

⑤ 暗示编号法：用数字和文字组合来编码，编号本身不直接指明货物的实际情况，却能暗示商品内容，容易记忆。如表 4-7 所示。

表 4-7　暗示编号法

货品名称	尺寸	颜色与类型	供应商
BY	005	WM	10

注：BY 表示自行车（Bicycle）；005 表示大小型号 5 号；W 表示白色（White）；M 表示男士型（Man）；10 表示供应商号码。

⑥ 后数位编号法：运用编号末尾的数字，对同类货品做进一步细分，也就是从数字的层级关系来看货品的归属类别。如表 4-8 所示。

表 4-8　后数位编号法

编号	货品名称
160	服饰
170	女装
171	上衣
171.1	T 恤
171.11	白色
…	…

同步练习：请用后位数编号法，根据表 4-8 中编码的规律，为货品“男士蓝色牛仔裤”编号。

（五）入库验收

验收是指配送中心在商品正式入库前，按照一定的程序和手续，对到库商品进行数量和外观质量的检查，以验证商品是否符合订货合同规定的一项工作。

按规定的程序和手续进行数量、质量的检验，确保库存质量。全检主要是数量的全检，是针对重要的商品在批量到货或抽检发现问题时进行的。配送中心对大批量到货商品，规格、尺寸和包装整齐的商品，多数采用抽检的方式。商品检验方式一般由供货方和接货方双方通过签订协议或合同来确定。

（六）进货信息处理

货物验收完毕，必须对进货信息进行处理。

1. 登录货物信息

货物经验收确认后，必须填写“验收单”，并将有关入库信息及时准确地录入库存货物信息系统以便及时更新统计库存货物的数量，然后记录相关资料。

入库货物信息通常需要录入以下内容：货物名称、规格、型号、包装单位、包装尺寸、包装容器及单位重量等；货物的原始条码、内部编号、进货入库单据号码以及货物的储位；货物的入库数量、入库时间、进货批次 生产日期、质量状况、货物单价等；供应商信息，包括供应商名称、编号、合同号等。

2. 搜集和处理辅助信息

辅助信息主要有货物的一般特征和数量分布；货物的包装尺寸、容器、单重的分布状况；每一段时期内进货批次的分类；卸货方法及所需时间；货物入库的场所。

【任务实施】

一、任务描述

CN 物流配送中心分别接到智联交大店、美化八宝街店、齐众三友路店和康宁广场四个客户的订货需求，现要求各配送部根据客户的订货需求编制相应的进货作业计划。客户订单如表 4-9~4-12 所示。

表 4-9

客户订单 1					
编号：RKTZD20201110					
收货人	智联交大店	送货方式		自提	
客户指令号	WEM20200040123	到货日期		2020 年 3 月 25 日	
货品序号	货品名称	规格	单位	数量	备注
1	娃哈哈纯净水	12 瓶/箱	箱	30	
2	怡宝天然矿泉水	12 瓶/箱	箱	20	
制单：王磊			审核：张亮		

表 4-10

客户订单 2					
编号：RKTZD20201111					
收货人	美化八宝街店	送货方式		自提	
客户指令号	JLF20200040133	到货日期		2020 年 3 月 25 日	
货品序号	货品名称	规格	单位	数量	备注
1	康师傅红烧牛肉面	6 盒/箱	箱	50	
2	卡夫奥利奥夹心饼干	12 袋/箱	箱	35	
3	德芙牛奶丝滑巧克力	50 块/箱	箱	10	
制单：何强				审核：李玉	

表 4-11

客户订单 3					
编号：RKTZD20201112					
收货人	齐众三友路店	送货方式		送货上门	
客户指令号	RRL20200040143	到货日期		2020 年 3 月 25 日	
货品序号	货品名称	规格	单位	数量	备注
1	欧莱雅洗发露	12 瓶/箱	箱	45	
2	滴露洗手液	24 瓶/箱	箱	20	
3	力士滋润沐浴露	12 瓶/箱	箱	30	
制单：张明		审核：李琴			

表 4-12

客户订单 4 编号：RKTZD20201113					
收货人	康宁广场	送货方式		送货上门	
客户指令号	SN20200040143	到货日期		2020 年 3 月 25 日	
货品序号	货品名称	规格	单位	数量	备注
1	Dell 电脑	541 mm×476 mm×358 mm	台	8	
2	三星液晶电视	50 寸	台	12	
制单：刘星		审核：陈东			

二、任务目标

（1）掌握进货作业的流程。

（2）能够准确进行货物分类并按不同的方法进行编号。

（3）能够根据客户订单制订进货作业计划。

（4）锻炼学生分析问题、解决问题的能力。

三、任务实施步骤

（1）学生以组建的配送部为单位，每组 6～8 人，根据配送中心的情况，进行货位划分，对货位进行编号，根据货位选择的原则，画出所进商品的储位图。

（2）根据商品的性能及包装、体积、重量、到货数量等信息，准备好相关的装卸搬运设备及验收器具。

（3）按商品的性质进行分类，并按照配送中心规定的分组编号法对到库货品进行编号。

（4）正确填制进货作业计划单。

（5）进行实训总结，完成实训报告。

四、任务评价

制订进货作业计划实训评价表

班级		配送部（组名）	
考评内容	制订进货作业计划		
考评标准	内　　容	分值	实际得分
	储位分配合理、货位编码正确、储位图绘制正确	25	
	设施选择适当，准备充分	10	
	货物分类合理	15	
	货物编码正确	25	
	进货作业计划单填制正确	20	
	团队协作	5	
	合　　计	100	
存在的问题及改进措施			

任务二　储存作业

【案例导入】——CN 物流配送中心储存作业管理

CN 物流配送中心的库存量 450 万件，SKU 有 1 万左右，为了加强储存作业管理，减少缺货、少货的情况，为了提升仓库库存准确率，配送中心做了以下优化处理。

1. 重新梳理仓管员的岗位职责

对库内商品进行盘点，并处理库存差异，保证库存准确率达标；对生产过程中的异常商品进行处理，保证订单及时出库；对生产取消的商品及时返架，保证拣货有货；对保质期商品进行核对，保证先入先出；进行工作区域的 5S 管理。

2. 对仓库存放区域进行规划

（1）精简库区，划分小件货架区、托盘地堆区和大批量的堆垛区，将对应商品放置到对应的库区，进行分类管理。

（2）对于商品没有商品条码的情况，结合仓库管理系统对每个商品和储位进行关联。

（3）建立监管机制，每个理货人员进行区域划分，每个人负责一个区域进行责任划分，确保该区域的理货和库存保障。

3. 梳理盘点流程

（1）日循环盘点：每天在仓储管理系统进行盘点任务创建，每个区域的理货人员当天必须完成分配的盘点任务，并对差异进行记录，有多货少货的情况要及时进行盘盈亏处理。

（2）抽盘：各区域的理货人员进行交叉抽盘，对应区域出现差异，理货人员没有发现的，将被纳入绩效管理中。

（3）全盘：以月度和季度为维度进行全盘，对仓库的整个库存进行盘点，处理差异，确保库存的准确性。

4. 加强5S管理

每个商品必须摆放整齐，单储位多品类的商品必须在储位进行分开放置，不允许进行混放。每天生产结束后对每个区域进行整理，完成后仓管理进行抽查，如出现不符合标准的，纳入绩效管理中。

【知识准备】

一、货物储存的方式

在配送中心，常见的货物储存方法有以下五种。

1. 固定储位储存

固定储位储存是指每一项货物都有固定的储位，货物在储存时不可互相换位。在采用这一储存方法时，必须注意每一项货物的储位容量必须大于其可能的最大在库量。定位储存通常适用于以下这些情况：

（1）不同物理、化学性质的货物需安排不同的保管储存地点，从而防止不同性质的货物互相影响。

（2）重要物品需要重点保管，如手表、金饰品、数码相机等，既要定位储存，还要指定专人保管。

（3）根据物品尺寸及货重安排储位。

（4）库房空间较大。

（5）货物具有多品种、少批量的特点。

2. 随机储存

随机储存是指每一个货物的储位都不是固定的，而是随机产生的。这种方法的优点在于共同使用储位，最大限度地提高储区空间的利用率。缺点是给货物的出入库管理及盘点工作带来了困难，特别是周转率高的货物可能被置于离出入口较远的储位，增加了出入库的搬运距离。一个良好的储位系统中，随机储存比固定储存节约 35%的移动储存时间，增加 30%的储存空间。这种方法适用于空间有限，货物品种不多的情况。

3. 分类储存

分类储存是指所有货物按一定特性加以分类，每一类货物固定其储存位置，同类货物不同品种又按一定规则来安排储位。分类储位通常根据以下几个因素进行分类安排：

（1）货物相关性大小（货物相关性是指货物的配套性或货物是否由同一家顾客所订购等）。

（2）货物周转率高低。

（3）货物体积、货重。

（4）货物特性（货物特性通常是指货物的物理或化学性能、机械性能等）。

分类储存主要适用于货物相关性大，进出货比较集中；货物周转率差别大；货物体积或货重相差大等情况。

4. 分类随机储存

分类随机储存是指每一类货物均有固定储位，但在各储区内，每个储位的安排都是随机的，因此可以兼有定位储存和随机储存的特点。但分类随机储存也有缺点，即货物出入库管理和盘点工作的开展比较困难。

5. 共同储存

共同储存是指在已确切知道各种货物的出库时间时，使不同货物可公用相同的储位。这种储位方式在管理上较为复杂，但可以节省储存空间及搬运时间。

二、储位管理

（一）储位分配的原则

储位分配是指根据货物分类保管方案、仓容定额，规划和确定库房和货场的货位摆放形式。

物流仓库中的货物各式各样，又有其独特的属性，货物之间还有发生物理化学反应的可能，采取科学合理的物资入库储位分配安排，既可以最大化地利用库房容量，又能很好地保存货物。一般应遵循下列原则：

（1）为方便出入库作业，物品必须面向通道进行保管。

（2）尽可能地在高处放物品，以提高空间利用率。

（3）出货频率高的物品放在入口处，出货频率很的物品放在仓库深处。

（4）重货放在入口处，轻型货在仓库深处。

（5）大型货物放在入口处，小型货物放在仓库深处。

（6）一般物品放在下层，贵重物品放在上层。

（7）实行“先入先出”的原则，以加快周转。

（二）储位分配的影响因素

储位分配时的影响因素较多，主要有以下几点。

（1）供应商，即商品的供应渠道，是本公司生产还是外购，有无行业特性及影响等。

（2）商品特性，即商品的体积、单位、包装、周转快慢、季节性分布，及自然属性（腐蚀或融化等）、温湿度要求、气味的影响等。

（3）进货规定，即采购前置时间，采购作业特殊要求。

（4）储位空间，储位空间应考虑仓库的“五距”以及托盘、货架本身的高度，预留适当的作业空间等。

（5）进出库频率，根据货物进出库频率以及货物动线选择不同的存放储位。

此外，还要考虑人员以及储放、搬运设备与资金等相关要素。

（三）储位分配的方法

储位分配的方法，就是指在储存空间、储存设备、储存区位、储位编码等一系列前期工作准备就绪之后，用什么方法把货品分配到最佳的位置上。目前常用的货位分配方法有人工分配、计算机辅助分配和计算机全自动分配三种。

1. 人工分配

人工分配货位就是管理者根据经验分配货位，由于分配凭借的是管理者的知识和经验，所以效率会因人而异。

优点是投入设备费用少，其缺点是分配效率低、出错率高、需要大量人力。

2. 计算机辅助分配

这是利用图形监控系统，收集货位信息，并显示货位的使用情况，提供给货位分配者实时查询，为货位分配提供参考，但最终还是由人工下达货位分配指示。

3. 计算机全自动分配

这是利用图形监控储位管理系统和各种现代化信息技术（条形码扫描器、无线通信设备、网络技术、计算机系统等），收集货位有关信息，通过计算机分析后直接完成货位分配工作，整个作业过程不需要人工参与分配作业。因此出错率低，效率高，是自动化仓库的首选方式。

（四）储位分配的内容

1. 明确标识储位

先将储存区域经过详细规划区分，并标示编号，让每一种预储存的商品都有位置可以存放。储位的具体地点必须加以明确，边界含糊不清（如走道、楼上、角落或某某商品旁）会使储位管理发生混乱。很多配送中心常把走道当成储区来使用，虽然短期之内得到方便，但长此以往就会影响库内作业，违背了储位分配的基本要求。

2. 有效定位商品

依据商品保管方式的不同，应该为每种存货确定合适的储存单位、储存策略、分配法则，以及其他储存中要考虑的因素，把商品合理放置在预先准备的储位上。例如，冷藏食品需要放置在冷藏库，流通速度快的商品应该放在靠近出口处，洗衣粉不应该和饼干放在一起，香烟不能和香水放在一起等。

3. 及时更新记录

当商品按规划就位后，接下来就是储位的维护。无论是因为出货、淘汰，还是受其他因素影响，一旦使商品的位置或数量发生改变，都必须及时、准确地记录变动前后的情况，使库存记录和实际数量完全吻合。

三、货物的保管与保养

货物在配送中心进行储存保管，应保证其数量、质量及外观状态完好。在库货物状态会受到自然环境如温湿度变化的影响，从而发生物理变化、化学变化乃至生化变化等。因此，研究影响货物变化的因素以及保管保养的方法是需仓库长期进行的工作。

（一）影响货物变化的因素

1. 商品的自然损耗

主要为商品的物理性质、化学性质、化学成分、物品的结构，如干燥、风化、粘结、散失、破碎等。

2. 人为因素或自然因素造成的损失

由于仓库保管人员的失职或保管不善、不当的操作、装卸搬运的不合理、堆码苫垫不合理、违章作业等；温湿度、有害气体、阳光、尘土、虫鼠等；自然灾害（水灾、地震、台风、雷击等）造成的非常损失，以及包装破损而造成的漏损等。

3. 储存期

商品在仓库里停留的时间愈长，发生变化的可能性就愈大，而且发生变化的程度也愈深。

（二）温湿度控制的方法

每种货物都有自身最适宜保管储存的温湿度范围，当发现库外温湿度超过这个范围，就要设法防止库外气候对库内产生的不利影响；当发现库内温湿度超过这个范围时，就要及时采取有效措施调节库内的温湿度。在仓库实践工作中，常见的温湿度控制的方法有以下几种。

1. 通风

通风是利用库内外空气温度不同而形成的气压差，使库内外空气形成对流，来达到调节库内温湿度的目的。

正确通风，不仅可以调节与改善库内的温湿度，还能及时地散发物品及包装物多余的水分，按通风目的的不同，可分为利用通风降温（或增温）和利用通风散潮。几种常见的通风形式如图 4-6 所示。

小贴士：通风应注意时间的选择

如果在夏季要采用通风来降低库房内温度，适宜时间是夜间 10 点钟以后至次日上午，而降低湿度的适宜时间是上午 6 点钟至下午 4 点钟。当然，这需要考虑到物品特性、库房条件、气候等因素的影响。

图 4-6 几种常见的通风形式

2. 密封

密封是把货物尽可能严密地封闭起来，减少外界不良气候条件对其造成的影响，以达到安全保管的目的。

密封常用的方法有整库密封、小室密封、按垛密封以及按货架、按件密封等。

3. 吸潮

在梅雨季节或阴雨天，库内湿度过高，不适宜货物的保管；库外湿度过大，也不宜进行通风散潮，此时，可以在密封库内用吸潮的办法降低库内湿度。

仓库中通常使用的吸潮剂有氯化钙、硅胶等。近年来，仓库普遍使用机械吸潮的方法。吸湿机是把库内的湿空气通过抽风机，吸入吸湿机冷却器内，使它凝结为水而排出。吸湿机一般适宜于储存棉布、针织品、贵重百货、医药仪器、电工器材和烟糖类的仓库吸湿。

4. 气幕隔潮

气幕隔潮是利用机械鼓风产生强气流，在库门口形成一道气流帘子，其风速大于库内外空气的流速，可以阻止库内外空气的自然交换，从而防止库外热潮空气进入库内。

5. 空气调节自动化

空气调节自动化是利用自动化装置（如中央空调系统等），使空气调节过程在不同程度上自动地进行，以满足仓储物对空气质量更高更精确的要求。其中包括空调系统中若干参数的自动测量、自动报警和自动调节等。空气调节自动化效果好、容易操作、不污染商品，但成本较高。

四、货物盘点作业

盘点是仓库中的一项重要工作。是指定期或临时对库存商品实际数量进行清查、查验，并与账目相核对的作业，以便准确地掌握仓库实际库存数量。

（一）盘点的内容

1. 查数量

通过盘点，查明库存商品的实际数量，核对库存账面数量与实际库存数量是否一致，这是盘点的主要内容。

2. 查质量

检查在库商品质量有无变化，包括：受潮、锈蚀、发霉、干裂、鼠咬，甚至变质情况；检查有无超过保管期限和长期积压的现象；检查技术证件是否齐全，是否证物相符；必要时，还要进行技术检验。

3. 查保管条件

- 库房内外的储存空间与场所利用是否合理；
- 储存区域划分是否明确；
- 货架布置是否合理；
- 商品进出是否方便、简单、快速；
- 搬运是否方便；
- 传递距离是否太长；
- 储区标志是否清楚；
- 有无废弃物堆置区；
- 温湿度是否控制良好；
- 堆码是否合理、是否漏水、积水等。

4. 查设备

- 检查各项设备的使用和养护是否合理，是否定期保养；
- 储位、货架标志是否清楚明确，有无混乱；
- 储位或货架是否充分利用；
- 检查计量器具和工具，如皮尺、磅秤等是否准确，使用与保管是否合理。

5. 查安全

- 检查各种安全措施和消防设备、器材是否符合安全要求；
- 检查使用工具是否齐备、安全；
- 商品堆放是否安全，有无倾斜；
- 货架头尾防撞杆有无损坏变形；
- 检查建筑物是否有损坏而影响商品储存等。

（二）盘点的方法

根据盘点是否盘实物，可以分为账面盘点法和现货盘点法。

1. 账面盘点法

账面盘点法，又称永续盘点，是将每一种商品分别设立“存货账卡”，然后将每一种商品的出入库数量及有关信息记录在账面上，逐笔汇总出账面库存结余数，这样随时可以从计算机或账册上查悉商品的出入库信息及库存结余量。

2. 现货盘点法

（1）动态盘点法，是指对有动态变化的商品即发生过收、发的商品，及时核对该批商品的余额是否与账、卡相符的盘点方法。有利于及时发现差错并及时处理。

（2）重点盘点法，是指对商品进出动态频率高的，或者易损耗的，或者昂贵商品进行的一种盘点方法。

（3）全面盘点法，是指对在库商品进行全面的盘点清查的一种方法。通常多用于清仓查库或年终盘点。盘点的工作量大，检查的内容多，通常把数量盘点、质量检查、安全检查结合在一起进行。

（4）循环盘点法，是在每天、每周按顺序一部分一部分地进行盘点，到了月末或期末每项商品至少完成一次盘点的方法。它是指按照商品入库的前后顺序，不论是否发生过进出业务，有计划地循环进行盘点的方法。

（5）期末盘点，是指在期末一起清点所有商品数量的方法。期末盘点一般要关闭仓库做全面性的商品的清点，因此，对商品的核对需十分方便和准确，可减少盘点中的不少错误。缺点是一旦仓库关闭，业务停止，会造成损失；会动员大批员工从事盘点工作，加大了期末的工作量；不能随时反映存货收入、发出和结存的动态，不便于管理人员掌握情况；容易掩盖存货管理中存在的自然和人为的损失。

（三）盘点作业流程

配送中心通过盘点可以查清实际库存数量，并确认库存商品实际数量与库存账面数量的差异，一旦发现盘点的实际库存数量与账面库存数量不符时，应及时查清问题原因，并作适当的处理。盘点作业的一般流程如图 4-7 所示。

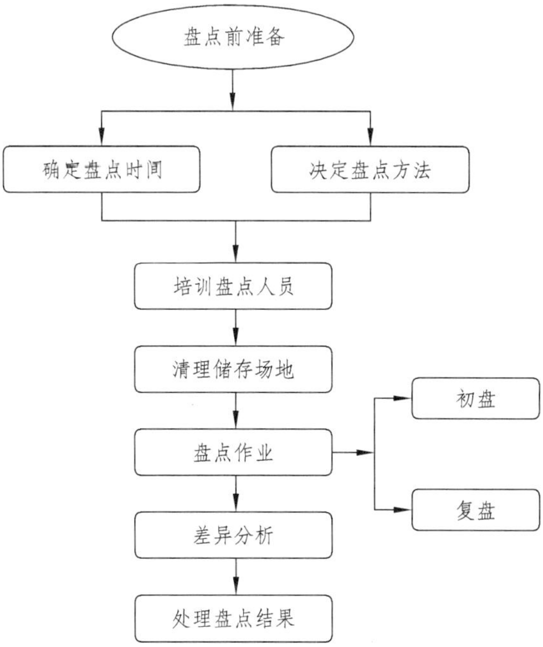

图 4-7　盘点作业流程

1. 盘点前准备

为了确保盘点工作顺利有效地进行，必须要进行盘点前的准备工作，盘点的基本要求是必须做到快速准确。

盘点前的准备工作主要有设计印制盘点用表单（见表 4-13 和 4-14），准备盘点用基本工具，配合财务会计做好准备等。

表 4-13　盘存单

盘点日期：　　　　　　　　　　　　　　　　编号：

商品编号	商品名称	规格型号	计量单位	存放位置	实存数量	单价	金额	备注
…	…	…	…	…	…	…	…	…

表 4-14　XX 库区盘点表

组名：　　　　　　　　　　　　　　　　数据截止日期：

序号	物料编号	货品名称	规格型号	单位	账存数量	实盘数量	盈亏数量	盈亏说明	备注
1									
2									
3									

初盘人员：　　　　　　　　　　　　　　　　复盘人员：

2. 确定盘点时间

为了保证账物相符，盘点次数越多越好，但盘点需要投入的人力、物力、财力都很大，有时大型全面盘点还可能引起生产的暂停顿。盘点时间间隔可以从每天一次、每周一次、每月一次、每年一次不等。

3. 确定盘点方法

根据实际工作需要，选择相适应的盘点方法。

4. 培训盘点人员

主要包括进行熟悉盘点现场及盘点商品的培训，进行盘点方法及盘点作业流程的训练。

5. 清理储存场地

分类存放商品：合格品与不合格品，已入库与未入库商品，同种商品；分类存放，标识清楚；盘点场所关闭前，提前通知，提前准备好要出库的商品；账卡、单据、资料均应整理后统一结清。

6. 进行盘点作业

盘点过程分为初盘和复盘两部分，进行盘点的过程中需要给予监督和指导。

7. 盘点差异因素分析

盘点结果如果出现盈亏，可能由以下原因导致：

- 记账错误，错登或漏登；
- 账务处理系统管理制度和流程不完善，导致数据出错；
- 盘点错误导致盘点结果出现错误；
- 盘点前数据未结清，使账面数不准确；
- 出入库作业时产生误差；
- 货物损坏、丢失等。

8. 盘点盈亏结果处理

查清盈亏原因后，为了通过盘点使账面数与实物数保持一致，需要对盘点盈亏和报废品一并进行调整。具体做法如下：

（1）盘点人员将盘点表的数据汇总，完成账存数与实存数的对应，生成盘点盈亏报表，并填写差异原因及处理意见，完成后报公司领导审批。

（2）配送中心根据审批情况做库存差异调整，财务根据审批情况做库存财务账的差异调整。

（3）对盘点发现的差额、错误、呆滞、盈亏、损耗等情况，应分别予以处理，并采取相应措施，防止以后再发生类似情况。

（4）商品盘盈或盘亏处理完成后，编制盘点分析表，用于库存商品的管理和考核。

【任务实施】

一、任务描述

今天，CN 物流配送中心规定，每个月 24~25 日组织库内的盘点工作，确保在库商品数量准确、质量完好。要求按储存区域进行盘点，全面检查在库商品曝光情况，核对账、卡、物是否一致，并对不良品、差异状况等作好记录并进行处理，编制盘点表，进行 5S 管理。

二、任务目标

（1）熟悉配送中心货物储存保管的相关知识。
（2）掌握商品盘点的内容、方法和作业流程。
（3）能够选择适当的盘点方法，对储存区域的商品进行盘点。
（4）具备对账、卡、物核对的技能。
（5）能够对盘点结果进行正确的处理，并分析总结，发现管理疏漏。
（6）培养实际动手能力，分析、解决问题能力和团队协作精神。

三、任务实施步骤

（1）分组，以组建的配送部为单位，进行岗位分工，包括组长 1 名，初盘员、复盘员若干。
（2）进入配送中心储存区域进行盘点任务分配，做好盘点前准备。
（3）按分配的盘点区域选择适当的盘点方法进行盘点。
（4）编制盘点用表，根据盘点结果进行正确的处理。

（5）针对盘点结果进行总结分析，提出管理意见。
（6）组织小组自评和组间互评，并给出教师评价。
（7）进行实训总结，完成实训报告。

四、任务评价

配送中心盘点作业实训评价表

班级		配送部（组名）	
考评内容	配送中心盘点作业		
考评标准	内　　容	分值	实际得分
	盘点准备充分	10	
	表单编制合理	15	
	盘点作业规范、认真、全面无遗漏	20	
	盘点表填制准确	10	
	盘点结果处理得当	20	
	问题分析全面，建议合理	15	
	团队协作	10	
	合　　计	100	
存在的问题及改进措施			

同步练习

一、单选题

1.（　　）是储存管理的基本准则之一，有效地保证了物品储存期不至过长。
A. 四号定位　　B. 五五化　　C. 三三制　　D. 先进先出
2. 下面不属于库房分区的是（　　）。
A. 收货区　　B. 发货区　　C. 温度可控区　　D. 防虫区
3. 在自动化立体仓库分类中，不属于按照储存物品的特性进行分类的是（　　）。
A. 常温自动化立体仓库系统　　B. 低温自动化立体仓库系统
C. 分离式自动化立体仓库系统　　D. 防爆型自动仓储系统
4. 日光照射对商品养护起着（　　）。
A. 正向作用　　B. 反向作用
C. 正反两方面的作用　　D. 没有作用
5. 存货档案应（　　）设置，将该货物入库、保管、交付的相应单证、报表、记录、作业安排、资料等的原件或者附件、复制件存档。

A. 一货多档　　B. 一货三档　　C. 一货两档　　D. 一货一档

6. 某仓库的库区分为金属材料区、化工品区、建材区及纺织品区等区域。这是按（　　）来分类的。

A. 库存物品的理化性质　　B. 库存物品的使用方向

C. 库存物品的不同货主　　D. 混合货位

7. 在对金属管材进行堆码时，一般采用（　　）的方式。

A. 重叠式　　B. 压缝式　　C. 通风式　　D. 纵横交错式

8. 对于贵重的，易损的或出入库频繁的物品应采用（　　）。

A. 动态盘点法　　B. 循环盘点法　　C. 重点盘点法　　D. 定期盘点法

9. 物品的吸湿性、导热性、耐热性、透气性等性质反映了物品的（　　）。此性质会影响到货物储存的质量。

A. 物理性质　　B. 化学性质　　C. 化学成分　　D. 机械性能

10. 货品的编码为 FO76203A1，这很可能采用的是（　　）。

A. 流水编号法　　B. 数字分段法　　C. 分组编号法　　D. 实际意义法

二、多选题

1. 常见的接运方式有（　　）。

A. 车站码头接货　　B. 专用线接运　　C. 库内收货　　D. 自提货

2. 制订进货作业计划包括（　　）。

A. 储位准备　　B. 设备准备　　C. 人员安排

D. 文件单证准备　　E. 货物准备

3. 常用的卸货设施有（　　）。

A. 可移动式楔块　　B. 货架　　C. 升降平台

D. 车尾附升降台　　E. 吊钩

4. 常见货物分类的方式包括（　　）。

A. 按货物种类和性质分类　　B. 按货物的使用目的、方法及程序分类

C. 按货物采购的便利程度分类　　D. 按会计科目分类

E. 按货物形态分类

5. 货物编号的方法主要有（　　）。

A. 流水编号法　　B. 数字分段法　　C. 分组编号法

D. 实际意义法　　E. 暗示法

6. 在配送中心，常见的货物储存方法有（　　）。

A. 固定储位储存　　B. 随机储存　　C. 分类储存

D. 分类随机储存　　E. 共同储存

7. 储位分配时的影响因素主要有（　　）。

A. 供应商　　B. 商品特性　　C. 进货规定

D. 储位空间　　E. 进出库频率

8. 仓库温湿度控制的方法主要有（　　）。

A. 密封　　B. 通风　　C. 吸潮
D. 空调　　E. 气调

9. 盘点结果如果出现盈亏，可能的原因是（　　）。
A. 记账错误　　B. 盘点错误　　C. 盘点前数据未结清，使账面数不准确
D. 出入库作业时产生误差　　E. 货物损坏、丢失等

10. 盘点的内容包括（　　）。
A. 查数量　　B. 查质量　　C. 查人员
D. 查保管条件　　E. 查安全

三、简答题

1. 简述进货作业的主要流程。
2. 简述储位分配的原则。
3. 常见的盘点的异常原因及处理方式有哪些?

四、案例分析

A 仓库的问题与整改

【A 仓库的问题】

A 仓库由于管理不善，制度缺失，仓管员不专业，导致货物杂乱，错发、丢失现象十分严重，账物相符率一度仅为 40%。

在 A 仓库现场可以看到，仓库物料摆放零乱，非常不整齐，有的物料随便用一张废纸作为标识卡，更多的则是无物料卡。而且仓库区域混乱，仓管找物料完全凭记忆和经验，要经过长时间的寻找，才能找到物料，因此严重影响了正常工作开展。

A 仓库由于今年 4 月初才正式设定仓管员，仓库管理的各项制度不完善，仓库管理架构不明确，仓库的上级领导能力不足，仓管员的责任心不足。比如在客户送来加工的纸张多，占用大量仓库空间，影响仓库的正常分区和摆放，影响物料的查找与正常发放，而仓管员视而不见。

仓管员平时忙于收货发料，很多材料账没有及时登记，后来凭记忆去补做账，所以账目漏记、错记现象十分普遍。

该仓库管理制度不健全，车间物料员领料经常不开单，随便拿。仓库钥匙除了仓管外，门卫也有，本来是为了方便仓管不在时生产部门可以领料不影响生产，但是却变成了车间物料员自己到仓库里面去拿，想拿多少就拿多少，也不用审批，自己开个单就是，用剩的物料自行放回仓库。

仓管员工作责任心不强，贪图方便，对车间物料的领取没有认真进行控制，仓管员借口平时工作很忙，没有将收入的物料及时进行入账，即使相关单据积压多日，也不进行账务处理。

仓库记账方式也不正确，没有进、销、存账务处理概念，仓管员平时只记收入账，而对于发出物料，由于平时根本没有去管控，“领料单”不全，故记账也是仅凭记忆。

每次盘点后出现账物不符的情况多，仓管对此没有认真对待，没有及时找出不符的原因

和想出对策，到月底盘点时仓管按实盘数倒推出发该月总发出数，将账一次性调平，将所有的盘盈盘亏问题全部掩盖。

在仓库账务处理方面，财务对仓库数据根本没有进行监控，基本上没有发挥财务对仓库应有的监控职能，虽然也知道仓库数据混乱，但不知道如何去监控及协助进行仓库改善工作。

【专业团队整改】

鉴于上述情况，A 仓库聘请了资深仓储咨询团队来为自己分析查找问题，对症下药。

咨询团队根据企业实际情况制定了仓库整顿方案，重新调整了仓库组织架构及各仓管的分工，按照物料种类将仓库划分为原材料仓、半成品仓、成品仓、包材仓、低值易耗品仓，明确每个仓管的职责后，又将仓库区域进行划分，开始了轰轰烈烈的仓库整理、盘点工作，经过整整两个月的整理，仓库的物料标识卡挂起了、台账建立了，项目组趁热打铁推行了《仓库管理制度》《进料作业流程》《退料作业流程》《领料作业流程》《成品进仓作业流程》《成品出仓作业流程》《账务处理制度》等流程、制度对仓库物料以及账务处理进行了规范。

在运行的过程中，咨询团队考虑到仓管员既要自己动手整理仓库，又要忙于收料、备料、发料，工作量非常大、经常加班到晚上 10 点多，因此又成立了收料组，由收料组根据《采购订单》或《物料请购单》负责收料，在接到供应商的《送货单》后，收料组要根据《采购订单》或《物料请购单》对物料进行核对无误后，填制《报检通知单》交仓库进行检验，检验合格后收料组将经检验后的物料同《检验报告》一起移交给对应的仓管员开具《材料进仓单》进仓、入账，同时由责任仓管员将《材料进仓单》一联传至采购部转供应商作为对账及付款依据，另一联传至财务部作为同供应商对账和核算成本的原始依据。

这样一来就理顺了采购、仓库、供应商、财务之间的关系、同时也建立了三方制约的关系、保证了仓库账、物、卡相符率的稳步上升。这时咨询团队适时推出《盘点管理制度》，要求财务部会同稽核小组、物控员定期或不定期对仓库进行盘点，材料仓库账物卡准确率甚至达到 99.95%，仓库面貌焕然一新。

◆　问题与思考

1. A 仓库过去主要存在哪几方面的问题？
2. 咨询团队从哪几方面着手改进？
3. 你认为仓库管理最重要的是什么？

项目五 拣货与补货作业管理

知识结构图——拣货与补货作业管理

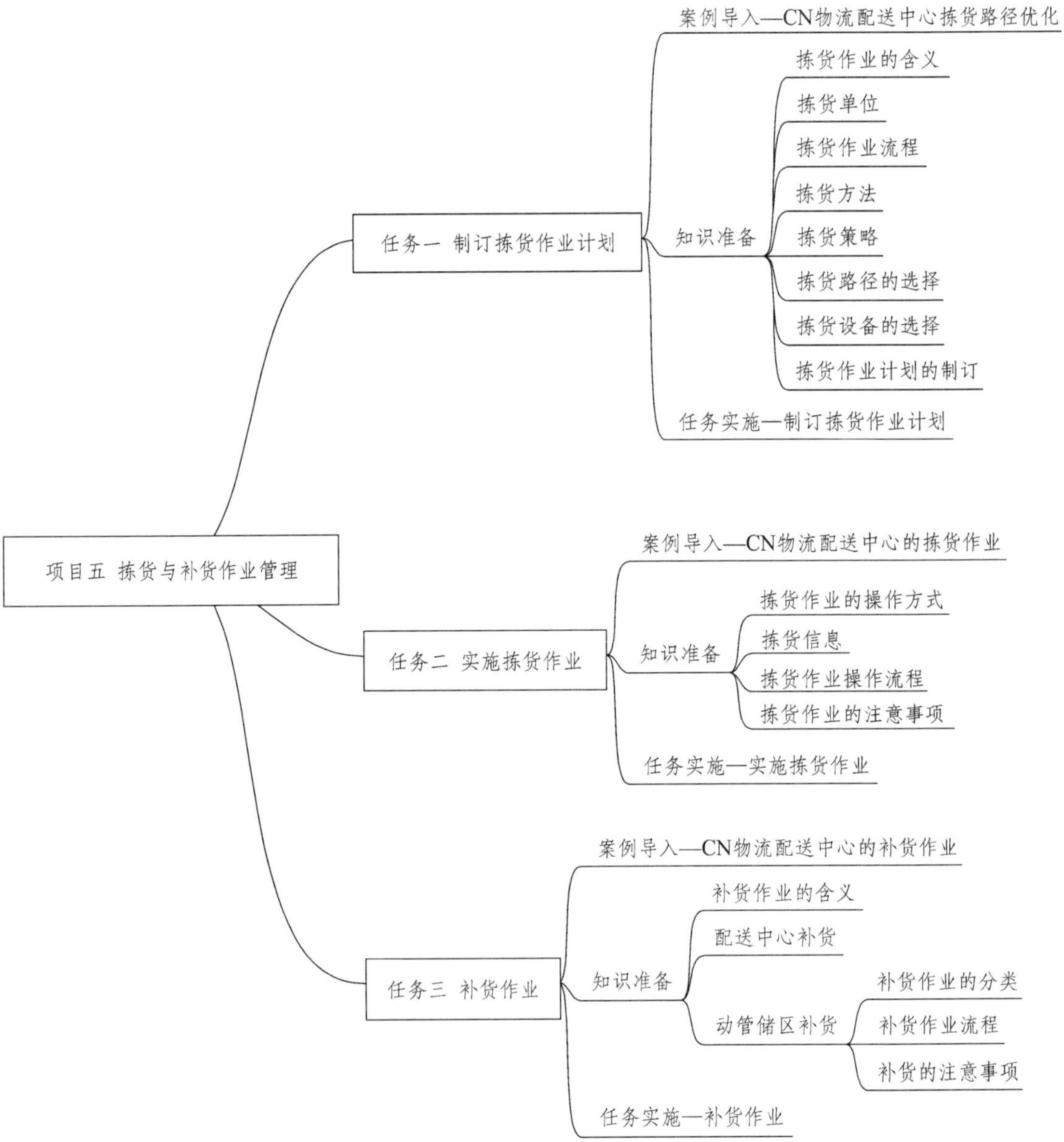

学习目标

1. 知识目标

（1）理解拣货作业的含义和基本流程；
（2）熟知常见的拣货方式及操作流程；
（3）掌握拣货策略的影响因素和运作特点；
（4）掌握拣货路径的规划设计及拣货作业设备的选择；
（5）理解补货作业的概念、类型及特点；
（6）掌握补货作业流程及各环节的业务内容。

2. 能力目标

（1）能根据订单需求选择适当的拣货方式和拣货策略；
（2）能编制拣货计划，进行拣货路径规划；
（3）能进行进货区域规划，优化拣货作业流程；
（4）能选择适当的智能拣货设备和技术高效的实施拣货作业；
（5）能够合理选择补货时机，确定补货数量；
（6）能够选择合理的补货方式完成补货作业流程。

任务一　制订拣货作业计划

【案例导入】——CN 物流配送中心拣货路径优化

CN 物流配送中心小件 B2C 仓库平均一次拣货量有 120 多个 SKU，200 多件商品，这 120 个 SKU 分布在所有的拣货位里面，从 A 区到 D 区，一趟拣下来约有 3 000 m 的路程，大概要耗时 1 个多小时。因此，配送中心对拣货路径进行了优化。

CN 物流配送中心 B2C 仓库分为收货口、出货口、拣货区、备货区、生产区等。仓库的布局当中，最重要的是货架的摆放，因为货架摆放的科学与否决定了拣货路线是否合理。货物的摆放要选择合适的货架及货架上的合适位置，货物的摆放首先要为不同销售量的商品选择一个合适的货架，这个货架在仓库中的位置相对固定，但上面的商品不是固定的，需要根据不同的销售状况进行调整。因此，CN 物流配送中心 B2C 仓库货物的位置摆放，遵循以下两条原则：

（1）销售量大或促销商品摆放在靠近仓库出口处或进口处的货架上。

（2）销售量大或促销商品应放置在黄金货架中间的黄金位置。因为货架中间的货物不需要拣货人弯腰垫脚，利于快速拣货，快速出货。销量小的产品则放在货架的最下层或最上层。

仓库在具体执行过程中需要按照货架的具体情况来处理，大致准则是将出货量大、体积较大的商品摆放在接近出口的位置。

拣货路线则根据货架、商品的摆放、标识进行设计和选择。CN 物流配送中心 B2C 仓库根据拣选订单批量大、品种多的特点，先将一个巷道的货品拣完之后，判断离哪个通道最近，离下个巷道哪个库位最近，走哪个通道进入巷道最便捷，从而选择先拣哪一个库位的货品，以减少往返的路程。

一般情况下，较大的仓库存放较多的商品，出货量也较大，拣货人员的劳动量会比较大，合理科学的拣货路线、拣货方式能够大大提高拣货效率，降低拣货员的工作量。

【知识准备】

一、拣货作业的含义

拣货作业是指根据客户的订货要求或配送中心的作业计划，尽可能迅速、准确地将货物从其储位或其他区域拣取出来的作业过程。在配送作业的各环节中，拣货作业的速度和质量不仅决定了配送中心的作业效率，还会影响到整个配送中心的信誉和服务水平。

二、拣货单位

一般来说，拣货单位可分为托盘（P）、箱（C）及单品（B）三种。一般而言以托盘为拣货单位的体积及重量最大，其次为箱，最小单位为单品。

1. 托盘（Pallet）

也称栈板，由箱堆码在托盘上集合而成，无法用人手直接搬运，必须利用堆高机或拖板车等机械设备进行搬运。

2. 箱（Case）

由单品所组成，可由栈板上取出，必须用双手拣取。

3. 单品（Bulk）

拣货的最小单位，可由箱中取出，可以用单手拣取。

另有部分体积大、形状特殊或必须在特殊条件下作业的特殊货物，如大型家具、桶装油料、长杆形货物、冷冻货品等，是无法按托盘、箱归类的。

拣货单位的选择是根据订单分析结果而决定的。如果订货的最小单位是箱，则拣货单位最少是以箱为单位。对于体积大、形状特殊的无法按托盘和箱来归类的特殊品，则采用特殊的拣货方法。

三、拣货作业流程

拣货作业是配送中心的核心环节，基本流程如图 5-1 所示。

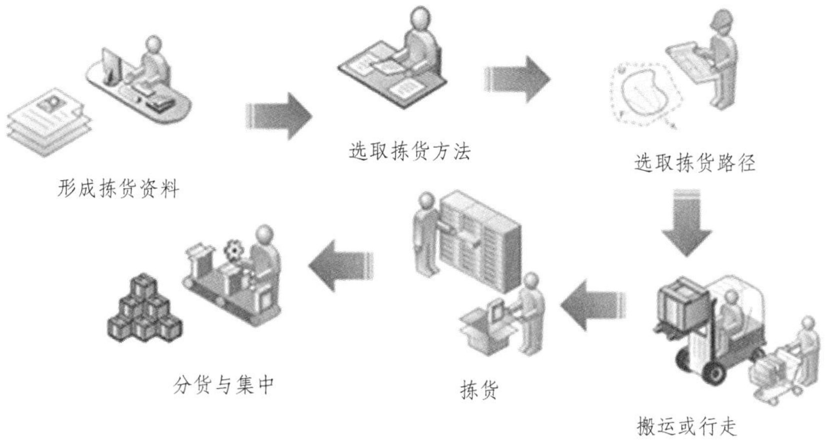

图 5-1　拣货作业的基本流程

（一）形成拣货资料

拣货作业开始前，首先要处理拣货指示信息。虽然有时拣货作业可以根据客户的订单或公司的交货单直接进行拣货，但是，此类传票在拣货过程中容易受到污损，从而造成拣货错误率增加。随着配送中心信息化水平的提高，目前大多数拣货方式都是将原始传票转换成拣货单或电子信号，以便使拣货员能更有效地作业。

（二）选取拣货方法

在选取拣货方法时，需要从多方面对其进行明确。例如，在确定每次分拣的订单数量时，既可以对订单进行单一分拣，也可以进行批量分拣；在人员分配上，既可以采用一人分拣法，也可以采用数人分拣或分区分拣；在货物分拣单位确定上，可以按要求进行以托盘、整箱或单件为单位的分拣；在人货互动方面，既可以采取人员固定、货物移动的分拣方法，也可以采用货物固定、人员行走的分拣方法；在配货作业方法上，可以采取“摘取式”或“播种式”等。

（三）选择拣货路径

不同层次的单品（小件商品、箱装商品、托盘装商品）要采用不同的拣货路径，通常有无顺序的拣货路径和有顺序的拣货路径两种类型的路径可供选择。

（四）搬运或行走

1. “人至物”的方式

拣货人员利用步行或拣货车辆至货品储存区，即货品处于静态的储存方式（如轻型料架），而主要移动方为拣取者（可能为人也可能是机器）。

2. “物至人”的方式

主要移动者为货品，即拣货者处于静态状态，在固定位置作业，而货品为动态的储存方式，如旋转自动仓储。

（五）拣货

拣货包括拣取与确认动作两部分，拣取是抓取物品的动作；确认动作的目的是确定拣取的物品、数量是否与指示拣货的信息相同，它可能由拣取人员直接进行比对，也可能通过电脑进行对比。

（六）分货与集中

配送中心收到多个客户的订单后，可以批量拣取，拣取完后再根据不同的用户或送货路线分货；有些需要进行流通加工的货品还需要根据加工方法进行分货，加工完成后，再按一定方式分货出货；同一客户的订单货物从不同区域拣选出来后还要到出货理货区进行集中。

四、拣货方法

（一）常见的拣货方法

1. 订单拣选（摘果式）

订单拣选又称摘果式（摘取式）拣货，形似在果园里摘取果子一样，是针对每一份订单，拣取者巡回于仓库内，按订单所列的商品及数量，将客户所订购的商品逐一从仓库储位或其他作业区中取出，然后集中的拣货方式。订单拣选的作业流程如图 5-2 所示。

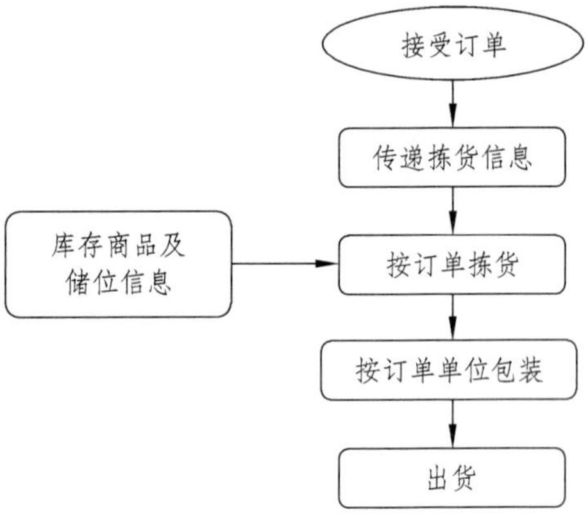

图 5-2　订单拣选作业流程

（1）优点。

① 作业方法简单，操作灵活；
② 前置时间短；
③ 导入容易且弹性大；
④ 作业员责任明确，派工容易、公平；
⑤ 拣货后不用再进行分类作业，适用于大批量订单的处理。

（2）缺点。

① 当商品品项多时，拣货行走路径加长，拣取效率降低；
② 拣货区域大时，搬运系统设计困难；
③ 少量多次拣取时，造成拣货路径重复，效率降低。

（3）适用范围。

① 订单数量较少，批量较大；
② 客户需求种类较多，需求差异较大；
③ 货物外形体积较大；
④ 处理客户临时紧急需求的情况。

2. 批量拣选（播种式）

批量拣选又称为“播种式”拣货，即把多张订单集合成一批次，按商品品种汇总后再进行拣取，然后按不同客户或不同订单作分类处理的拣货方式。批量拣货作业流程如图 5-3 所示。

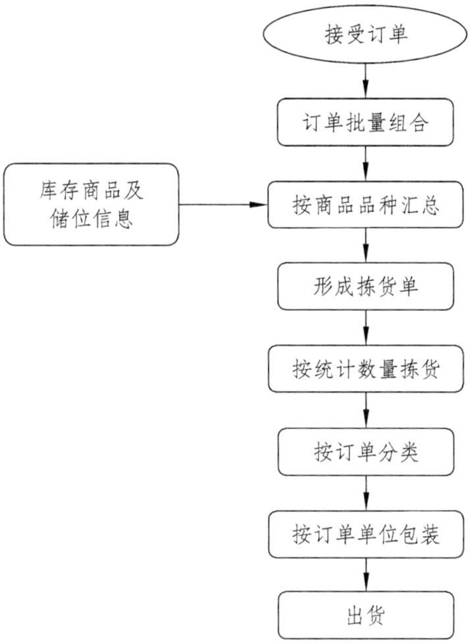

图 5-3　批量拣选作业流程

（1）优点。

① 可以缩短拣取时的行走时间，增加单位时间的拣货量，提高拣货效率；

② 提高拣货规模，降低拣货成本；

③ 节约人力，减少与其他作业的冲突。

（2）缺点。

① 对订单的到来无法做即刻的反应，必须等订单累积到一定数量时才做一次处理，因此会有停滞时间产生；

② 批量拣货后还要进行分货，增加了作业环节；

③ 批量拣货订单全部完成后才能发货，不能对紧急订单及时处理。

（3）适用范围。

① 客户稳定，订单数量较多的配送中心；

② 客户需求的货物种类较少，需求量不大；

③ 各客户之间的需求差异较小，有共同需求；

④ 较小件货物的拣取；

⑤ 客户对配送时间没有特殊要求。

3. 复合拣选

复合拣取是将按单拣取和批量拣取组合起来的拣货方式，即根据订单的品种、数量及出库频率，确定哪些订单适合于按单拣取，哪些订单适合于批量拣取，然后分别采取不同的拣货方式。适用于订单密集且订单量大的情况。

（二）拣货方式的确定

1. 按商品品项数的多少及商品周转率的高低确定拣货作业方式

在规划设计拣选作业之前，必须先确定拣选作业的基本模式。基本模式有两种周转率的高低，确定合适的分拣作业方式

配合 EIQ 分析的结果（见表 5-1），按当日 *EN*（订单品相数）及 *IK* 值（订单受订次数）的分布判断出货品项数的多少和货品周转率的高低，以确定不同作业方式的区间。

其原理是：*EN* 值越大表示一张订单所订购的货品品项数越多，货品的种类越多越杂时，批量分拣时分类作业越复杂，此时采取按单拣选较好。*IK* 值越大表示某品项的重复订购频率越高，货品的周转率越高，此时采取批量分拣可以大幅度提高拣选效率。

表 5-1　拣货方式选择对照表

货物重复订购频率（*IK* 值） 出货品项数（*IN* 值）	高	中	低
多	S + B	S	S
中	B	B	S
少	B	B	S + B

表中：S 表示订单拣选，B 表示批量拣选

2. 按拣货策方式用组合表来确定拣货作业方式

表 5-2 中第一项为每日的订单数，主要考虑的因素是行走往复所花费的时间，第二项是一天订单的品项数，考虑的是寻找货品货位的时间，第三项是一张订单中的每一品项的重量，考虑的是抓取货品所用的时间，第四项是每一品项的订单件数，考虑的是同一品项重复被分拣所花的时间。因此，采用何种分拣方式，主要看该拣选方式效率的高低，也就是何种拣选方式所耗费的总时间最短，且避免不必要的重复行走时间。

表 5-2　订单要素影响下的拣货方式运用组合表

要素					订单要素
序号	订单数/天	一天订单的品项数	一张订单每一品项的重量	每一品项一天的订单数	
A	多 (>1000 件/天)	多 (>1000 品项)	多 (>2 kg)	多 (>10 件/天)	订单内容与品项数等要素可分为以下三种： 1. 批量拣选的订单 2. 订单拣选订单 3. 整合订单拣选用的订单
B	中	中	中	中	
C	少 (<1000 件/天)	少 (<1000 品项)	少 (<2 kg)	少 (<3 件/天)	

表 5-2 中，从左至右可以有多种组合形式，如 A-C-C-A，表示的是每日的订单数很多，而

订单的品项数却很少，且一张订单的每一品项数量也很少，但不断地被重复订购，所以可以将每一品项数加总合计，采取批量分拣，以减少重复行走分拣同一品项所消耗的时间。但也要考虑分拣完后的分类集中作业的效率问题。如 C-A-A-C 形式中每天的订单数很少，但一天订单的品项数很多又不重复，且每一张订单的品项数也很少，此时适合采用单个订单方式分拣。

五、拣货策略

拣货策略是影响拣货效率的重要因素，对不同的订单需求应采取不同的拣货策略。拣货策略的主要有以下四种。

（一）分区策略

所谓分区策略就是将拣货作业场地做区域划分，按分区原则的不同，有以下四种分区方法。

1. 货品特性分区

货品特性分区是根据货品原有性质，将需要特别储存搬运或分离搬运的货品进行区隔，以保证货品的品质在储存期间保持一定。

2. 拣货单位分区

拣货单位分区是将拣货作业区按拣货单位划分，如箱装拣货区、单品拣货区、或是具有特殊货品特性的冷冻品拣货区等。其目的是使储存单位与拣货单位分类统一，以方便分拣与搬运单元化，使拣货作业单纯化。

3. 拣货方式分区

拣货方式分区是在不同的拣货单位分区中，依拣货方法及设备的不同，又可划分若干的分区。分区的原则通常按商品销售的 ABC 分类而来。按各品类的出货量大小及拣取次数的多少，各做 A、B、C 群组划分，再根据各群组的特征，决定合适的拣货设备及拣货方式。这种方式可将作业区单纯化、一致化，以减少不必要的重复行走所耗费的时间。

4. 工作分区

工作分区是在相同的拣货方式下，将拣货作业场地细分成不同的分区，由一个或一组固定的拣货人员负责拣取区域内的货物。这一策略的优点在于能减少拣货人员所需记忆的存货位置及移动距离，缩短拣货时间。同时也可以配合订单分割策略，运用多组拣货人员在短时间内共同完成订单的拣取。接力式拣货就是在工作分区下，拣货人员以接力的方式来完成所有的拣货作业，如图 5-4 所示。

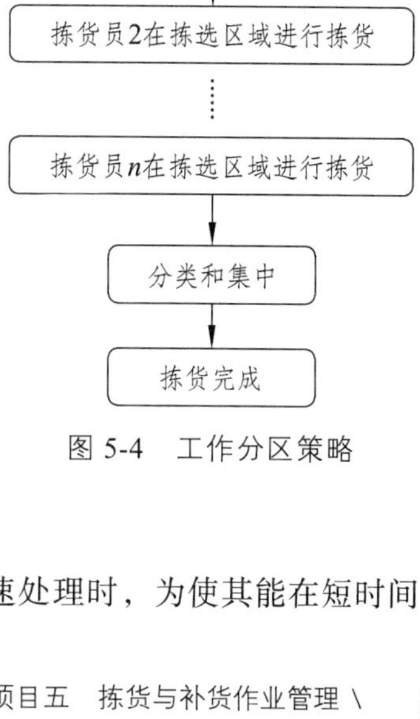

图 5-4　工作分区策略

（二）订单分割策略

当订单上订购的货品项目较多，或是拣货系统要求及时快速处理时，为使其能在短时间内完成拣货处理，可将订单分成若干子订单交由不同拣货区域同时进行拣货作业。将订单按拣货区域进行分解的过程叫订单分割，订单分割一般是与拣货分区相对应的。

订单分割策略按照拣货分区可分为以下几种。

（1）拣选单位分区的订单分割策略，如图 5-5 所示。

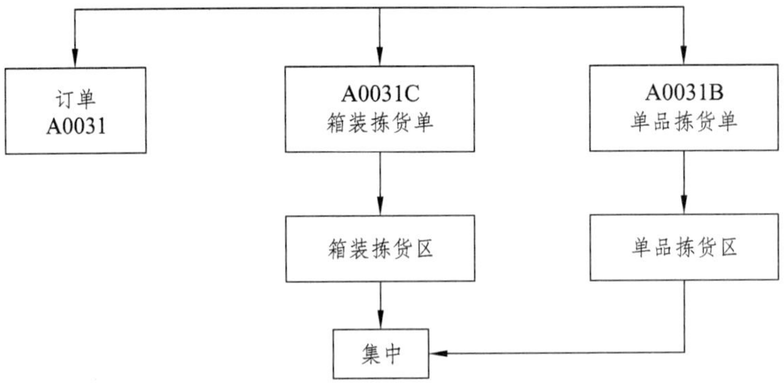

图 5-5　拣选单位分区的订单分割

（2）拣选方式分区的订单分割策略，如图 5-6 所示。

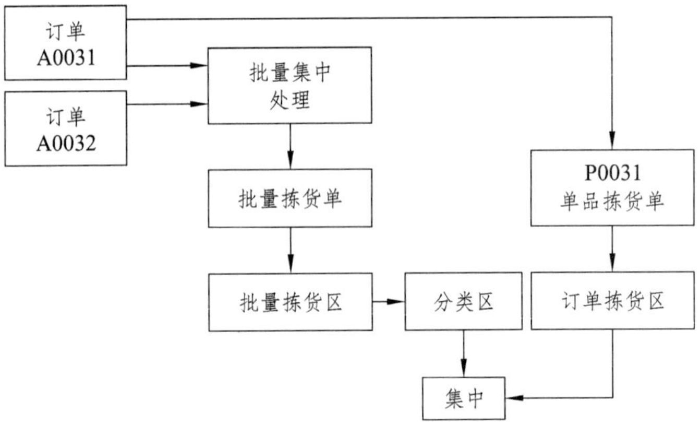

图 5-6　拣选方式分区的订单分割

（3）工作分区的订单分割策略，如图 5-7 所示。

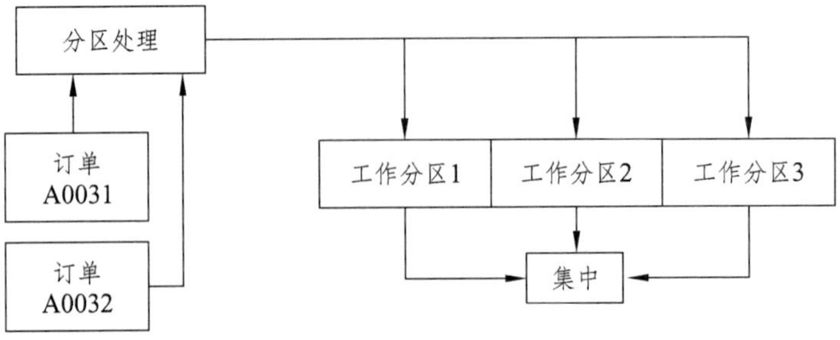

图 5-7　工作分区的订单分割

（三）订单分批策略

订单分批是为了提高拣货作业效率而把多张订单集合成一批，进行批次分拣作业。若再将每批次订单中的同一商品种类汇总拣取，然后把货品分类至每一顾客的订单，则形成批量拣取，这样不仅缩短了拣取时平均行走搬运的距离，也减少了储位重复寻找的时间，进而提高了拣货效率。

订单分批方式有以下四种。

1. 总和计量分批

合计拣货作业前所有累积的订单中每一商品项目的总量，再按这一总量进行拣取。这样便可将拣取路径减至最短，同时储存区域也较单纯，但需要功能强大的分类系统来支持。此种方式适用于周期性配送，如图 5-8 所示。

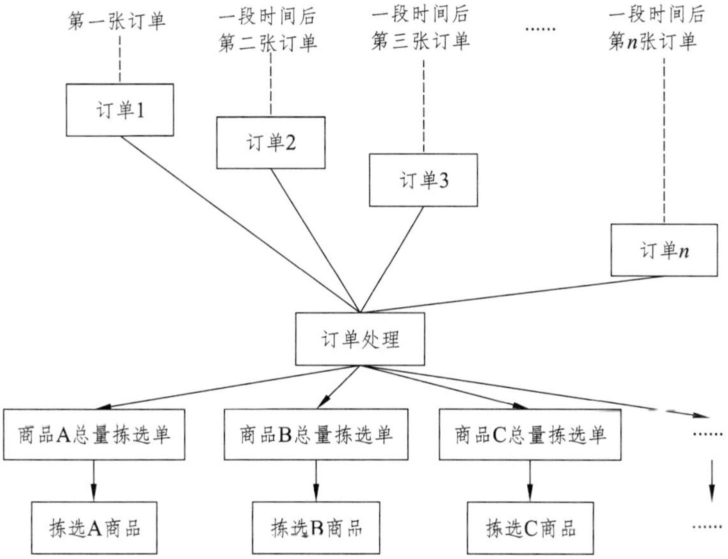

图 5-8　总和计量分批

2. 时窗分批

当客户要求紧急发货时，可利用此策略，开启短暂而固定的时窗，再将这一时窗中所有的订单做成一批，进行批量拣取。这一方式常与分区及订单分割联合运用，特别适合于到达间隔时间短而平均的订单形态，同时订购量及种类不宜太多。如图 5-9 所示。

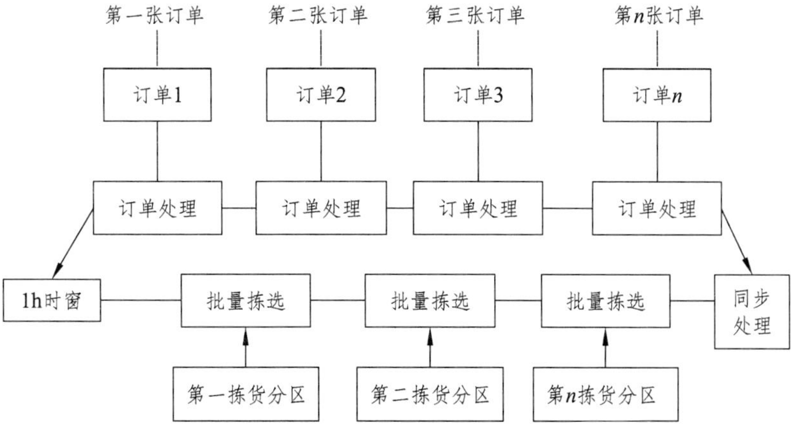

图 5-9　时窗分批

3. 固定订单量分批

订单分批按先到先处理的基本原则，当订单累积达到设定的数量时，开始进行拣货作业。这种方式偏重于维持较稳定的作业效率，使自动化拣货、分类设备发挥最大功效，但在处理速度上慢于时窗分批方式，且所设定的固定订单量不宜过大，否则会使分类作业过于复杂，如图 5-10 所示。

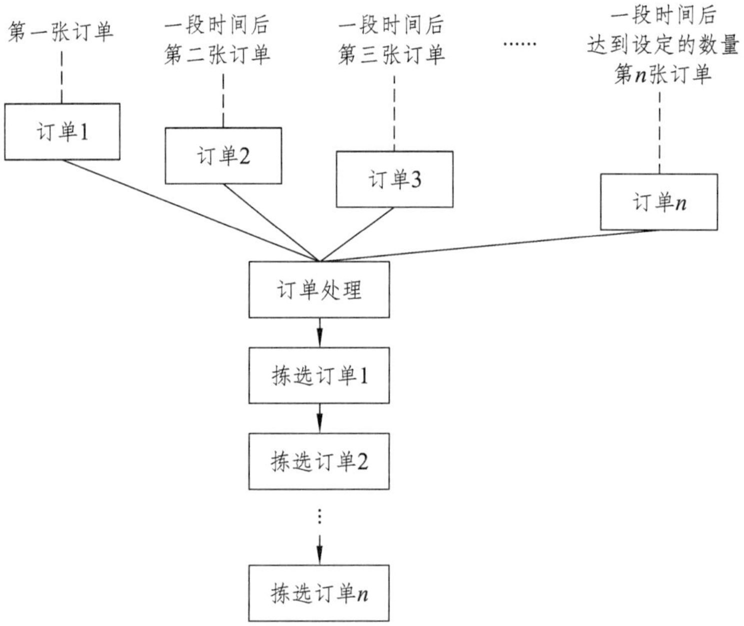

图 5-10　固定订单量分批

4. 智慧型分批

订单输入电脑经电脑处理后，将拣取路径相近的订单分成一批。采用这种分批方式的配送中心通常将前一天的订单汇总后，经过电脑处理在当天产生拣货单据，速度较快。

（四）分类策略

当采用批量拣货作业方式时，拣货完后还必须进行分类，因此需要相配合的分类策略。分类方式大概可以分成以下两类。

1. 分拣时分类

在分拣的同时将货品按各订单分类，这种分类方式常与固定量分批或智慧型分批方式联用。需使用电脑辅助台车作为拣货设备，加快分拣速度，同时避免错误发生。较适用于少量多样的场合，且由于拣选台车不可能太大，每批次的客户订单量不宜过大。

2. 分拣后集中分类

分批按和计量分拣后再集中分类。一般有两种分类方法，一是以人工作业为主，将货品总量搬运到空地上进行分发，每批次的订单量及货品数量不宜过大，以免超出工作人员负荷。另一种方法是利用分类输送机系统进行集中分类，是较自动化的作业方式。常用于订单分割细，分批批量品相多的情况。

（五）拣货策略的运用

以上四大类拣货策略因素可单独或联合运用，也可以不采用任何策略，直接按单拣选。图 5-11 是拣选策略运用的组合图，从左至右的图示顺序表示拣选系统规划时所考虑的一般次序，用箭头连接表示可以相互配合的策略方式，任何一条由左至右可连通的组合链就表示一种可行的拣选策略。

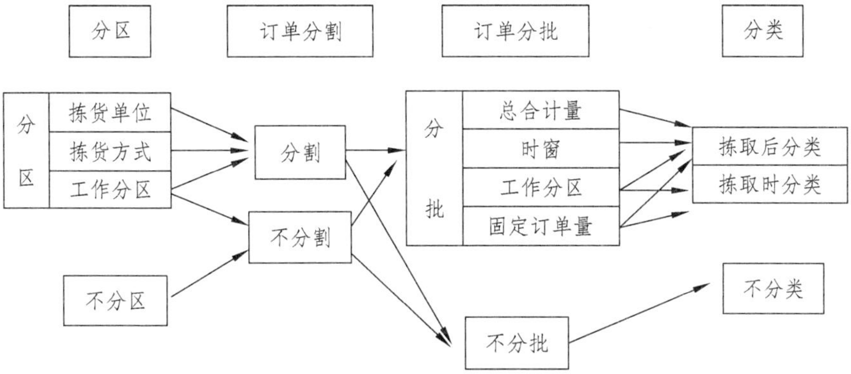

图 5-11　拣货策略运用的组合图

案例分析——POLA 西日本物流配送中心的拣货策略

POLA 公司成立于 1929 年，以制造并销售女性用品为主要业务，2011 年销售额约为 4 400 亿日元，70%为化妆品。POLA 西日本物流配送中心于 2010 年 3 月在 POLA 袋井工厂厂区内建设完成，负责静冈以西的本州境内 2600 个点（支店、营业所）的配送工作，满足订货到交货于三日内完成的目标。

表 5-3　POLA 西日本物流配送中心物流设备情况

编号	物流设备		数量
1	托盘储存货架		1 688 储位
2	数位显示重力式货架		540 储位
3	少量品拣货轻型货架	补充用	640 储位
		拣货用	640 储位
		集货用	120 储位
4	电脑辅助拣货台车		7 台
5	少量品保管用重力式货架		288 储位
6	检品捆包线		12 条
7	出货路线类别分类线		3 条
8	手动分类机		6 条

POLA 西日本物流配送中心商品作业流程如图 5-12 所示。

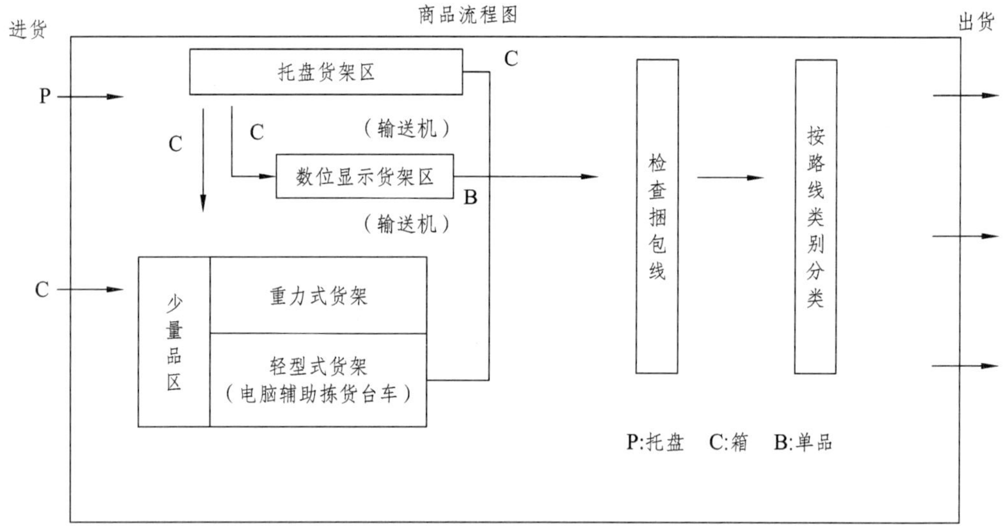

图 5-12　商品作业流程

POLA 西日本物流配送中心分拣作业系统：

在库配送商品约有 1 200 个品种，尖峰出货量每天 185 000 个包装单位的化妆品，为配合如此庞大的作业量，以及提供高效率、优质的物流服务，作业系统采取自动信息控制与人工控制的弹性组合，以下是各拣货区域作业方式的概况。

（1）托盘储存货架拣货区——以箱为包装单位的拣货出库。

将由工厂进货的整托盘商品以升降叉车放于托盘货架上保管，少量成箱进货的商品保管于重力式货架上。大批订购的商品不经过储存保管，而是直接以箱为单位利用输送机送往出货区，同时也可以直接补货至数位显示货架拣货区内。

这一区域的拣货，采取事先将拣货商品及数量打在标签上，并将标签加贴在商品上指示拣货的方式指示拣货。

（2）数位显示货架拣货区——以单件为包装单位的拣货出库。

商品置于重力货架上，各类商品储位上装设有指示拣取数量的数字显示装置，作业人员在所负责的区域内依显示器上所指示的数量拣取商品放入输送机上的篮子内，之后按下确认键，表示该商品已被拣取。

当该区内所有需拣取商品完成，篮子就往下一个作业员负责区域移动。最后拣完的篮子就送往少批量商品拣货区，空纸箱由上层的输送机回收，送往捆包区。这一区域主要完成多品种、中小批量的拣货作业，采取按单分拣和通过数位显示辅助拣货。

（3）少批量商品拣货区——以单件为包装单位的拣货出库。

商品保管于轻型货架及重力式货架上，应用电脑辅助拣货台车拣货，将拣货信息输入拣货台车上的电脑，荧幕上显示货架布置及拣取位置的分布情况，拣货人员依荧幕指示拣取位置拣取商品，扫描条码，并依照各子订单需求数量分别投入 8 个订单格位塑胶袋内，完成拣货的袋子，暂存于集货用的轻型货架上，等待上一区域内相对于订单拣货篮由输送机送达时，加以集合送到检查捆包区。这一区域负责拣取小批量、小体积商品，所以采用电脑辅助台车拣货。

问题：请根据 POLA 西日本物流配送中心的概况、物流设备情况和分拣作业系统，进行该配送中心的拣货方式及策略分析。

六、拣货路径的选择

不同层次的商品要采用不同的拣货路径，通常有两种路径可选择：无顺序的拣货路径和有顺序的拣货路径。

（一）无顺序的拣货路径

无顺序的拣货路径是指拣货员在配送中心各储存区通道内，自行决定行走路线或拣货序。采用无顺序的拣货路径时，拣货员为了完成一份订单可能要在同一路径上行走多次。

特点：

（1）拣货员的重复行走路程和拣货动作较多，容易疲劳。

（2）拣货员寻找货物所在的位置需要花费大量时间，效率较低。

（二）有顺序的拣货路径

有顺序的拣货路径是指综合考虑货物所在货位号的编码顺序，并根据从储存区的入口到拣货指定存放地点的最短距离决定的最佳路径。采用有顺序的拣货路径时，拣货人员根据事先确定的路径行走，将所需要的货物一次性拣出。

特点：

（1）拣货员行走路径较短，不易疲劳。

（2）拣货误差较少。

为了提高仓库的效率，减少作业人员在仓库内的行程，需要精心设计拣货路径。通常可以根据以下几种常见的方法来设计拣货路径。

（1）封闭式拣货路径。

如果订单批量不大、货种不多，但货位分布较广时，可避开不需要拣选的货位所在的通道，直接找到所需的货位进行拣选。具体如图 5-13 所示。

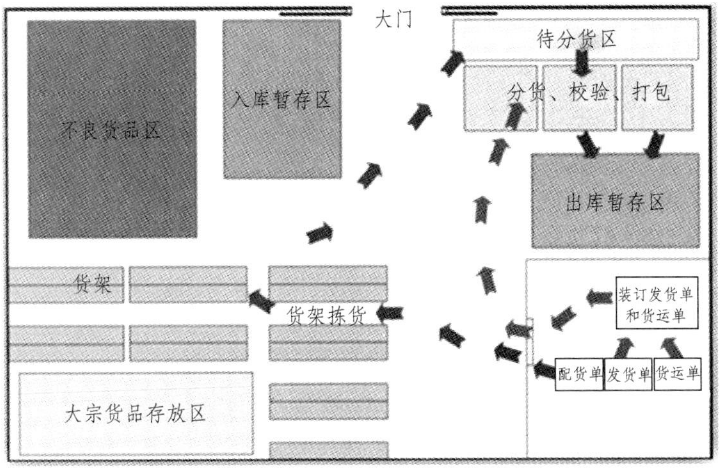

图 5-13　封闭式拣货路径

（2）并联拣货路径。

如果订单批量大、货种多，可将订单分成多张拣选单，这些拣选单采用并联拣选的方法同时进行拣货。具体如图 5-14 所示。

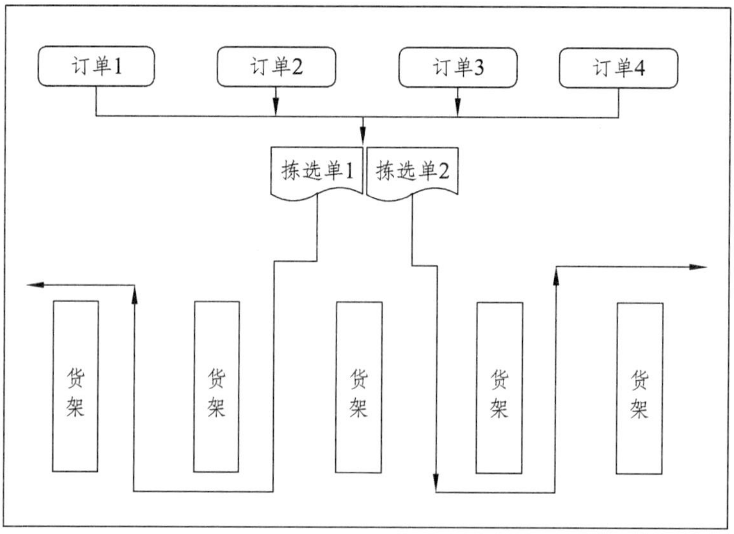

图 5-14　并联拣货路径

（3）串联拣货路径。

如果订单批量不大，但货种多，可采用串联拣选的方法进行拣货，如工作分区中的接力式拣选就是这样一种拣货方法。具体如图 5-15 所示。

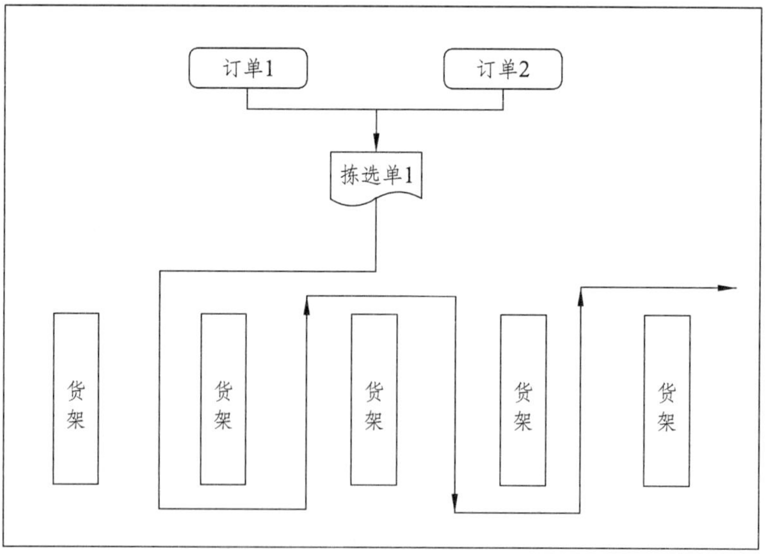

图 5-15　串联拣货路径

七、拣货设备的选择

可按照行走与搬运的方式来选择拣货设备，一般可分为“人至物”的拣货设备、“货到人”

的拣货设备和自动拣货设备三种。

（一）“人至物”的拣货设备

具体如表 5-4 所示。

表 5-4　“人至物”的拣货设备

	设备类别	可选设备
“人至物”的拣货设备	储存设备	托盘货架、轻型货架、储柜、电子拣选货架、高层货架等
	搬运设备	有/无动力台车、堆垛机、拣选机、有/无动力输送机等

（二）“物至人”的拣货设备

具体如表 5-5 所示。

表 5-5　“物至人”的拣货设备

	设备类别	可选设备
“物至人”的拣货设备	储存设备	单元负载自动仓库、轻负载自动仓库。 水平旋转自动仓库、垂直旋转自动仓库等
	搬运设备	堆垛机、动力输送带、无人搬运车等

（三）自动拣货设备

自动拣货设备的拣取的动作完全由自动的机械负责，无需人力介入。现在被广泛使用的自动拣货设备有箱装自动拣货设备、单品自动拣货设备等。

案例分析——鸿泰物流中心拣货设备的选择

鸿泰集团公司是中国目前电器行业中较有名气的产销企业。主要设计制造各种工业电器、部分中高压电器成套设备、汽车电器、通信电器、仪器仪表等，其产品达到 200 多个系列、6 000 多个品种、20 000 多种规格。在全国工业电器行业中，鸿泰首先在国内建立了 3 级分销网络体系，经销商数量达 1 000 多家，同时还建立了原材料、零部件供应网络体系。

鸿泰自有物流中心占地面积为 2 000 m^2，高度近 16 m。作业方式为整盘入库、整盘出库、库外拣选。现该物流中心根据自身业务的发展、商品种类及客户的需求，要求拣货区配备一条自动拣货流水线，请思考，该物流中心应如何选择拣货设备？

八、拣货作业计划的制订

（一）拣货作业计划的含义

拣货作业计划是安排拣货作业的货物数量、设备及人工使用、投入时间及出产时间。每一拣货作业计划，详细规定每一拣货环节在某一时期内应完成的拣货任务和按日历进度安排的拣货进度。

（二）拣货作业计划制订的步骤

（1）收集拣货资料。

拣货资料是拣货作业的依据，不同企业拣货资料的形成方式不同，拣货要求也不同，在拣货前要将需要拣货的单据收集齐全，为后续工作做准备。

（2）分析拣货资料。

① 分析客户配送需求：每个客户对货物配送的需求不尽相同，因此拣货前须了解每位客户的实际需求，针对不同的客户采用相应的拣货方式，提高服务水平。

② 分析货物特性：货物品种繁多，储存方式各异，不同的货物需对应不同的拣货设备，对人员的作业水平要求也不一样，因此在拣货前还必须进行货物特性的分析。

③ 选择拣货方式及拣货策略：每一种拣货方式都有自己适用的条件，需要根据企业的实际情况进行选择。

④ 选择拣货路径：根据货物在仓库存放的位置，安排合理的拣货路径，使得货物能以最少的时间、走最短的路径被拣选出来。

⑤ 确定拣货时机：根据交货时间以及拣货作业标准时间，安排货物的拣选时机，确保及时送到客户手中。

⑥ 安排拣货人员和设备：根据拣货方法和时间安排，选择相应的设备并配备恰当数量的作业人员，保证能按时完成拣货任务。

（3）分析拣货作业工作事项。

在拣货方式、拣货设备、拣货路径、拣货人员等要素分析完成后，还需分析在拣货作业中的工作事项，并且对这些工作事项进行具体安排。

（4）编制拣货作业计划。

（三）拣货作业计划的编制方法

一般常用的制定进度计划的方法如下。

1. 关键日期表。

它是一种较简单的进度计划方法，一般只列关键活动和进行的日期。

2. 甘特图（线条图，横道图）

它是以每条横线表示每项活动的起止时间。

3. 网络计划技术

它是指许多相互联系与相互制约的活动所需资源与时间及其顺序安排的一种网络状计划方法。其基本原理是利用网络图标表示计划任务的进度安排和各项活动之间的关系；在此基础上进行网络分析，计算网络时间值、确定关键路线；利用时差，不断改进网络计划，求得工期、资源和成本的优化。

（四）甘特图的编制

甘特图具有简单、醒目和便于编制等特点，在企业管理工作中被广泛应用。本书主要介绍如何用甘特图来编制拣货作业计划。

1. 甘特图表

在甘特图中，横轴方向表示时间，纵轴方向并列机器设备名称、操作人员和编号等。图表内以线条、数字、文字代号等来表示计划（实际）所需时间，计划（实际）产量，计划（实际）开工或完工时间等。具体如图 5-16 所示。

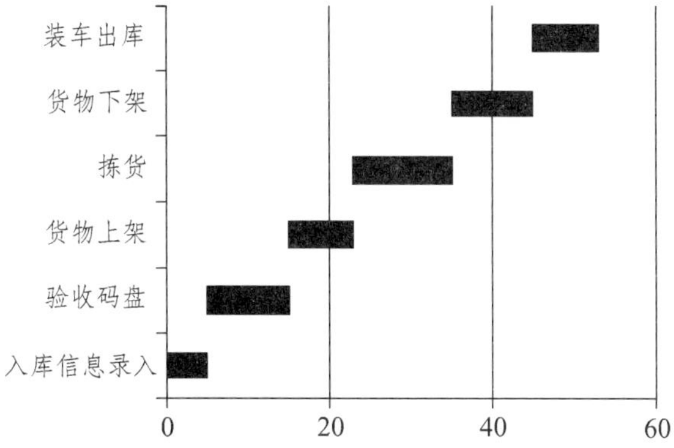

图 5-16　甘特图

2. 甘特图的绘制步骤

（1）明确项目牵涉到的各项活动、项目。内容包括项目名称（包括顺序）、开始时间、工期，任务类型（依赖/决定性）和依赖于哪一项任务。拣货安排如表 5-6 所示。

表 5-6　拣货时间安排

	开始时间/min	所需时间/min	完成时间/min
接受订单	0	5	5
形成拣货资料	5	10	15
按统计数量拣货	15	15	30
订单一配货（分类、包装）	30	4	34
订单二配货（分类、包装）	34	8	42
订单三配货（分类、包装）	42	5	47
核对出库货物	47	6	53
运至出库区，码放整齐	53	7	60

（2）创建甘特图草图。将所有的项目的开始时间、工期标注到甘特图上。

（3）确定项目活动依赖关系及时序进度。使用草图，按照项目的类型将项目联系起来，并安排项目进度。

此步骤将保证在未来计划有所调整的情况下，各项活动仍然能够按照正确的时序进行。也就是确保所有依赖性活动能并且只能在决定性活动完成之后按计划展开。

同时避免关键性路径过长。关键性路径是由贯穿项目始终的关键性任务所决定的，它既表示项目的最长耗时，也表示完成项目的最短可能时间。对于进度表上的不可预知事件，要安排适当的富裕时间。富裕时间不适用于关键性任务，只能作为关键性路径的一部分，它们的时序进度对整个项目至关重要。

根据上表创建的甘特图如图 5-17 所示。

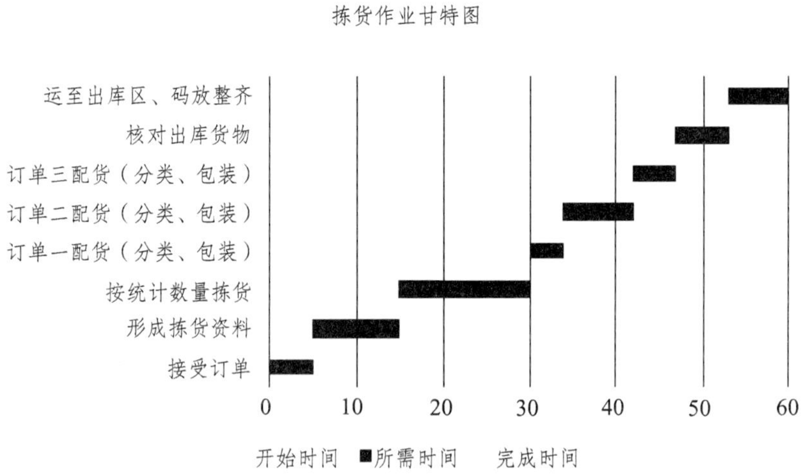

图 5-17　拣货作业甘特图

（4）计算单项活动任务的工时量。

（5）确定活动任务的执行人员并适时按需调整工时。

（6）计算整个项目时间。

【任务实施】

一、任务描述

CN 物流配送中心分别收到宜家、万福、远大客户发来的订货通知，在 4 月 20 日配送三批货物，现要求相关作业人员根据客户订单选择适合的拣货方式和策略、拣货设备，制订拣货作业计划。

宜家客户订单						
编号订单：D04120503				订货时间：2020.4.20		
序号	商品名称	单位	单价/元	订购数量	金额/元	备注
1	脉动维生素饮料青柠味	瓶	50	2	100	
2	康师傅冰红茶	瓶	50	2	100	
3	精品笔记本	本	50	1	50	
4	维达抽纸	包	50	1	50	
5	加多宝凉茶	罐	50	2	100	
6	姚记扑克牌	盒	50	2	100	
7	可口可乐	瓶	50	1	50	
8	雪碧柠檬味碳酸饮料	罐	50	2	100	
9	乐虎氨基酸维生素功能饮料	罐	50	1	50	
10	蒙牛酸酸乳草莓味	盒	50	1	50	
合计：				27	2150	

万福客户订单						
订单编号：D04120504				订货时间：2020.4.20		
序号	商品名称	单位	单价/元	订购数量	金额/元	备注
1	芬达橙味汽水	瓶	100	2	200	
2	康师傅冰红茶	瓶	50	2	100	
3	心相印湿巾	包	50	1	50	
4	佳洁士牙刷	个	50	1	50	
5	精品笔记本	本	50	2	100	
6	姚记扑克牌	盒	50	2	100	
7	农夫山泉饮用水	瓶	50	1	50	
8	怡宝饮用纯净水	瓶	50	2	100	
9	乐虎氨基酸维生素功能饮料	罐	50	1	50	
10	娃哈哈无汽苏打水饮品	瓶	50	1	50	
合计：				23	1 950	

远大客户订单						
订单编号：D04120502				订货时间：2020.4.20		
序号	商品名称	单位	单价/元	订购数量	金额/元	备注
1	芬达橙味汽水	瓶	50	1	50	
2	康师傅冰红茶	瓶	50	1	50	
3	脉动维生素饮料青柠味	瓶	50	2	100	
4	佳洁士牙刷	个	50	1	50	
5	心相印湿巾	包	50	2	100	
6	维达抽纸	包	50	2	100	
7	农夫山泉饮用水	瓶	50	1	50	
8	雪碧柠檬味碳酸饮料	罐	50	2	100	
9	乐虎氨基酸维生素功能饮料	罐	50	2	100	
10	娃哈哈无汽苏打水饮品	瓶	50	1	50	
合计：				21	2 250	

库存商品信息如下：

1. 重型（托盘）货架入库任务完成前库存信息

序号	货品名称	规格	单位	库存量
1	五粮液原浆	330 mm×235 mm×240 mm	箱	18
2	休闲黑瓜子	395 mm×295 mm×275 mm	箱	12
3	亚太记事本	220 mm×180 mm×160 mm	箱	29
4	婴儿纸尿裤	398 mm×272 mm×180 mm	箱	25
5	好娃娃薯片	345 mm×285 mm×180 mm	箱	30
6	可乐年糕	330 mm×235 mm×180 mm	箱	25
7	金多多营养米粉	460 mm×260 mm×180 mm	箱	23

2. 电子标签货架区存储信息

序号	商品品种	商品品种	商品品种
1	银鹭花生牛奶 450 ml（13 瓶）	统一冰红茶 500 ml（13 瓶）	—
2	和其正凉茶 550 ml（13 瓶）	心相印湿巾（10 包）	营养快线 500g（13 瓶）
3	伊利优酸乳原味 250 ml(10 盒）	百岁山天然矿泉水 570 ml（10 瓶）	维达抽纸（6 包）
4	佳洁士牙刷（10 个）	精品笔记本（25 本）	蒙牛真果粒 250g(10 盒）
5	新希望香蕉牛奶 200 ml(10 盒）	心相印抽纸（5 包）	姚记扑克牌（8 盒）
6	加多宝凉茶 310 ml（13 罐）	—	维达湿巾（10 包）

3. 阁楼货架区存储信息

序号	商品品种	数量
1	芬达橙味汽水 330 ml	1 箱（10 罐）
2	康师傅优悦纯净水 560 ml	1 箱（10 瓶）
3	康师傅冰红茶 500 ml	1 箱（13 瓶）
4	统一海之言柠檬口味饮料 500 ml	1 箱（13 瓶）
5	脉动维生素饮料青柠味 600 ml	1 箱（13 瓶）
6	佳洁士牙膏	8 个

4. 重型货架散货区存储信息

序号	商品品种	数量
1	农夫山泉饮用水 550 ml	1 箱（10 瓶）
2	怡宝饮用纯净水 555 ml	1 箱（10 瓶）
3	乐虎氨基酸维生素功能饮料 250 ml	1 箱（10 罐）
4	娃哈哈无汽苏打水饮品 350 ml	1 箱（10 瓶）
5	雪碧柠檬味碳酸饮料 330 ml	1 箱（9 罐）
6	可口可乐 300 ml	1 件（10 瓶）
7	蒙牛酸酸乳草莓味 250 ml	1 箱（10 盒）

二、任务目标

（1）掌握拣货作业的基本流程。
（2）掌握拣货作业的方式和策略。
（3）掌握拣货作业计划的内容和编制步骤。
（4）能够选择适当的拣货方法和策略。
（5）能够运用甘特图制订拣货作业计划。
（6）通过分工合作，树立团队协作意识。

三、任务实施步骤

（1）学生按组建的配送部为单位，收集并分析拣货资料。
（2）选择适当的拣货方法和策略，制作拣货单。

（3）选择拣货路径，确定拣货时机。
（4）安排拣货人员，选择拣货设备。
（5）计算拣货时间，编制拣货作业计划甘特图。
（6）组织小组自评和组间互评，并给出教师评价。
（7）进行实训总结，完成实训报告。

四、任务评价

制订拣货作业计划实训评价表

班级		配送部（组名）	
考评内容	制订拣货作业计划		
考评标准	内　容	分值	实际得分
	拣货方式及策略选择适当	15	
	拣货单制作完整可行	15	
	拣货路径选择合理	10	
	拣货设备选择适当	10	
	拣货人员安排合理	10	
	甘特图编制合理	30	
	团队协作	10	
	合　计	100	
存在的问题及改进措施			

任务二　实施拣货作业

【案例导入】——CN 物流配送中心的拣货作业

CN 物流配送中心拣货作业流程在变革之前采用的是传统的纸质作业，根据顾客需求打印出商品所在仓位的拣货单。流程变革之后，现目前采用 RF 枪拣选、面单拣选，拣货完成之后交接至包装组过账。

拣选基本要领：一领、二选、三找、四扫、五运、六交。

（1）一领：领取拣选任务，流程变革使用手持设备（RF 枪）自动获取，非流程变革到发单处领取纸质拣选单。

（2）二选：选择合适拣选工具，整件使用液压车和托盘拣选，拆零使用小推车和料箱拣选。

（3）三找：根据手持设备（RF 枪）或面单上面提示的仓位找到对应的商品。

（4）四扫：扫描商品 69 码或物料码，将扫描正确的商品放到料箱或托盘上。

（5）五运：整批次拣选完成后，运输到包装交接区域，有流水线的大区直接投到传输线上。

（6）六交：与包装组做好当面数量清点交接，自动化区域不需要。

对不同的商品采用不同的拣选方式：

（1）整件商品。

整件商品如：整箱销售的卫生纸、饮水机、榨汁机等，采用面单拣选。

（2）拆零商品。

拆零商品如：口香糖、薯片、眉笔等，采用 RF 枪、纸质作业。

大忙期间，因临时人员、出货量的增加，通过采用传统的纸质拣选作业，保证货物的正常流通。

【知识准备】

一、拣货作业的操作方式

按人与货物的位置关系分类，拣货作业的操作方式可分为“人到货”的拣货和“货到人”的拣货。

（一）“人到货”的拣货操作

从字面意思即可得知，“人到货”的拣货是指物品位置固定，拣货人员至物品存放位置处将物品拣出的作业方式，通常用各种货架做存储设备，用各种台车、牵引车堆高机等作为搬运设备。

（二）“货到人”的拣货操作

“货到人”的拣货是指拣货时人员只需停在固定位置，等待设备将欲取出的物品运至面前，然后拣货人员进行拣货作业的方式。货到人前分拣的拣货设备自动化水准较高，通常用带有水平或垂直旋转功能的货架作为存储设备，堆高机、动力输送带和无人搬运车作为搬运设备。

二、拣货信息

拣货信息来自于客户的订单，客户订单如图 5-18 所示，它是拣货作业规划设计中的重要

宜家客户订单

编号订单：D04120503　　　　订货时间：2020.4.20

序号	商品名称	单位	单价（元）	订购数量	金额（元）	备注
1	脉动维生素饮料青柠味	瓶	50	2	100	
2	康师傅冰红茶	瓶	50	2	100	
3	精品笔记本	本	50	1	50	
4	维达抽纸	包	50	1	50	
5	加多宝凉茶	罐	50	2	100	
6	姚记扑克牌	盒	50	2	100	
7	可口可乐	瓶	50	1	50	
8	雪碧柠檬味碳酸饮料	罐	50	2	100	
9	乐虎氨基酸维生素功能饮料	罐	50	1	50	
10	蒙生酸酸乳草莓味	盒	50	1	50	
合计：				27	2150	

图 5-18　客户订单

的一环。拣货信息的作用在于指导拣货作业的进行，使拣货人员正确而迅速地完成拣货工作。拣货信息的来源有传票、拣货单、标签和计算机条形码等。

（一）传票

这是直接利用订单或公司的交货单来作为拣货指示根据。

（二）拣货单

把原始的用户订单输入计算机，进行拣货信息处理后打印出拣货单的方式。这种方式的优点是避免传票在拣货过程中受污损和产品储位编号可显示在拣货单上。拣货单如图 5-19 所示。

拣选单 1：

<table>
<tr><td>货品名称</td><td colspan="2">休闲黑瓜子</td><td>货位</td><td colspan="2">H2-01-06-02</td></tr>
<tr><td rowspan="2">序号</td><td rowspan="2">公司名称</td><td rowspan="2">订单编号</td><td>拣货数量</td><td colspan="2">12</td></tr>
<tr><td>规格</td><td>月台</td><td>数量</td></tr>
<tr><td>1</td><td>万福公司</td><td>D04120504</td><td>箱</td><td>一号</td><td>5</td></tr>
<tr><td>2</td><td>宜家公司</td><td>D04120503</td><td>箱</td><td>二号</td><td>4</td></tr>
<tr><td>3</td><td>远大公司</td><td>D04120502</td><td>箱</td><td>三号</td><td>3</td></tr>
</table>

图 5-19 拣货单

（三）拣货标签

用印有物品名称、位置、数量和价格等资讯的标签取代拣货单，采用这种方法，物和标签同步前进，如能印上条形码，则可以利用扫描器来读取，不仅方便而且错误率极小。商品拣货标签如图 5-20 所示。

<table>
<tr><td colspan="2">货位号码：a1034
数量：2件
品号：00022213</td></tr>
<tr><td>品号：00022213
品名：********
订单号码：543
客户名称：******
订单件数：2
箱号：3/1</td><td>品号：00022213
品名：********
订单号码：543
客户名称：******
订单件数：2
箱号：3/1</td></tr>
</table>

图 5-20 商品拣货标签

（四）条形码

条形码是利用黑白两色条纹的粗细而构成不同的平行线条符号，代替商品货箱的号码数字，贴在商品或货箱的表面，以便让扫描器来阅读，经过电脑解码，将“线条符号”转成“数字号码”，便于电脑运算，如图 5-21 所示。

图 5-21　条形码示意图

（五）资料传递器

资料传递器又称无线电识别器，将资料传递器安装在移动设备上，将能接受并发射电波的 ID 卡或标签等之信息反应器安装在货品或储位上，当移动设备接近反应器时，传递器即读取反应器上的信息，透过天线由控制器辨识读出，再传至电脑作控制管理。

（六）无线通信

通过安装在堆高机上的无线通信设备把拣货信息传递给拣货人员。

（七）电脑随行指示

在叉车或台车上设置辅助拣货的电脑终端，在拣取前先将拣货资料输入此电脑，拣货人员即可根据电脑屏幕的指示至正确位置拣取正确货物，如图 5-22 所示。

图 5-22　电脑辅助拣选台车

（八）自动拣货系统

拣货过程全部由自动控制系统完成，当电子信息被输入自动拣货系统后，系统可自动完成拣货作业，无须人工作业。

三、拣货作业操作流程

按照拣货信息和拣货设备的不同，拣货作业的实施过程也不同，配送中心常用的拣货设备的操作流程如下。

（一）拣货单拣货作业流程

拣选单拣选是目前最常用的拣选方式，将原始客户订单输入计算机后进行拣选信息处理，打印拣选单。拣选单的品名系按照货位编号重新编号，让拣选员来回一趟就能拣完一张订单；拣选单上印有货位编号，拣选员按其编号寻找货品，使不熟悉货物的新手也能快速拣选。

一般情况，拣货单是根据拣货的作业区和拣货单位分别打印的，例如整盘拣货（P→P）、整箱拣货（P→C）、拆箱拣货（C→B）或单品拣货（B→B）等的拣货单分别打印、分别拣货。拣货单一般根据货位的拣货顺序进行打印，拣货人员根据拣货单的顺序拣货，拣货时将货品放入搬运器具内，同时在拣货单上作记号，然后再执行下一货位的拣货。

拣货单拣货的优点在于经过处理后形成的拣货单上所标明的信息能更直接、更具体地指导拣货作业，提高拣货作业效率和准确性，经济性较强。

（二）贴标签拣货作业流程

贴标签拣货是使用不干胶标签进行拣货的一种方式。标签上不仅能打印出货品名称及存放货品的位置，若连条码也一起印出时，利用扫描器来读取货品上的条码，即使是同一产品，在交不同厂商时也能有所区分，使得货品的跟踪调查能够有效进行。

贴标签拣货的作业流程：

（1）订单信息处理人员通过标签打印机打印出一串标签，每个标签代表一件商品，并且是按照货位排序打印的。

（2）拣货员根据标签上打印的货位顺序从相应的货位上取出货品，将对应标签粘贴在货品外包装上并放置到拣货车上，直到拣货员手上的标签全部粘贴完毕。

贴标签拣货的作业流程简单，拣货员操作容易，多用于摘果式拣货。其优点在于结合拣取与贴标签的动作，缩短整体作业时间；可实现拣取时即可核对拣取量，拣取完成则标签也应该贴完，从而提高了拣货的正确性；能够比较及时的和信息系统进行库存同步，能非常方便地统计拣货人员的工作量。缺点是若要同时印出价格标签，必须与下游的销售商统一商品的价格及标签形式；价格标签必须贴在单品上，而单品以上的包装作业则比较困难。

因此，在进行贴标签拣货作业时要求仓库场地或拣选场地能够做到有效地规划，尤其是规划好拣货路线。由于这种方法投资较低、操作简单，比较适合单个客户需要的货物品种分散，并且每个品种都要进行拣货作业。

（三）电子标签辅助拣货作业流程

电子标签辅助拣货是由主控计算机控制一组安装在货架储位上的电子标签装置，借助上面的信号灯信号和显示屏上的数字来引导拣货人员正确、快速地拣货。标准型电子标签的面板由信号灯、LED 显示屏和按键组成。其工作原理是输入订单资料并进行处理，订单资料传送至货架上的电子标签，电子标签的 LED 显示屏显示出拣货数量，拣货人员根据数字显示器显示的数字分拣，拣完货之后按确认按钮，即完成拣货工作。电子标签辅助拣货如图 5-23 所示。

图 5-23　电子标签辅助拣货

电子标签辅助拣货系统根据两种不同的拣货方式，可分为摘果式拣货系统（DPS）和播种式拣货系统（DAS），并都可以采用接口方式和 WMS 系统进行对接，不同方式的作业流程不同。

电子标签辅助拣货的作业流程如下。

1. 摘果式拣货系统（DPS）

主要是应用在采取订单拣货的场合，依照灯号和数字的显示，能快速、简单地引导拣货人员找到正确的储位。电子标签安装在货架储位上，一个储位放置一种商品，即一个子标签对应一种商品，以一张拣货单为一次处理的单位，系统会将拣货单中所有拣货商品所代表的电子标签逐一亮起，该灯号除了能引导拣货人员到达正确的位置外，还可以显示出拣货的确切数目，拣货人员依照灯号与显示的数字将货品从架上取出后放进拣货箱内，当拣货完成后亦要求按下确认键确认。

2. 播种式拣货系统（DAS）

播种式通常应用于处理批次拣货的场合，它的功用正好和摘取式相反。每一个电子标签代表一个客户或是一张订单，以每一种货品为一次处理的单位，拣货人员先将货品的应配总数取出，经由扫描仪读取商品信息，系统会将代表有订购此项货品的客户的电子标签点亮，拣货人员依照电子标签的信号与显示数字将货品分配到标签对应的储位上，然后熄灭标签，完成拣货。

这种分拣方式适合货物品项较少的订单，否则会使成本提高，因此常被应用在 ABC 分类的 A、B 类上。它既可以即时处理，也可以批次处理。其优点是沿特定分拣路径，看电子标签灯亮就停下来，并按显示数字分拣，因此不容易拣错货，错误率低；可省去来回寻找待拣货物的时间，提高拣货速度；只要寻找到电子标签灯亮的货位，并按显示数字拣货即可，即使不熟悉货物位置的新手也能正确将货物拣出。

（四）RF 辅助拣货作业流程

RF 是拣选作业的人（拣货员）机（计算机）界面，让计算机负责繁杂的拣货顺序规划与记忆，以减少寻找货品的时间。RF 通过无线式终端机，显示所有拣选信息，比电子标签更具作业弹性，但其价格高于电子标签。另外，因 RF 的显示不如电子标签简单，致使拣选员的直觉反应较差。RF 适合的拣取方式是以托盘为拣选单位，并采用叉车进行辅助拣选，如图 5-24 所示。

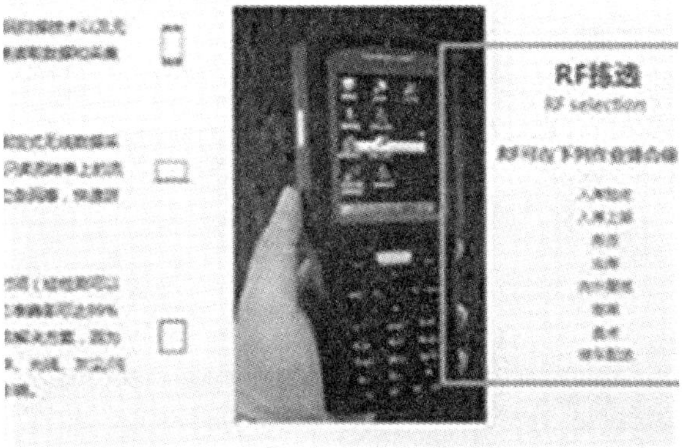

图 5-24　RF 辅助拣货

RF 辅助拣货的作业流程如下：

RF 拣货也是一种计算机辅助的拣货方式，其原理是利用掌上计算机终端、条码扫描器及 RF 无线电控制装置之组合，将订单资料由计算机主机传输到掌上终端，拣货人员根据掌上终端所指示的货位，扫描货位上的条码，如果与计算机的拣货资料一致，就会显示拣货数量，根据所显示的拣货数量拣货，拣货完成之后按确认按钮完成拣货工作；信息利用 RF 传回计算机主机同时在库存数据库中扣除。它既是一种无纸化的拣货系统，也是即时的处理系统。

这种分拣方式可以在按单分拣和批量分拣方式中利用，成本低且作业弹性大，尤其适用于货物品项很多的场合，故常被应用在多品种少量订单的分拣上，与拣货台车搭配使用是最为常见的。RF 分拣的分拣生产力为每小时 300 件左右，而拣货错误率为 0.01%左右，拣货的前置时间为 1 h 左右。

（五）自动分拣作业流程

自动分拣的动作由自动的机械负责，电子信息输入后自动完成分拣作业，无须人手介入，对于整托盘出货，可以使用升降叉车或巷道堆垛起重机拣取货物，置于自动分类输送机上；人工拣取小件、小批量货物时，则由人工取货置于货架前传输带上进入自动分类输送机，如图 5-25 所示。自动分类输送机通过控制装置、识辨分类装置、输送装置、分拣道口完成分拣作业过程。

图 5-25　自动分拣

自动分拣方式的设备成本非常高，此种分拣方式常被利用在高价值、出货量大且频繁的 A 类货物上。自动分拣生产效率非常高，分拣错误率非常低。

操作讲解——电子标签摘果式拣货操作

电子标签摘果式拣货流程如图 5-26 所示。

生成拣货信息 → 拣货 → 装箱 → 打包 → 搬运 → 集中

图 5-26　电子标签摘果式拣货流程

1. 生成拣货信息

信息员使用 WMS 系统，根据客户订单录入拣货信息，生成拣货作业计划，如图 5-27 所示。

图 5-27　生成拣货信息

2. 拣货

拣货员根据电子标签提示，拣选货品至周转箱。拣选完一种货品后，用手拍灭相应的电子标签，当所有的拣选任务完毕后，订单结束器上绿灯闪烁的同时伴有嗡鸣声，将结束器拍灭后，此订单的拣选任务即完成，如图 5-28 所示。

图 5-28　拣货

3. 装箱、打包

拣货员将电子拣选作业或小件分拣作业的货品按类别装入纸箱内，使用胶带封口，可利用半自动打包机进行十字型打包，将收货人标签粘贴在包装箱上，在出库单备注栏上标明包装箱数量，如图 5-29 所示。

图 5-29　装箱与打包

4. 搬运、集中

拣货员利用手推车将拣选货品从加工作业区搬运至出库理货区，并卸下待出库货品，如图 5-30 所示。

图 5-30　搬运与集中

四、拣货作业的注意事项

（1）拣货时要仔细核对货位、商品名称与商品数量，杜绝拣错、少拣、多拣的现象发生。

（2）核对拣货单箱号与拣货车箱号是否相符，避免货物放错。

（3）拣拿商品时要轻拿轻放，避免在拣货过程中造成商品损坏。如有损坏，由当事人自行赔偿。

（4）拣货过程中要牢记自己的拣货车编号，以免拉错车，给下一工序造成不必要的麻烦。

（5）拣货时要严格按照先进先出的规则拣取商品。禁止在拣货过程中将货位内的商品弄乱。

（6）每日拣货工作完毕后，将库房内卫生打扫干净，做好 5S 管理。

【任务实施】

一、任务描述

CN 物流配送中心分别收到宜家、万福、远大客户发来的订货通知，在 4 月 20 日配送三批货物，现要求相关作业人员根据制订好的拣货计划完成该批货物的拣货作业。

宜家客户订单						
编号订单：D04120503				订货时间：2020.4.20		
序号	商品名称	单位	单价/元	订购数量	金额/元	备注
1	脉动维生素饮料青柠味	瓶	50	2	100	
2	康师傅冰红茶	瓶	50	2	100	
3	精品笔记本	本	50	1	50	
4	维达抽纸	包	50	1	50	
5	加多宝凉茶	罐	50	2	100	
6	姚记扑克牌	盒	50	2	100	
7	可口可乐	瓶	50	1	50	
8	雪碧柠檬味碳酸饮料	罐	50	2	100	
9	乐虎氨基酸维生素功能饮料	罐	50	1	50	
10	蒙牛酸酸乳草莓味	盒	50	1	50	
合计		—	—	27	2150	

万福客户订单						
订单编号：D04120504				订货时间：2020.4.20		
序号	商品名称	单位	单价/元	订购数量	金额/元	备注
1	芬达橙味汽水	瓶	100	2	200	
2	康师傅冰红茶	瓶	50	2	100	
3	心相印湿巾	包	50	1	50	
4	佳洁士牙刷	个	50	1	50	
5	精品笔记本	本	50	2	100	
6	姚记扑克牌	盒	50	2	100	
7	农夫山泉饮用水	瓶	50	1	50	
8	怡宝饮用纯净水	瓶	50	2	100	
9	乐虎氨基酸维生素功能饮料	罐	50	1	50	
10	娃哈哈无汽苏打水饮品	瓶	50	1	50	
合计		—	—	23	1950	

远大客户订单						
订单编号：D04120502				订货时间：2020.4.20		
序号	商品名称	单位	单价/元	订购数量	金额/元	备注
1	芬达橙味汽水	瓶	50	1	50	
2	康师傅冰红茶	瓶	50	1	50	
3	脉动维生素饮料青柠味	瓶	50	2	100	
4	佳洁士牙刷	个	50	1	50	
5	心相印湿巾	包	50	2	100	
6	维达抽纸	包	50	2	100	
7	农夫山泉饮用水	瓶	50	1	50	
8	雪碧柠檬味碳酸饮料	罐	50	2	100	
9	乐虎氨基酸维生素功能饮料	罐	50	2	100	
10	娃哈哈无汽苏打水饮品	瓶	50	1	50	
合计		—	—	21	2 250	

二、任务目标

（1）掌握拣货作业的流程及各环节的业务内容。

（2）熟悉拣货系统软件的基本操作。

（3）能够熟练操作各种拣货设备。

（4）掌握操作要领，各岗位配合及时、快速地拣取货物。

（5）通过分工合作，树立团队协作意识。

三、任务实施步骤

（1）学生按岗位分为 4 人一组，一个信息员，三个拣货员。

（2）信息员根据拣货作业计划在系统中录入拣货信息，生成拣货任务。

（3）拣货员领取拣货任务，根据货物特性选择适宜的拣货工具，在相应的拣货区域进行拣货。

（4）拣货员对已拣货物进行复核，信息员在系统确认。

（5）拣货完成后，拣货设备、工具归还原位，清理拣货场地，做好 5S 管理。

（6）组织小组自评和组间互评，并给出教师评价。

（7）进行实训总结，完成实训报告。

四、任务评价

实施拣货作业实训评价表

班级		配送部（组名）	
考评内容	实施拣货作业		
考评标准	内　　容	分值	实际得分
	拣货信息处理正确	15	
	拣货工具选择适当	10	
	拣货设备使用正确、熟练	25	
	拣货作业操作规范	20	
	货物拣选结果准确	10	
	分类集中无差错	10	
	团队协作	10	
	合　　计	100	
存在的问题及改进措施			

任务三　补货作业

【案例导入】——CN 物流配送中心的补货作业

CN 物流配送中心商品存放的库区分为：存储区与拣选区，实行存捡分离的作业模式。JWMS 系统安全库存补货操作，首先需要综合考虑是否符合补货条件：

（1）备货区补货到拣选区。

（2）拣选区不存在或者存在较少的垃圾数据（系统存在实际不在使用的空仓位）。

（3）有 RF 枪、高位车及人员资源。

系统补货逻辑分主动补货与被动补货。

主动补货：根据销量数据分析，数据人员在系统中设置一个满足 3 天销量的安全库存值，低于商品的安全库存值，系统会自动触发补货任务，作业人员根据补货任务进行下架补货。

被动补货：拣选区的商品数量无法满足发货需求时触发补货任务。

补货时可根据现场截单点进行补货作业，例如 9：00、14：00、18：00、23：00、2：00 等都可作为补货节点；大促前根据前期 ABC 调整情况预留临时场地做临时下架补货的备用场地；对高位补货人员安排辅助，对下架商品进行码盘、转账、临时仓位码粘贴等工作。

【知识准备】

一、补货作业的含义

补货作业有两层含义，其一，当配送中心的存货低于设定标准时，发出存货再订购指令的作业活动，称为配送中心补货。其二，当拣货区的存货低于设定标准时，将货物从仓库保管区域搬运至拣货区域（动管区），以保证拣货需要的作业活动，称为动管储区补货。在拣货作业中，补货是很重要的一个作业环节，其准确率和及时性直接关系到拣选区的作业状况。

二、配送中心补货

配送中心补货是发生在外部的一项作业活动，目的是确保存货中的每一种商品都在目标服务水平下达到最优库存水平，其补货时机决策过程如图 5-31 所示。

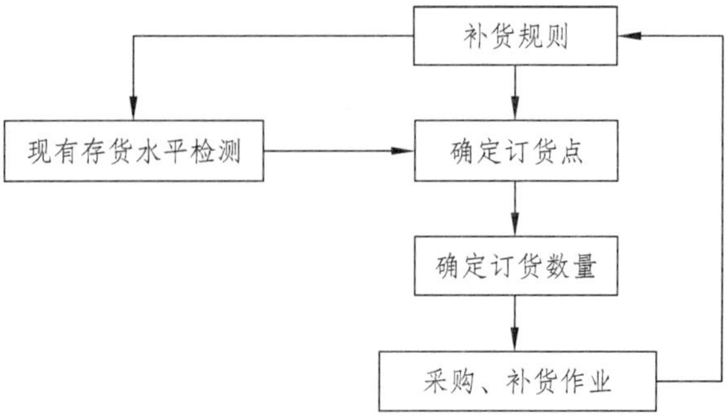

图 5-31　补货时机决策过程图

（一）确定现有存货水平

对现有存货水平的检测是配送中心补货系统工作的起点。具体来讲，对现有存货的监测主要有两种方法：定期和连续的检测方法。定期检测是按照一定的周期对存货进行检查的方法，周期可以根据实际情况具体确定，可以是几天、一周或一个月检测一次。连续检测要求存货管理者要连续记录存货的进出，每次存货处理后都要检测各产品的数量。

（二）确定订购点

订购点是补货系统的启动机制。在订购点补货系统中，只要现有库存水平低于指定的订购点，就立即发出补货指令。订购点的确定要考虑前置期库存需求以及安全库存的需要。订购点存货水平=前置期内预计需求+安全库存。换言之，订购点存货水平由两部分相加组成，一是在等待存货补充订购到达（前置期）期间满足预计顾客需求的足够存货；二是应付供需变化的保守存货（安全库存）数量。

（三）确定订货数量

订购点确定下来以后，补货系统还要决定订购的数量。订购数量的确定有多种方法，可以根据以往经验确定或按经济订货批量模型（EOQ）得出。在固定周期订货条件下，订货周期是不变的，但订购点的现有存货水平可能是变动的，每次订货的数量也可能是变动的；固定批量订货则正好相反，订购点的现有存货水平是固定的，即都处于订购点存货水平，每次订货量是固定的，订货周期却是变化的。另外，固定订货周期由于按期订货，所以在订货间隔期和前置期内可能发生缺货现象；固定批量订货时，由于库存水平随时处于监控状态，库存水平一旦达到订购点即发出订单，所以一般不会缺货。

（四）发出采购订单和进行补货作业

订购点和订货数量确定下来以后，补货系统的最后一个程序就是对需求补充库存的存货种类发出采购订单，进行补充库存的订货。另外还要根据拣货作业的要求，对于拣货区需要补充的存货进行补充，也就是将存放在储存区的存货转移到拣货区。

三、动管储区补货

动管储区补货是发生在配送中心内部的作业活动，目的是将正确的商品在正确的时间、正确的地点，以正确的数量和最有效的方式送达指定的拣货区，保证拣货区随时有货可拣，能够及时满足客户订货需求，提高拣货效率。

（一）补货作业的分类

1. 按补货的方式分类

（1）拼/整箱补货。

由补货人员用取货箱到保管区货位取货，将取货箱装满后，用手推车运至拣选区。一次补两种以上物品的称为拼箱补货；一次补一种物品的称为整箱补货。这种补货方式适合体积小、数量少但品种多的物品，如图 5-32 所示。

（2）托盘补货。

这种补货方式是以托盘为单位进行补货。根据补货的位置不同，又分为两种情况：一种是地板至地板，一种是地板至货架，如图 5-33 所示。

图 5-32　拼/整箱补货

图 5-33　托盘补货

① 地板至地板的整托盘补货。

此补货方式（见图 5-34）保管区以托盘为单位地板平置堆叠存放，动管区也以托盘为单位地板平置堆叠存放，不同之处在于保管区的面积较大，存放物品量较多，而动管区的面积较小，存放物品量较少。拣取时拣货员于拣取区拣取托盘上的货箱，放至中央输送机出货；也可使用叉车将托盘整个送至出货区（当拣取大量品项时）。而拣取后发觉动管拣取区的存货在设定标准之下，则要进行补货动作。

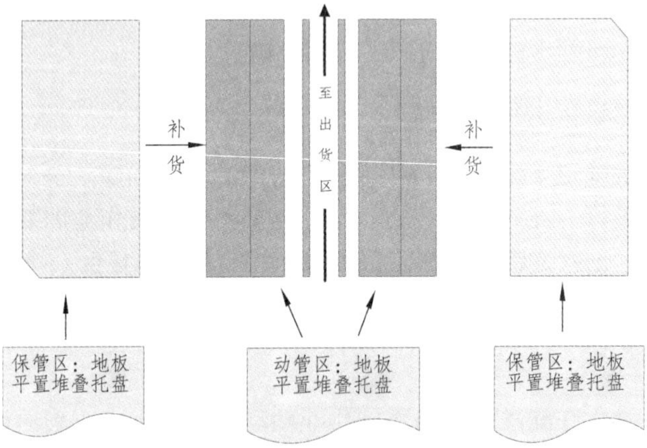

图 5-34　地板至地板的整托盘补货

其补货方式为作业员通过叉车从托盘平置堆叠的保管区搬运托盘至同样是托盘平置堆叠的拣货动管区。此保管、动管区存放形态的补货方式适用于体积大或出货量多的物品。

② 地板至货架的整托盘补货。

此补货方式（见图 5-35）保管区是以托盘为单位地板平置堆叠存放，动管区则为托盘货架存放。拣取时拣货员在拣取区搭乘牵引车拉着推车移动拣货，拣取后再将推车送至输送机轨道出货。一旦发觉拣取后动管区的库存太低，则要进行补货动作。

补货方式为作业员使用叉车很快地至地板平置堆叠的保管区搬回托盘，送至动管区托盘货架上存放。此保管、动管区存放形态的补货方式较适用于体积中等或中量（以箱为单位）出货的物品。

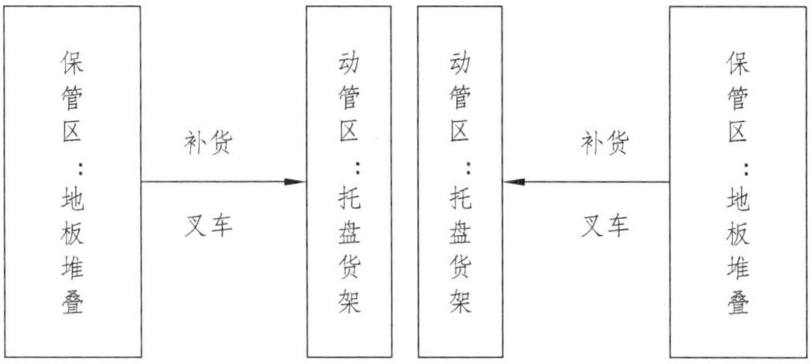

图 5-35　地板至货架的整托盘补货

（3）货位补货。

主要用于保管区与拣选区处于同一货架的情形。有的仓库把一些体积较小、流动性不大的物品存放在同一货架的上下两层，下层作为拣选区，上层作为保管区，如图 5-36 所示。

图 5-36　货位补货

货位补货就是当下层货位上的存货低于设定标准时，将上层物品移出一部分补充到下层，使其达到设定标准。

2. 按补货的时机分类

（1）批次补货。

在每天或每一批次拣取之前，经电脑计算所需货品的总拣取量和拣货区的货品量，计算出差额并在拣货作业开始前补足货品。这种补货原则比较适用于一天内作业量变化不大、紧急追加订货不多，或是每一批次拣取量需要事先掌握的情况。

（2）定时补货。

将每天划分为若干个时段，补货人员在时段内检查拣货区货架上的货品存量，如果发现不足，马上予以补足。这种“定时补足”的补货原则，较适合分批拣货时间固定且处理紧急追加订货的时间也固定的情况。

（3）随机补货。

随机补货是一种指定专人从事补货作业的方式，这些人员随时巡视拣货区的分批存量，发现不足随时补货。此种“不定时补足”的补货原则，较适合于每批次拣取量不大、紧急追加订货较多，以至于一天内作业量不易事前掌握的场合。

3. 按补货的原因分类

（1）主动补货。

仓库管理人员根据拣货区的存储现状，对目前库存数量没有达到存储货位上限的货位进行人为的生成补货。通常，在仓库里面有调度人员定期检查拣选区的情况，整堆存货不足的货位从系统里生成主动补货。这种方式只是为了缓解拣选作业区域被动生成补货导致的出库效率低下的问题，一般在拣选区作业不忙的时候进行。

（2）被动补货

在拣选区货位的存货量低于系统设置的下限，不够订单要求的出库数量时，由系统自动生成的补货。如果是在全人工管理的仓库，被动补货则由拣货员发现库存不足时，通知补货员进行补货。此补货法是预分配不足导致的补货，对及时性要求高，在产生被动补货之后必须马上补充，并且在系统里确认，否则会影响下一环节的拣货工作。

（3）紧急补货。

紧急补货是为了在紧急情况下控制仓库出库节奏，人为生成的补货。其一般发生在下游环节急需的时候，但是在拣货区库存不足的情况下，其及时性要求最高，需要补货人员尽快完成。

（二）补货作业流程

一般以托盘为单位的补货作业流程如图 5-37 所示。

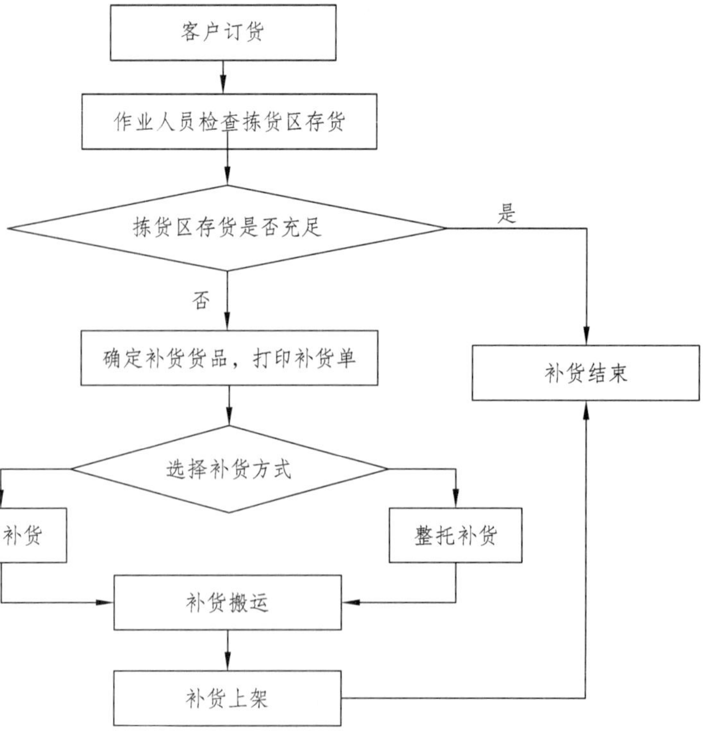

图 5-37　补货作业流程图

（三）补货的注意事项

1. 取货注意事项

➢ 取货时要仔细核对取货位、货品代码、名称等信息。

➢ 在补货时，如发现包装损坏、内装与名称不符、数量不对时，应及时反映给信息员处理。

➢ 补货员要维护好周转区货品。

➢ 补货员补货时要按规定动作开箱以免划坏货品。

➢ 补货员取货要轻拿轻放，取货完后要整理货位上的货品。

2. 补货上架注意事项

➢ 从周转区向拣货位补货时，应根据补货标签上的提示，仔细核对货品名称、条码、货位，确认无误后才向相应的拣货位上架。

➢ 补货上架时保证一种货品对应一个拣货位，由于特殊原因，某货品需要量大时，信息中心可调整拣货位，给该货品多分拣货位，但要保证这些拣货位相邻。

➢ 能够补上拣货位的，要尽量全部补到拣货位上，不能补到拣货位的，要按货品分类摆放整齐。

➢ 补货时应把货品整齐补放在拣货位上，如拣货位上无法补完此种货品，则应把多余货品整齐存放在每一排指定的存货区，以便拣货位上缺货时能及时补货到位，以免延误拣货效率。

3. 其他注意事项

➢ 补货员应把在配货过程中所需货品迅速及时地补充到拣货位，要随叫随到，并时时观察拣货上货品的出货情况，并主动补货。

➢ 在拣货过程中，如发现货品不多时应及时查询，以便把货品及时补充到位，尽量避免无货影响拣货效率。

➢ 补货结束后要清扫所管区域内的卫生，保证作业区域干净整洁。

➢ 补货员的补货作业标准是及时、准确。

【任务实施】

一、任务描述

CN 物流配送中心电子拣选区作业人员反映货量不足，需要进行补货。请利用仓储管理系统生成从托盘货架区到电子拣选区的补货作业，并利用 RF 手持完成补货作业。

二、任务目标

（1）掌握补货作业流程及各环节的业务内容。

（2）能够合理选择补货时机，确定补货数量。

（3）能够选择合适的补货方式完成补货作业。

（4）培养学生吃苦耐劳、爱岗敬业的职业道德。

（5）通过分工合作，树立团队协作意识。

三、任务实施步骤

（1）学生按岗位分为 4 人一组，检查拣货区存货。

（2）生成补货任务：信息员利用仓储管理系统生成托盘货架区至电子拣选区的补货作业。

（3）补货下架：操作员利用手持下载补货任务，根据任务指示进行托盘货架区相应的下架作业。

（4）搬运：将已下架待补货货品搬运至补货暂存区。

（5）补货上架：补货员利用手持终端下载补货上架任务，根据手持的指示完成电子拣选区相应货位的补货作业。

（6）废料回收：补货完毕后，补货员将作业产生的废料放至废料回收区。

（7）组织小组自评和组间互评，并给出教师评价。

（8）进行实训总结，完成实训报告。

四、任务评价

补货作业实训评价表

班级		配送部（组名）	
考评内容	补货作业		
考评标准	内　　容	分值	实际得分
	检查存货正确	10	
	能正确生成补货作业任务	10	
	能正确完成托盘货架下架作业	20	
	搬运操作正确规范	15	
	能正确完成补货上架作业	25	
	能对废料进行合理的处理	10	
	团队协作	10	
	合　　计	100	
存在的问题及改进措施			

同步练习

一、单选题

1. 拣货时，拣货作业人员或机器必须直接接触并拿取货物，因此形成拣货过程中的行走与货物的搬运，（　　）是提高配送作业效率的关键。

A. 熟练的拣货操作　　B. 延长拣货时间
C. 采用现代化的拣选设备　　D. 缩短行走和货物搬运距离

2. 播种式拣货作业的英文缩写为（　　）。

A. RF　　B. RFID　　C. DPS　　D. DAS

3.（　　）是多张订单累积成一批，汇总数量后形成拣货单，然后根据拣货单的指示一次性拣取商品，再进行分类。

A. 批量拣取　　B. 订单拣取　　C. 巡回式拣取　　D. 复合拣取

4. 处理订单数量多、订购货品品项数少、货品重复订货频率较低，可采用的分类方式是（　　）。

A. 分拣时分类　　B. 分类输送机
C. 人工分类　　D. 输送机–人工分类组合

5. 将订单按拣货区域进行分解的过程叫订单分割。订单分割一般是与（　　）相对应的。

A. 拣货分区　　B. 拣货分批　　C. 拣货分类　　D. 货物特性分区

6.（　　）的产生是提供产品出库的指示资料，是作为拣货的依据。

A. 提货单　　B. 拣货单　　C. 送货单　　D. 发货单

7. 补货作业是将货物从________搬运到________的工作（　　）。

A. 月台　仓库　　B. 仓库　配送中心
C. 仓库保管区域　拣货区　　D. 暂存区　拣货区

8. 适合体积小且少量多样出货的货品的补货方式是（　　）。

A. 由货架保管区补货至流力货架的拣选区
B. 由地板堆叠保管区补货至地板堆叠拣选区
C. 由地板堆叠保管区补货至货架拣选区
D. 货架上层向货架下层的补货

9. 适合体积大或出货量多的商品的补货方式是（　　）。

A. 由货架保管区补货至流力货架的拣选区
B. 由地板堆叠保管区补货至地板堆叠拣选区
C. 由地板堆叠保管区补货至货架拣选区
D. 货架上层向货架下层的补货

10. 一家小型配货公司，主要配送桶装纯净水和大米，每日配货量很不均匀，经常有紧急订单，要求马上配送。如果你是该公司的物流经理，你应该选用哪种补货方式？

A. 批次补货　　B. 定时补货　　C. 随机补货　　D. 紧急补货

二、多选题

1. 拣货单位是指拣货作业中拣取货物的包装单位，通常拣货单位可分为（　　）等几种形式。

A. 特殊货物　　B. 托盘　　C. 箱　　D. 单品

2. 拣货作业的基本方式有（　　）。

A. 订单拣取　　B. 批量拣取　　C. 复合拣取　　D. 订单分批拣取

3. 常见拣选信息传送方式有传票拣选、电子标签辅助拣选、(　　)等方式。

A. 拣货单拣选　　B. IC 卡拣选　　C. 分拣输送机　　D. RF 辅助拣选

4. 不同的储存方式和拣货方式需要采用不同的拣货设备，在影响拣货设备的选用中，(　　)是两个主要因素。

A. 拣货包装单位的大小　　B. 拣货批量

C. 拣货方式　　D. 拣货设备

5. 拣货作业包括(　　)。

A. 行走或搬运　　B. 分类与集中　　C. 拣货　　D. 拣货资料处理

6. 拣选策略包括分区、(　　)四个主要因素，这四者之间存在互动关系，在作整体规划时，必须按照一定的决定顺序才能将其复杂程度降低到最低。

A. 订单组合　　B. 订单分割　　C. 订单分批　　D. 订单分类

7. 订单分批方式有(　　)几种。

A. 总合计量分批　　B. 时窗分批

C. 固定订单量分批　　D. 智慧型分批

8. 影响拣货路径的因素包括拣货区域布局、(　　)等。

A. 拣货设备　　B. 订单批量　　C. 货物种类　　D. 拣货方式及策略

9. 选择补货时机通常采用的方式是：(　　)。

A. 批次补货　　B. 定时补货　　C. 随机补货　　D. 定量补货

三、简答题

1. 简述拣货作业基本流程。
2. 拣货有哪几种常用的方法？分别有哪些优缺点？各自的适用范围是什么？
3. 简述如何确定拣货方式。
4. 简述拣货计划制订的步骤。
5. 描述补货时机决策的过程。

四、案例分析

药品配送中心的拣货难题

◆　**康达公司概况**

康达公司是滨海市一家专业从事医药产品批发、零售的大型医药公司。其服务对象为滨海市及周边地区近千家医院、药品零售店。同时，公司拥有注册会员 10 余万人。公司经营范围覆盖全国 600 家医药厂商，涵盖近 6 000 种医药产品。

公司大胆创新，采用国际先进的配送方式进行产品销售，并为此建立了统一的客户订单处理和仓储配送系统，以达到快速、准确处理客户订单、快速配送的服务目标。

◆　**康达公司的药品配送中心**

公司建有一大型药品配送中心，是一个 4 层的建筑物，每层 2 000 m^2。在配送中心一层，分别设有收货平台和发货平台，以及订单处理中心、管理部等。二层以上为药品存储区。配送中心在一层设有发货组，在存储区分别有仓库保管员及拣货员。配送中心使用一部货运电梯完成各楼层间的货物的转运、传递工作。

公司目前的订单处理流程是：各类客户订单生成以后，由订单中心统一进行处理，在订单系统中生成发货单。

配送中心接受到系统中的客户发货单后，在仓储系统中生成拣货单。拣货员按照拣货单在各楼层进行拣货，拣货完成后，将拣货单及拣货后的药品，送到一楼的发货组，进行包装发货。拣货员穿梭在各个楼层库位，平均每张订单的拣货时间为 10~20 min，工作量十分大。

由于公司销售规模的快速扩大，这种订单处理方式也暴露出越来越多的缺点。拣货人员面对大量的客户订单，要一次次穿梭于各层的存储区；由于工作量大，出错的订单数增加不少，这时电梯也成为一个制约拣货效率的“瓶颈”，拣货员和发货组不得不靠加班来完成日益增长的订单。

面对困境，公司的物流管理部门在经过多次考察分析后，决定采取适应的改进措施提高拣货效率，减少差错和工作量。

◆ **问题与思考**

（1）请说明摘果式和播种式两种拣货方式的具体操作方法及各自的优缺点。

（2）请描述分析该配送中心所面临的问题？并运用有关配送管理的知识，提出解决方案。

项目六　配货作业管理

知识结构图 ——配货作业管理

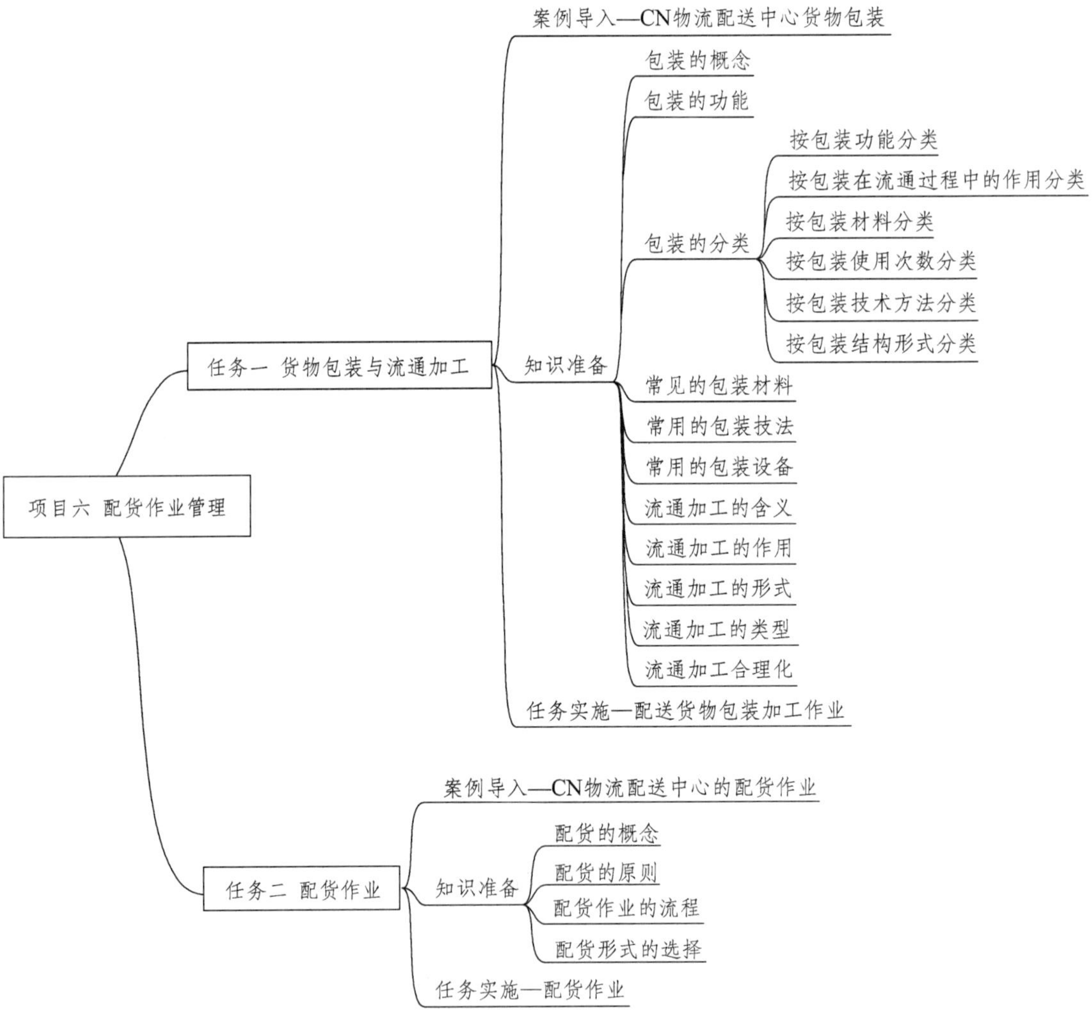

学习目标

1. 知识目标

（1）理解包装的含义、功能和分类；

（2）掌握配送中心常用的包装技法；

（3）理解流通加工的含义、作用、形式和分类；
（4）掌握流通加工合理化的内容；
（5）理解配货作业的含义及原则；
（6）熟悉配货作业的形式和内容；
（7）掌握配货作业流程和各环节的具体内容。

2. 能力目标

（1）能根据不同的商品采用与之相应的包装方法；
（2）能针对不同商品采取与之相适应的流通加工方法；
（3）能够对不合理的流通加工形式进行分析；
（4）能有效地组织并实施配货作业。

任务一　货物包装与流通加工

【案例导入】——CN 物流配送中心货物包装

CN 物流配送中心订单发货包装的目的一是保证商品安全，防止商品在运输途中因碰撞导致损坏、磨损、漏液；二是降低包装成本，选用大小合适的耗材，禁止浪费，对于完好的厂家包装，可以二次利用，降低包装成本；三是包装外表美观，标签贴整齐，胶带粘平实，使包装看起来赏心悦目。

包装人员需针对不同的商品，易碎、高值、液体、食品类等，选择不同的包装耗材和填充物。拿到商品后，观察商品状态，有灰尘需清理，破损商品不可发出；打包完成的包裹，要确保内物不晃动，液体类商品，需要使用红色易碎胶带，且易碎商品如红酒类需要向上放置，避免损坏，有发票的商品，需投放在包装箱内，对于整箱商品，使用塑料窗口投放发票时，发票背面朝外，注意隐私；面单粘贴必须保证一个包裹一码。

例如：白酒类商品包装时需注意除尘，确保商品整洁，使用白酒类专用气柱进行加固防震，如满足酒水礼品袋投放标准，投放礼品袋，将商品保持向上状态放入纸箱中，并加气枕进行填充，避免晃动，使用红色易碎胶带；箱码需要和商品及外包装字体方向保持一致，确保一箱一码。

对于隐私类商品如计生保健类产品、女性用品等，在包装时需要关注顾客隐私。同样需除尘，确保商品整洁，使用隐私 PE 袋进行包装，箱码贴在正面，确保一箱一码，对于隐私类商品，如有发票，需要放入包装袋内，如不能放入包装袋内，使用塑料窗口时，需要将发票背面朝外，避免泄露。

【知识准备】

一、包装的概念

中国国家标准《包装术语第 1 部分：基础》（GB/T4122.1—2008）中对包装的定义是："为

在流通过程中保护产品、方便贮运、促进销售，按一定技术方法而采用的容器、材料及辅助物等的总体名称。也指为了达到上述目的而采用容器、材料和辅助物的过程中施加一定技术方法等的操作活动。”

从这一定义我们可以看出，包装既可以作为一个名词，指用于包装的容器、材料及辅助物，也可以作为一个动词，用于表示包装的具体操作活动。

【同步案例】茶叶包装技术及方法分析

茶叶作为世界性三大无醇饮料之一，以其天然营养、保健的品质特点而备受世人青睐。茶叶作为一类特殊商品，对其的包装不完善，往往会使茶叶的形、色、香、味受到损坏，为了实现长时间的储存和运输，茶叶需要进行有效的包装。

茶叶包装的技术要求：防潮、防氧化、防高温、遮光、阻气。

茶叶的包装方法：作为一类特殊的商品，由于受到自身和客观条件的限制，茶叶的包装有别于其他一般性商品的包装。目前，常用的包装方法主要有金属罐包装、纸盒包装、塑料成型容器包装、复合薄膜包装、纸袋包装。

那么，商品为什么要进行包装？常用的包装技术和方法有哪些呢？

二、包装的功能

1. 保护与盛载物品

保护与盛载被包装物是包装最基本的功能。通过合理的设计和合理选择包装材料、包装方式，使物品在流通全环节中得到有效的保护，使各类损失降到最低点。包装材料如果过于轻薄，虽然能降低包装成本、减少包装重量，但是达不到保护内容物安全的效果，同时会大幅降低物流装卸搬运的效率；反之，过度包装也会额外增加物流仓储、运输、装卸搬运的体积及重量。

2. 促进销售

促进销售主要是商业包装的功能，通过美观、鲜艳或者有设计感的包装，吸引客户的注意，从而达到促进销售的目的。这一功能和物流没有直接关系，但要注意的是，为了满足包装的这一功能，包装物可能存在厚重、体积偏大、材料复杂等问题，从而给物流操作带来额外的困难。

3. 方便物流作业

由于各类商品大小形态不一，这样会给运输或储存带来许多不便，而包装恰恰能够解决这一问题，它可以统一商品的大小规格，以方便贮运或流通过程中的搬运或数量的清点，便于机械化器具设备如托盘、叉车的操作。

此外，包装还具有方便消费、传递信息、增加企业收入等功能。

三、包装的分类

按照不同的方式，包装主要具有以下分类：

1. 按包装功能分类

可以分为运输包装和销售包装。

2. 按包装在流通过程中的作用分类

单件包装、中包装和外包装等。

3. 按包装材料分类

有纸包装、塑料包装、金属包装、竹木器包装、玻璃容器包装和复合材料包装等。

4. 按包装使用次数分类

有一次用包装、多次用包装和周转包装等。

5. 按包装技术方法分类

有防震包装、防湿包装、防锈包装、防霉包装等。

6. 按包装结构形式分类

贴体包装、泡罩包装、热收缩包装、可携带包装、托盘包装、组合包装等。

四、常见的包装材料

常见的包装材料有以下几种：

1. 纸包装

以纸及纸板为主要原料制成的包装，主要有纸盒、纸板箱、瓦楞纸箱等如图 6-1 所示。

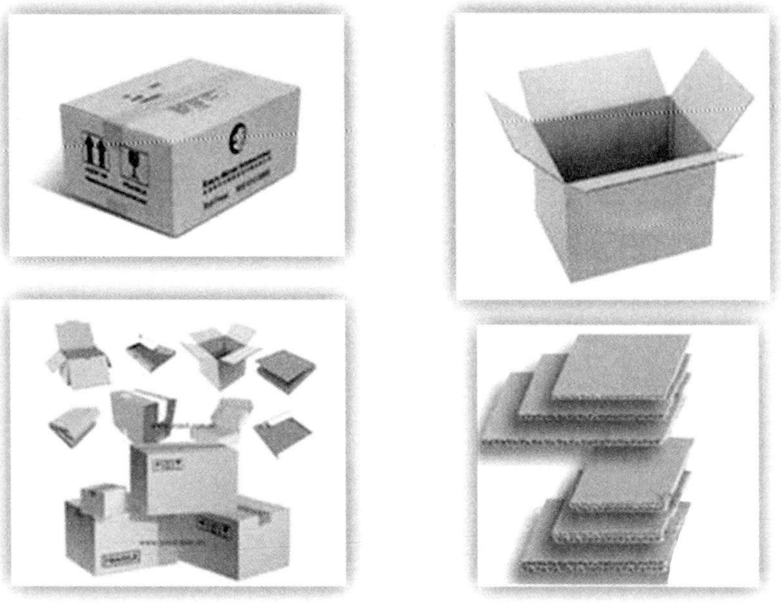

图 6-1　各种包装纸盒、纸板箱、瓦楞纸箱

2. 木制包装

以木材、木板以及人造板为材料制成的包装，如图 6-2 所示。

图 6-2　木箱包装

3. 金属包装

以铁皮、马口铁、铝箔以及钢材等制成的包装，如图 6-3 所示。

图 6-3　金属制品包装

4. 玻璃、陶瓷制品包装

以普通或特种玻璃、陶瓷制成的包装，如图 6-4 所示。

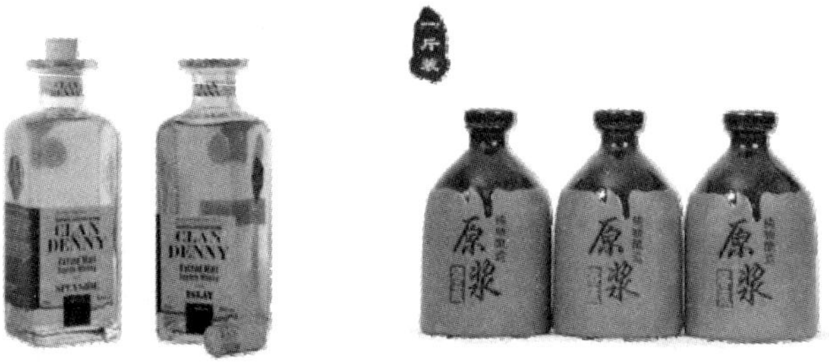

图 6-4　玻璃、陶瓷包装

5. 塑料制品包装

以各种为材料制成的包装，如图 6-5 所示。

图 6-5　塑料包装

五、常用的包装技法

（一）一般包装技法

1. 对内容物的合理放置、固定和加固

在运输包装体中装入形态各异的产品时，需要具备一定的技巧，只有对产品进行合理放置、固定和加固，才能达到缩小体积、节省材料、减少损失的目的。例如，对于外形有规则的产品，要注意套装；对于薄弱的部件，要注意加固。

2. 对松泡产品进行压缩包装

对于一些松泡产品，包装时所占用容器的容积太大，相应的也会多占用运输空间和储存空间，从而增加运输储存费用，所以对于松泡产品来说，要压缩体积。一般采用真空包装技法。

3. 合理选择内、外包装的形状和尺寸

有的商品运输包装件，还需要装入集装箱，这就存在包装件与集装箱之间的尺寸配合问题。如果配合得好，就能在装箱时不出现空隙，有效地利用箱容，并有效地保护商品。包装件装入集装箱只能平放，不能立放或侧放。在外包装形状尺寸的选择中，要注意避免过高、过扁：过大、过重包装。过高的包装会重心不稳，不易堆码；过扁的包装则给标志刷字和标志的辨认带来困难；过大包装量太多，不易销售，而且体积大也给流通带来困难；而过重包装则会导致纸箱容易破损。

4. 外包装捆扎

外包装捆扎对包装起着重要作用，有时还能起关键性作用。捆扎的直接目的是将单个物件或数个物件捆紧，以便于运输、储存和装卸。此外，捆扎还能防止失盗而且保护内装物，能压缩容积从而减少保管费和运输费，能加固容器，一般合理捆扎能使容器的强度增加 20%～40%。捆扎的方法有多种，一般根据包装形态、运输方式、容器强度、内装物重量等不同情况，分别采用井字、十字、双十字和平行捆扎等不同方法。

（二）特殊包装技法

1. 缓冲包装技法

缓冲包装技法又称“防震包装”，是将缓冲材料适当地放置在内装物和包装容器之间，用以减轻冲击和震动，保护内装物免受损坏。常用的缓冲包装材料有泡沫塑料、木丝、弹簧等。缓冲包装方法分为全面缓冲、部分缓冲和悬浮式缓冲三类。

（1）全面缓冲包装方法是将产品的周围空间都加缓冲材料衬垫的包装方法。部分缓冲包装方法是指仅在产品或内包装的拐角或局部地方使用缓冲材料衬垫。这样既能达到减震效果，又能降低包装成本，如家电产品、仪器、仪表等通常采用此类包装。

（2）部分缓冲有天地盖、左右套、四棱衬垫、八角衬垫、侧衬垫几种。

（3）悬浮式缓冲包装是用绳索、弹簧等将产品或内包装容器悬吊在包装箱内，通过弹簧、绳索的缓冲作用保护商品，一般适用于极易受损，价值较高的产品，如精密机电设备、仪器、仪表等。

2. 防潮包装技法

防潮包装是为了防止潮气侵入包装件，影响内装物质量而采取的一定防护措施的包装。其中金属和玻璃的阻隔性最佳，防潮性能较好；纸板结构松弛，阻隔性较差，但若在表面涂抹防潮材料，就会具有一定的防潮性能；塑料薄膜有一定的防潮性能，透湿强弱与塑料材料有关，为了提高包装的防潮性能，可用涂布法、涂油法、涂蜡法、涂塑法等方法。此外，对易受潮和透油的包装内衬一层至多层防湿材料（如牛皮纸、柏油纸、邮封纸、上蜡纸、防油纸、铝箔和塑料薄膜等），或用一层至多层防潮材料直接包裹商品。上述方法既可单独使用，又可几种一起使用。

3. 防霉包装

防霉包装是防止包装和内装物霉变而采取一定防护措施的包装。对于这种包装，除会采取防潮措施外，还要对包装材料进行防霉处理。防霉包装必须根据微生物的生理特点，改善生产和控制包装储存等环境条件，达到抑制霉菌生长的目的。第一，要尽量选用耐霉腐和结构紧密的材料，如铝箔、玻璃和高密度聚乙烯塑料、聚丙烯塑料、聚酯塑料及其复合薄膜等，这些材料具有微生物不易透过的性质，有较好的防霉效能。第二，要求容器有较好的密封性，如采用泡罩、真空和充气等严密封闭的包装。第三，采用药剂防霉的方法，用于纸与纸制品、皮革、棉麻织品、木材等包装材料的防霉。第四，还可采用气相防霉处理，也具有良好的效果。

4. 防锈包装

防锈包装是为防止金属制品锈蚀而采用一定防护措施的包装。防锈包装可以采用在金属表面进行处理的方法；也可采用氧化处理（俗称“发蓝”）和磷化处理（俗称“发黑”）的化学防护法；还可采用涂油防锈、涂漆防锈和气相防锈等方法。

5. 集合包装

集合包装具有提高港口装卸效率，减轻劳动强度，节省装运费用；保护商品，减少损耗和促进商品包装标准化等优点。主要有集装袋、集装箱、托盘组合包装三种类型。

（1）集装袋，是指用塑料重叠丝编织成的包装袋。优点是重量轻，柔软可折叠，体积小，装载量大。每袋可载 1 ~ 4 t 的货物，并能重复使用。

（2）集装箱，是用钢材、铝合金板、纤维板等材料制作的集中装载大量货物的大型包装容器。优点是安全、简便、迅速、节约，便于机械和自动化装卸。可载 5 ~ 40 t 各类商品，常用于铁路、公路和海上的远程运输。

（3）托盘组合包装，是用木材、塑料、金属材料或玻璃纤维等制成的垫板，分为平面式托盘、箱式托盘、立柱式托盘、滑片托盘等几种形式。优点是耐腐蚀，卫生性好，节省费用，减少商品损耗。载重量为 0.5 ~ 2 t，有的可重复使用。

六、常用的包装设备

1. 贴标签机

主要在容器上加贴标签，如图 6-6 所示。

图 6-6　贴标签机

2. 灌装机

用来灌装液体、半液体、固体混合制品。所用容器主要有桶、罐、瓶和软管等，如图 6-7 所示。

3. 裹包机

主要使用的包装材料为纸，蜡纸，牛皮纸或用纸，铝箔，塑料薄膜组成的复合材料，如图 6-8 所示。

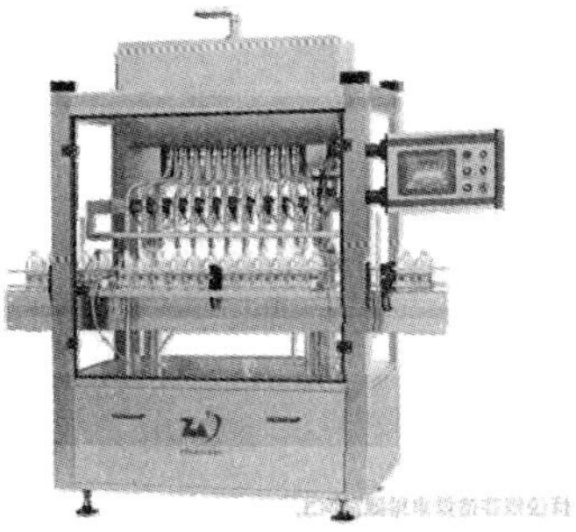

图 6-7　罐装机

图 6-8　裹包机

4. 打包机

打包机是利用纸，塑料，纺织纤维或金属的绳、带对包封物资进行捆扎的机械。捆扎的机械类型繁多，大小各异。有人工操作的钢带打包机、塑料带打包机，以及各种类型的半自动、全自动捆扎机械，如图 6-9 和图 6-10 所示。

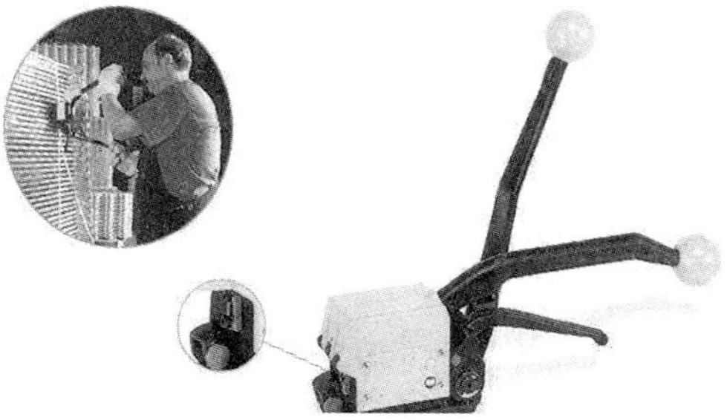

图 6-9　手动打包机

图 6-10　半自动打包机

5. 装箱机

用于完成运输包装，将包装成品按一定排列方式和定量装入箱中，并把箱的开口部分闭合或封固的机械，如图 6-11 所示。

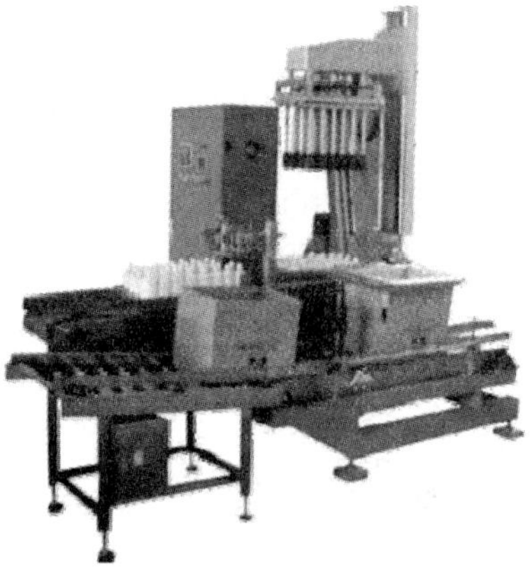

图 6-11　装箱机

6. 封口机

用于各种包装容器的封口，如图 6-12 所示。

图 6-12　封口机

7. 填充机械

用来把干燥粉状、颗粒状、块状产品填充在盒、瓶、罐等容器中的设备，分为直接填充机和制袋填充机两种：前者是利用预先成型的容器进行填充，后者是既要完成袋容器的成型，又要将产品填充进容器内。

七、流通加工的含义

流通加工，是指在产品从生产领域向消费领域流动过程中，为了有利于流通所进行的一些附带的服务作业，包括施加包装、分割、计量、组装、贴标签等。

流通加工与一般生产加工的区别主要体现在如表 6-1 所示的几方面中。

表 6-1　流通加工与生产加工的区别

项目	生产加工	流通加工
加工对象	原材料、零部件或半成品等，不具有商品属性	进入流通领域的商品，具有商品属性
加工程度	复杂的加工，对加工技术装备和技术水平要求较高	简单的加工，是生产加工的辅助或补充，主要用于改变对象的外部形态
价值观念	在于创造价值和使用价值，以满足消费者的需求	完善商品的使用价值，并在不进行大改变的情况下提高价值
加工责任人	生产加工的组织者是生产企业	流通加工的组织者是从事流通工作的商业企业或物流企业
加工目的	交换和消费	方便物品流通，为流通创造条件；促进销售、维护商品质量、实现物流高效率

【同步案例】：环达综合超市组合式鞋店

环达综合超市设立了组合式鞋店，在货架上摆放着一些做鞋用的半成品而不是做好了的鞋。款式花色多样，有 6 种鞋跟、8 种鞋底，均为塑料制造的，鞋面的颜色以黑、白为主，搭带的颜色有 80 种，款式有百余种，顾客进来后可任意挑选自己所喜欢的各个部位，交给职员当场进行组合。只要 10 min，一双崭新的鞋即可送到顾客手中。

这家鞋店昼夜营业，职员技术熟练，鞋子的售价与成批制造的价格差不多，有的还稍便宜些。所以顾客络绎不绝，销售金额比邻近的鞋店高了十倍。

那么，流通加工的作用及其现实意义有哪些？流通加工的形式、内容与方法有哪些？

八、流通加工的作用

1. 流通加工完善、强化了流通功能

一方面，流通可以服务于生产和促进生产发展；另一方面，又能够影响服务消费。具体对于生产者来说，借助于流通，可以实现其产品的交换价值。收回垫付的资金，从而可以保证再生产顺利进行；对于消费者来说，借助于流通，则可以满足个人生活的需要。

2. 流通加工是形成流通利润的新源泉

流通与生产活动一样，为了保证其运转和广泛开展必须为之付出一定数量的劳动。与此同时，其运转过程中又必须以一定形式补偿耗费掉的劳动并获得利润，否则这项运动便无法继续进行。实践证明，流通加工（特别是集中化的流通加工）是一种低投入、高产出的加工作业，通过加工能够实现流通对象的新价值。

3. 流通加工可以提高原始产品的利用率

按照生产工艺要求加工原始产品是流通加工的一项重要内容。将生产者发运来的原始产品进行定尺和合理剪切、锯裁等，其特点之一是作业时使用专用设备，在用户要求基础上集

中下料（如集中剪切钢板、集中套裁玻璃等）。统筹安排、集中下料的好处，一是在销售或供应物资时可以做到小材大用、优材优用和物尽其用；二是可以提高原材料的利用率。

4. 流通加工有利于合理运输

从物流的角度看，流通过程中穿插着加工环节，实际上等于将商品的实物形态过程分割成了两个阶段，即商品由生产厂流转到加工中心阶段和由加工中心运转到用户阶段。由于流通加工中心的作业点一般设在消费区域，相对而言，前一个阶段的商品运输距离常常大于后一阶段的运距，在制定运输方案和选择运输工具时，应区别对待。具体来说就是在运距较长的前一阶段，可采用火车、轮船等大型运输工具流转产品，而在运距较短的后一阶段，则可采用汽车、小型专用车辆等运输工具运送经过初加工的多规格的产品。显然，这样做不但可以合理调配运输工具，而且可以提高运输效率。

九、流通加工的形式

根据商品不同的形态、特点，流通加工的形式主要分为以下几种。

1. 钢板剪切流通加工

汽车、冰箱、冰柜、洗衣机等生产制造企业每天需要大量的钢板。专业钢板剪切加工企业能够利用专业剪切设备，按照用户设计的规格尺寸和形状进行套裁加工，精度高、速度快、废料少、成本低；专业钢板剪切加工企业在国外数量很多，大部分由流通企业经营。这种流通加工企业不仅能提供剪切加工服务和配送服务，还出售加工原材料和加工后的成品。

其优点有：

（1）由于可以选择加工方式，加工后钢板的品相组织较少发生变化，可保证原来的交货状态，因而有利于进行高质量加工。

（2）加工精度高，可减少废料、边角料，也可减少再进行精加工的切削量，既可提高再加工效率，又有利于减少消耗。

（3）由于集中加工可保证批量及生产的连续性，可以专门研究此项技术并采用先进设备，从而大幅度提高效率和降低成本。

（4）用户能简化生产环节，提高生产水平。

2. 水泥流通加工

在水泥流通服务中心，将水泥、沙石、水以及添加剂按比例进行初步搅拌，然后装进水泥搅拌车。事先计算好时间，水泥搅拌车一边行走，一边搅拌，到达工地后，用搅拌均匀的混凝土直接进行浇注。

其优点有：

（1）可以大大降低运费、节省运力。

（2）可按照当地的实际需要大量掺和混合材料。

（3）容易以较低的成本实现大批量、高效率的输送。

（4）可以大大降低水泥的输送损失。

（5）能更好地衔接产需，方便用户。

3. 木材的流通加工

木材流通加工可依据木材种类、地点等决定加工方式，在木材产区可对原木进行流通加工使之成为容易装载、易于运输的形状，如实行集中下料、按客户要求供应规格料，可以使原木利用率提高到 95%，出材率提高到 72%左右，有相当好的经济效果。木屑也可制成便于运输的形状，以供进一步加工，既可以提高原本的利用率、出材率，也可以提高运输效率，具有相当可观的经济效益。

4. 玻璃流通加工

平板玻璃的运输货损率较高，玻璃运输的难度比较大。在消费比较集中的地区建设玻璃流通加工中心，按照用户的需要对平板玻璃进行套裁和开片，可使玻璃的利用率从 62% ~ 65%提高到 90%以上。大大降低了玻璃破损率，增加了玻璃的附加价值。

5. 自行车、助力车的流通加工

自行车和助力车整车运输、保管和包装，费用多、难度大、装载率低，但这类产品装配简单，不必进行精密调试和检测，所以，可以将同类部件装箱进行批量运输和存放，在商店出售前现场组装。这样做可大大提高运载率，有效地衔接批量生产和分散消费。这是一种只改变商品状态，而不改变商品功能和性质的流通加工形式。

6. 服装、书籍流通加工

这里的服装流通加工，主要指的不是材料的套裁和批量缝制，而是在批发商的仓库或配送中心进行缝商标、拴价签、改换包装等简单的加工作业。近年来，因消费者要求的苛刻化和退货的大量增加。从商场退回来的衣服，一般在仓库或配送中心重新分类、整理、改换价签和包装。书籍的流通加工作业主要有：简单的装帧、套书壳、拴书签以及退书的重新整理、复原等。

7. 水产品、肉类、蔬菜、水果等食品流通加工

鱼等海产品的开膛、去鳞，猪肉、鸡肉等肉类食品的分割、去骨，常常在运到商店后进行并分类出售。超市的货柜里摆放的各类洗净的蔬菜、水果、肉末、鸡翅、香肠、成菜等无一不是流通加工的产物。这些商品在摆进货柜之前，已经进行了流通加工作业，包括分类、清洗、贴商标和条形码、包装、装袋等多种作业工序。这些流通加工都不在产地，而且已经脱离了生产领域，进入了流通领域。采取这种加工形式，既节约了运输等物流成本，又保护了商品质量，增加了商品的附加价值。

8. 酒类流通加工

酒是液体，从产地批量地将原液运至消费地进行配制、装瓶、贴商标、包装后出售，既可以节约运费，又安全保险，以较低的成本，卖出较高的价格，使附加值大幅度增加。

9. 煤炭的流通加工

煤炭流通加工有多种形式：如除矸加工、配煤加工、煤浆加工等。除矸加工可提高煤炭运输效益和经济效益，减少运输能力浪费；煤浆加工可以采用管道运输方式运输煤浆，减少煤炭消耗、提高煤炭利用率；配煤加工可以按所需发热量生产和供应燃料，防止热能浪费。煤炭的消耗量非常大，进行煤炭流通加工潜力也非常大，可以大大节约运输能源，降低运输

费用，具有很好的技术和经济价值。

十、流通加工的类型

1. 为弥补生产领域加工不足的深加工

有许多产品在生产领域的加工只能进行到一定程度，这是由于存在许多限制因素限制了生产领域从而不能完全实现终极的加工。例如，木材如果在产地完成成材加工或制成木制品，会给运输带来极大的困难，所以，在生产领域只能加工到圆木、板、方材这个程度，而进一步的下料、切裁、处理等加工则由流通加工完成。钢铁厂大规模的生产只能按规格生产，以使产品有较强的通用性，从而使生产能有较高的效率，取得较好的效益。钢材剪切如图 6-13 所示。

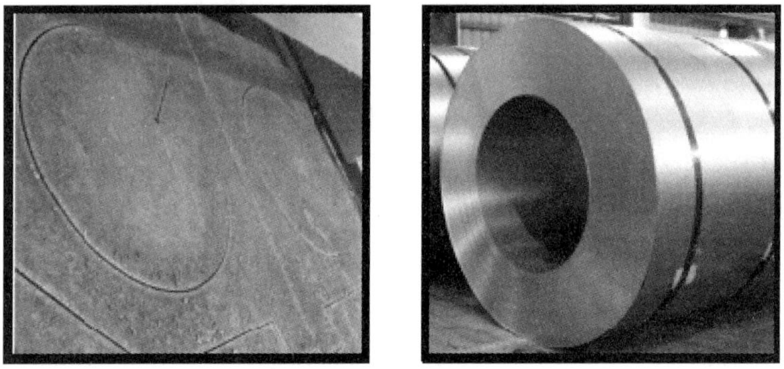

图 6-13　钢材剪切

2. 为满足需求多样化而进行的流通加工

生产部门为了实现高效率、大批量的生产，其产品往往不能完全满足用户的要求。为了满足用户对产品多样化的需要，同时保证高效率的大生产，可将生产出来的单一化、标准化的产品进行多样化的改制加工。例如，对钢材卷板的舒展、剪切加工；平板玻璃按需要规格的开片加工（见图 6-14）；木材改成枕木、板材、方材等加工。

图 6-14　玻璃开片

3. 为保护产品所进行的流通加工

在物流过程中，为了保护商品的使用价值，延长商品在生产和使用期间的寿命，防止商品在运输、储存、装卸搬运、包装等过程中遭受损失，可以采取稳固、改装、保鲜、冷冻、涂油等方式。例如，水产品、肉类、水果蔬菜、蛋类的保鲜、保质的冷冻加工、防腐加工等（见图 6-15）；丝、麻、棉织品的防虫、防霉加工等。还有为防止金属材料的锈蚀而进行的喷漆、涂防锈油等措施，运用手工、机械或化学方法除锈；木材的防腐朽、防干裂加工；煤炭的防高温自燃加工；水泥的防潮、防湿加工等。

图 6-15　水果蔬菜保鲜

4. 为提高物流效率，方便物流的加工

有一些产品本身的形态难以进行物流操作，进行流通加工，可以使物流各环节易于操作。例如，造纸用的木材磨成木屑的流通加工，可以极大提高运输工具的装载效率；自行车在消费地区的装配加工可以提高运输效率，降低损失（见图 6-16）；石油气的液化加工，使难以输送的气态物转变为容易输送的液态物，也可以提高物流效率。

图 6-16　自行车组装

5. 为促进销售的流通加工

流通加工可以起到促进销售的作用。如将零配件组装成用具、车辆以便于直接销售；将蔬菜、肉类洗净切块以满足消费者要求等（见图 6-17）。这种流通加工可能是不改变“物”的本体，只进行简单改装的加工，也可能是组装、分块等深加工。

图 6-17　蔬菜分装

6. 为提高加工效率的流通加工

许多生产企业的初级加工中，由于加工件数量有限，加工效率不高。而流通加工以集中加工的形式，解决了单个企业加工效率不高的弊病。它以一家流通加工企业的集中加工代替了若干家生产企业的初级加工，使生产水平有一定的提高。

7. 为提高原材料利用率的流通加工

流通加工利用其综合性强、用户多的特点，可以实行合理规划、合理套裁、集中下料的办法，这就能有效提高原材料利用率，减少损失浪费。例如将钢板进行剪板、切裁；木材加工成各种长度及大小的板、方等。

8. 为衔接不同运输方式、使物流更加合理的流通加工

在干线运输及支线运输的结点，设置流通加工环节，可以有效解决大批量、低成本、长距离干线运输与多品种、少批量、多批次末端运输之间的衔接问题，在流通加工点与大生产企业间形成大批量、定点运输的渠道，又以流通加工中心为核心，组织对多用户的配送。比如，散装水泥中转仓库把散装水泥装袋、将大规模散装水泥转化为小规模散装水泥的流通加工，就衔接了水泥厂大批量运输和工地小批量装运的需要。

9. 为实施配送进行的流通加工

这种流通加工形式是配送中心为了实现配送活动，满足客户的需要而对物资进行的加工。例如，混凝土搅拌车可以根据客户的要求，把沙子、水泥、石子、水等各种不同材料按比例要求装入可旋转的罐中。在配送路途中，汽车边行驶边搅拌，到达施工现场后，混凝土已经均匀搅拌好，可以直接投入使用。

10. 生产——流通一体化的流通加工

依靠生产企业和流通企业的联合，或者生产企业涉足流通，或者流通企业涉足生产，形成的对生产与流通加工进行合理分工、合理规划、合理组织，统筹进行生产与流通加工的安

排，这就是生产-流通一体化的流通加工形式。这种形式可以促成产品结构及产业结构的调整，充分发挥企业集团的经济技术优势，是目前流通加工领域的新形式。

十一、流通加工合理化

流通加工合理化是实现流通加工的最优配置，不仅做到避免各种不合理加工，使流通加工有存在的价值，而且综合考虑流通加工与配送、合理运输、合理商流等的有机结合，做到选择最优。

（一）不合理流通加工的几种主要形式

1. 流通加工地点设置的不合理

流通加工地设置在需求地区，才能实现大批量生产和干线运输与多样化需求和多品种末端配送的物流优势。

2. 流通加工方式选择不当

流通加工不是对生产加工的代替，而是一种补充和完善。如果工艺复杂，技术装备要求较高，或加工可以由生产过程延续或轻易解决者都不宜再设置流通加工。

3. 流通加工作用不大，形成多余环节

流通加工过于简单，或对生产及消费者的作用都不大，未能解决品种、规格、质量、包装等问题，相反却增加了环节。

4. 流通加工成本过高，效益不好

流通加工成本过高，不能实现以较低投入实现更高使用价值的目的。

（二）流通加工合理化的途径

进行流通加工需要一定的场地、设施、设备和专用工具，并需要将劳动力与之合理配合。在设置流通加工时，需要进行可行性分析，并掌握相关流通加工的基本技术和方法。

实现流通加工合理化的途径如下。

1. 加工和配送结合

将流通加工设置在配送点中，一方面按配送的需要进行加工，另一方面加工又是配送作业流程中分类、拣货、配货的重要一环，加工后的产品直接投入到配货作业中。这就无须单独设置一个加工的中间环节，而使流通加工与中转流通巧妙的结合在一起。同时，由于配送之前有必要的加工，可以使配送服务水平大大提高，这是当前对流通加工做合理选择的重要形式，在煤炭、水泥等产品的流通中已经表现出较大的优势。

2. 加工和配套结合

配套是指将使用上有联系的用品集合成套地供应给用户使用。配套的主体来自各个生产企业，但是，有的配套不能由某个生产企业全部完成，这样，在物流企业进行适当的流通加工，可以有效地促成配套，大大提高流通作为供需桥梁与纽带的能力。

3. 加工和合理运输相结合

流通加工能有效衔接干线运输和支线运输，促进两种运输形式的合理化。原来在支线运输转干线运输，或干线运输转支线运输等这些必须停顿的环节，现在通过流通加工，可以不进行一般的支转干或干转支，而是按干线或支线运输的合理要求进行适当加工，从而大大提高运输及运输转载水平。

4. 加工与合理商流相结合

流通加工也能起到促进销售的作用，从而使商流合理化，这也是流通加工合理化的方向之一。加工和配送相结合，通过流通加工，提高了配送水平，促进了销售，使加工与商流合理结合。此外，通过简单地改变包装加工，形成方便客户的购买形式；通过组装加工，解决用户使用前进行组装、调试的难处，都是有效促进商流的很好例证。

5. 加工和节约相结合

节约能源、节约设备、节约人力、减少耗费是流通加工合理化重要的考虑因素，也是目前我国设置流通加工并考虑其合理性的比较普遍的形式。对于流通加工合理化的最终判断，是看其是否能实现社会和企业本身的两个效益，而且是否取得最优效益。流通企业更应该树立社会效益第一的观念，以实现产品生产的最终利益为原则，只有在生产流通过程中以不断补充、完善为己任的前提下才有生存的价值。

案例分析——瑞达食品工贸公司的加工中心

瑞达食品工贸公司生产加工大批量、多品种食品，其设立的加工中心如图 6-18 所示，试分析其加工中心的位置选择合理与否。

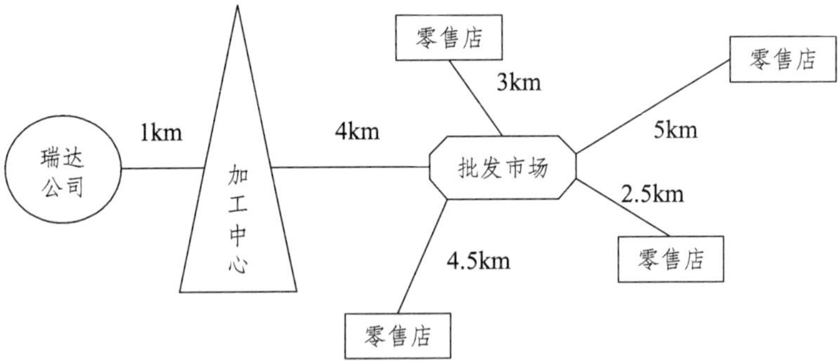

图 6-18　瑞达公司加工中心位置分布图

【任务实施】

一、任务描述

CN 物流配送中心接到客户的出库订单，拣货人员已将货物从小件拣选区拣选完毕，需要根据商品的性质选择适当的包装材料和技法进行货物包装。请相关作业人员完成已拣选货物的包装作业。

二、任务目标

（1）熟悉配送包装的各种分类。
（2）掌握配送中心常用的包装技法。
（3）能根据不同的商品采用与之相应的包装方法。
（4）培养学生的实际操作能力和辅助设备合理使用能力。
（5）通过分工合作，树立团队协作意识。

三、任务实施步骤

（1）学生以组建的配送部为单位，依据配送包装的技法和工作流程针对拣选完成的商品组织讨论。
（2）检查配送商品，确定包装技法，选择适宜的包装设备和包装材料。
（3）小组成员按照包装操作流程进行配送商品的有效包装。
（4）检查包装封口和捆扎是否符合规范要求。
（5）废料回收，包装完毕后，将作业产生的废料放至废料回收区。
（6）组织小组自评和组间互评，并给出教师评价。
（7）进行实训总结，完成实训报告。

四、任务评价

配送货物的包装加工作业实训评价表

<table>
<tr><td>班级</td><td colspan="2"></td><td>配送部（组名）</td><td></td></tr>
<tr><td>考评内容</td><td colspan="4">配送货物的包装加工作业</td></tr>
<tr><td rowspan="8">考评标准</td><td colspan="2">内　　容</td><td>分值</td><td>实际得分</td></tr>
<tr><td colspan="2">包装技法选择正确</td><td>15</td><td></td></tr>
<tr><td colspan="2">包装材料、设备选择适当</td><td>15</td><td></td></tr>
<tr><td colspan="2">包装流程操作规范</td><td>25</td><td></td></tr>
<tr><td colspan="2">包装设施和设备使用熟练</td><td>20</td><td></td></tr>
<tr><td colspan="2">能对废料进行合理的处理</td><td>15</td><td></td></tr>
<tr><td colspan="2">团队协作</td><td>10</td><td></td></tr>
<tr><td colspan="2">合　　计</td><td>100</td><td></td></tr>
<tr><td>存在的问题及改进措施</td><td colspan="4"></td></tr>
</table>

任务二　配货作业

【案例导入】——CN 物流配送中心的配货作业

CN 物流配送中心的货物包括小家电、酒水、小食品、3C、超市品类等。仓库根据顾客下单的时间、地址、商品属性、商品数量，JWMS 系统自动划分作业时间，包装作业模式（即一家一件或一家多件）。目前，仓库的截单时间有：11：00、14：00、18：00、21：00、23：00。仓库作业人员需在下一班车发车前 1 h 作业完毕，保证货物准确、安全地到达分拨，顺利地发车。

【知识准备】

一、配货的概念

配货作业是指把拣取完成的货品按订单或配送路线进行分类，经过配货检查后，装入容器或进行捆包，刷制和贴印相应的标识，再运到配货准备区，待装车后发送。配货作业是配送中心区别于传统仓储的重要部分。

二、配货的原则

配货作业的好坏直接影响后续送货作业的质量，其基本任务就是保证配送业务中所需的商品品种、规格、数量在指定的时间内组配齐全并形成装载方案。

在配货过程中须遵循以下原则。

（一）准时性原则

准时性原则是保证配送企业利益和客户需求都得以满足的“双赢”原则。按照客户的要求准时进货、准时发货，对配送企业来说不需要占用大量的库存和资金，且可以保持库存的合理周转；对客户来说，能够保证货物及时到位，既不耽误生产或销售，又可以使企业不存在库存，从而节约库存费用。

（二）准确性原则

配送企业货物品种繁多、数量巨大，每天有大量的货物进出，为了保证作业质量，配送中心必须遵循准确性原则，将货物以准确的品种、数量及时送到客户手中。

（三）可靠性原则

在配货过程中，货物的装卸作业、分货过程中的机械振动和冲击、其他意外事故及作业人员的素质欠佳等都可能造成货物的损坏，因此要坚持可靠性原则，确保货物在配货过程中保持完好的质量。

（四）方便性原则

在配送商品的过程中，有些商品是常销产品或畅销产品，有些商品的生产周期或需求周期比较长。配送企业在摆放商品时，要根据配送商品的配送规律，合理进行摆放，以方便配货为前提，将常销商品和畅销商品摆放到靠近配货作业的通道旁边，以便于理货人员进行理货作业时存取商品，节约理货时间。

（五）优先性原则

对于下列客户，配送企业可以优先进行配货：具有优先权的客户，依客户等级划分，重要性程度比较高的客户，依订单交易量或交易金额划分，对公司贡献大的订单，依客户信用状况划分，信用较好的客户。

（六）经济性原则

企业运作的基本目标是实现一定的经济利益，所以，配货除了要满足客户的要求，提供高质量、及时且方便的服务，还必须要提高效率，加强成本管理与控制。

三、配货作业的流程

配货工作的任务是保证配送业务中所需的商品品种、规格、数量在指定的时间内组配完全并装载完毕。配货作业的基本流程如图 6-19 所示。

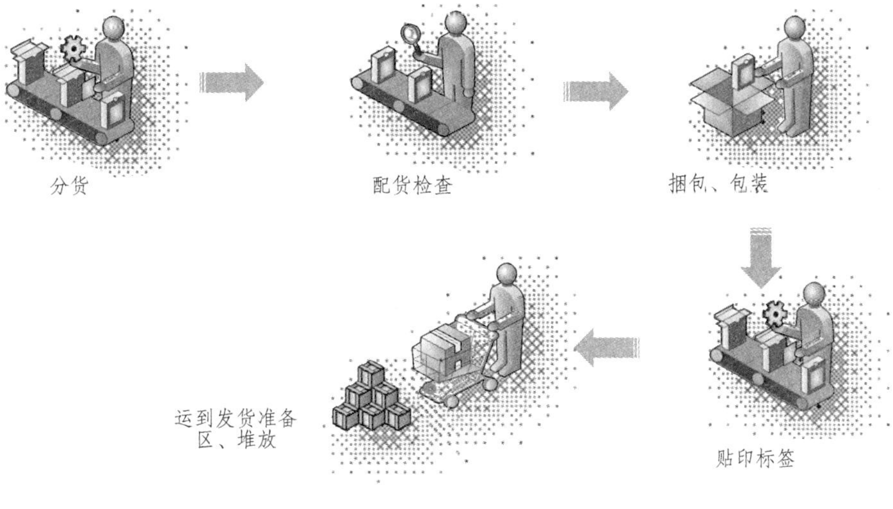

图 6-19　配货作业的流程

（一）分货

1. 分货的方式

分货是把拣货完毕的商品按不同客户或配送路线进行分类的工作。分货的方式主要有以下几种（见表 6-2）。

表 6-2 常见的分货方式

分货方式	分货步骤	效率分析
人工分货（见图 6-20）	指所有分货作业过程全部由人根据订单、拣货单位进行，作业由人、货架、集货设备（货箱、托盘等）配合完成，不借助任何电脑或自动化的辅助设备	效率较低，适用于品种单一，规模较小的配送中心
自动分类机分货（见图 6-21）	指利用自动分类机及分辨系统完成分货： ● 将有关货物及分类信息通过信息输入装置输入自动控制系统； ● 自动识别装置对输入的货物信息进行识别； ● 自动分类机根据识别结果将货物分类后送至不同的分类系统	准确、快速、效率高。适用于多品种、业务繁忙的配送中心
旋转货架分货（见图 6-22）	指利用旋转货架完成分货工作： ● 将旋转货架的每一格位当成客户的出货框； ● 作业人员在计算机输入各客户的代号； ● 旋转货架自动将货架转至作业人员面前，让其将批量拣取的物品放入进行分类	半自动化操作，有利于节省成本

图 6-20 人工分货

图 6-21 自动分货

图 6-22 旋转货架分货

➽ 知识链接——自动分类机的机件装置

自动分类机（见图 6-23）的构成机件如下：

（1）搬运输送机。

（2）移载装置。

（3）分类装置。

（4）排出装置。

（5）输入装置。

（6）控制装置。

图 6-23　自动分类机

上述 6 项装置相互配合使用。在选择自动分类机时，最好从以下 5 个主要方面来衡量：物品数量、物品形状、重量分析、容器尺寸分析、易损坏品分析。如超薄、超重、易变形、易破损、不能倾覆的货物不能使用自动分类机。

2. 分货作业的流程

分货作业的流程如图 6-24 所示。

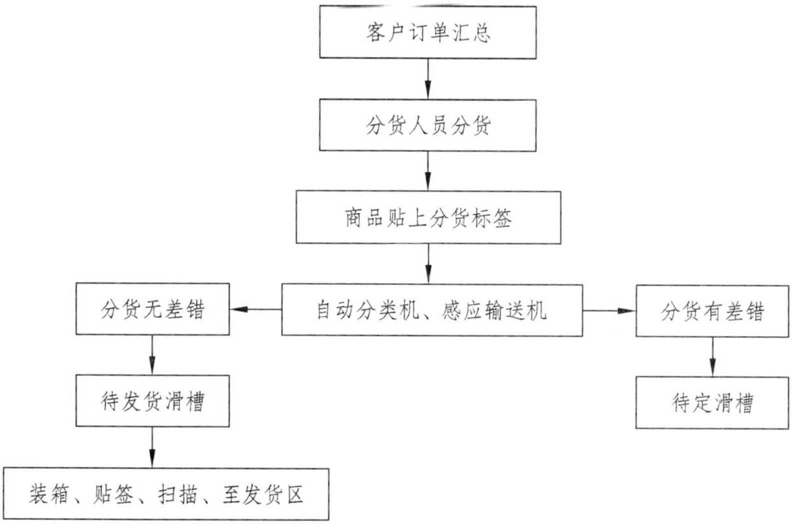

图 6-24　自动分货作业流程

（二）配货检查

配货检查作业是指根据用户信息和车次对拣送物品进行商品号码和数量的核实，以及对产品状态、品质的检查。分类后需要进行配货检查，以保证发运前的货物品种、数量、质量无误。常用的配货检查方法有以下几种（见表 6-3）。

表 6-3　配货检查的方式

检查方式	作业程序	作业效率
商品条码检查	条形码是随货物移动的，检查时用条形码扫描器阅读条形码内容，计算机再自动把扫描信息与出货单对比，从而检查货物数量和编号是否有误	相对于人工检查，其效率高，出错率低
声音输入检查	指当作业人员发声读出商品名称、代码和数量后，计算机接受声音并自动判别，转换成资料信息与出货单进行对比，从而判断是否有误	效率高，但要求作业人员发音准确，且每次发音字节有限，否则会造成计算机识别困难，进而产生错误
重量计算检查	利用计算机计算货单上的所有货物的总重量，再与货品的总重量相对比，检查发货是否正确	可省去事后检查工作，而且效率及正确性极高

（三）捆包、包装

1. 配货包装的含义

配货作业中的包装主要是指运输包装，其主要作用是为了保护货物并将多个零散包装物品放入大小合适的箱子中，以实现整箱集中装卸、成组化搬运等，同时减少搬运次数、降低货损、提高配送效率。

配送的包装要求结构坚固、标志清晰、价格低廉，重点在于搬移管理、保护商品和信息传递。包装的设计不仅要考虑配送过程的要求，如方便配送人员识别、提高运输效率、方便装卸等；还要考虑终端用户的要求，如方便客户接收时的清点，尽量做到简洁、简单、轻薄、标准、节约等包装合理化的要求。

【同步案例】：NIKE 配送中心的包装创新

在过去几年中，为减小包装的生态影响，NIKE 进行了大量的包装创新工作。1995 年，NIKE 的包装盒进行了一次全面的重新设计，将 18 种包装盒改为 2 种，然后改为 1 种良性生态包装，用来盛放运动鞋、滑雪板、太阳镜等商品。这种包装采用了一种开创性的折叠式设计，其结构中不使用重金属、油墨、胶水，并且每年为 NIKE 节约 8 000 t 纤维材料。

旧的包装盒作为再生原料，被投入到一个封闭循环系统的粉碎设备中处理。换句话说，在处理过程中，对周围环境不会造成污染。这些纸箱超出美国环保局所要求的环保标准。1998 年 5 月，新的粉碎设备被应用到纸箱生产中，提高了纸箱的性能。这些纸箱重量减小了 10%，但强度不变。仅此一项，每年可节约 4 000 t 的纤维原料。

在配送中心，NIKE 正在试验重新利用包装箱的可行性。由于是新技术纸板，这些纸箱不易被损坏，易于重新使用。

2. 配货包装的要求

（1）包装的适当化：即避免包装不足或包装过剩。

（2）包装的可靠性：即包装材料、技术、强度的可靠性。

（3）环境保护问题：即包装废弃物对环境造成污染时的处理问题。

（4）包装资源问题：即包装回收的再生利用问题。

（四）贴印标签

一般标签都附着在物品的外部或附着在物品包装容器的外部，用来说明物品的材料构成、产地、重量、生产日期、质量保证期、厂家联系方式、产品标准号、条形码、相关许可证、使用方法等商品重要的信息。

货物分类之前是否印贴标签，要看分货方式，有些方式不印贴标签，而是包装好再贴标签。配货印贴标签的作用是保证分货的准确、快速或识别货物的流向，所以标签信息主要体现这件货物要发送给哪一位客户（或门店）、哪一条线路、哪个区域等，以便分货识别。

（五）运至发货准备区、堆放

将货物按送货顺序堆放在发货准备区，等待装车出库。堆放时应遵循后送先装的原则。

在不同发车时序要求下需要发货准备区配合工作，方便车辆到达配送中心即可进行货物清点和装载作业，减少车辆等待时间。一般对发货准备区的管理如下：

- 按配送线路分区管理；
- 按配送区域分区管理；
- 按客户类型分区管理。

四、配货形式的选择

1. 拣选式配货

采用拣选式配货法，能够保证配货的准确无误，对某个客户来讲可以不受其他因素制约地进行快速配货，可以按客户要求的时间，调整配货的先后顺序，利于配送中心开展即时配送，增强对用户的保险能力，而且配好的货可以不经分放直接装到送货车上，有利于简化工序、提高效率。其适用范围如下：

（1）客户数量不多，但需要的种类较多，且每种商品需求数量差异较大。

（2）不同客户间需求的产品种类有较大的差异。

（3）客户临时的紧急需求。

（4）客户需求的大件商品。

拣选式配货法的主要优点是机动灵活，既可以采取机械化水平较高的工具作业，也可以实施人工操作。拣选工具可以是传送设备，也可以是一般作业车辆（汽车、手推车），甚至可以用人力进行拣选。适用于在配送工作开展初期或小型配送中心，客户不多且技术装备较差的情况，具体如表 6-4 所示。

表 6-4　拣选式配货的形式选择

拣选式配货的形式	作业内容
人工拣选配货	配货作业由人来进行，人、货架、集货设备（货箱、托盘等）配合完成配货作业，在实施时，由人一次巡回或分段巡回于各货架之间，按订单拣货，直至配齐
人工加手推作业车拣货配货	配货作业人员推车一次巡回或分散巡回于货架之间，按订单进行分拣，直至配齐。借助于半机械化的手推车作业，拣选作业量大、单品或单件较重、体积较大时。可以减轻配货作业人员的劳动强度
机动作业车拣货配货	配货人员乘车为一个客户或多个客户拣选配货，车辆上分放着各个客户的拣选容器，拣选的货物直接放入容器，每次拣选配货作业完成后，将容器内的货物放到指定的货位，或直接装卸到配送车辆上
传动输送带拣选配货	配货人员只在附近几个货位进行拣选配货，传动带不停地运转，分拣配货作业人员或按指令将货物取出放到传动输送带上，或放到输送带上的容器内
拣选机械拣选配货	自动分拣机或由人操作的叉车、分拣台车巡回于一般高层货架间进行拣选。或在高层重力式货架一端拣选

2. 分货式配货

采用分货式配货作业（及批量拣货），可以提高配货速度，节省配货的劳动消耗，提高劳动效率。尤其在当客户数量很多时，反复拣选会使工作异常重复和繁琐，这在采用分货作业是可以避免的。实行分货配货作业时，还需要注意分货配货作业的适用范围：

（1）客户数量多，且需求的商品种类有限，每种商品的需求数量也不大。

（2）各客户之间需求的商品种类差别不大。

（3）对客户配送时间没有严格限制。

（4）客户有比较稳定的需求计划。

（5）需要搬运的货物体积不大。

这种方式计划性较强，若干用户的需求集中后才开始分货，直至最后一种共同需要的货物分放完毕，各用户需求的配货才同时完成。与拣选式配货相比，可综合考虑，统筹安排，利用规模效益。适用于专业性强的配送中心，易形成稳定的用户和需求，货物种类也有限；也可用于商业连锁、服务业连锁、巨型企业内部供应配送，具体如表 6-5 所示。

表 6-5　分货式配货形式的选择

分货式配货的形式	作业内容
人工分货配货	在货物体积较小、重量较轻的情况下，人工从普通货架或重力式货架上一次取出若干个客户共同需求的某种货物，然后巡回于各客户配货货位之间，将货物按客户订单上的数量进行分放
人工加手推作业车分货配货	配货人员利用手推车至一个存货点将各客户共同需要的某种货物取出，利用手推车的机动性可在较大的范围内巡回分放配货
机动作业车分货配货	用台车平板作业车一次取出数量较多、体积和重量较大的商品，然后由配货人员驾车巡回分放配货

续表

分货式配货的形式	作业内容
传动输送带加人工分选配货	传动输送带的一端和货物储存点相接，另一端同客户的配货货位相接。传动输送带在运行过程中，一端集中取出各客户共同需要的货物，置于输送带上输送到各客户货位，另一端让配货作业人员取下该货位客户所需的货物
分货机自动分货配货	分货机在一端取出多客户共同需求的货物，随着分货机上输送带运行，按计算机预先设定的指令，在与分支机构连接处自动打开出口，将货物送到分支机构，分支机构的终点是客户集货货位
回转货架分货配货	回转货架可以看成若干个分货机的组合，当货物不多又适于回转货架储存时，可在回转货架出货处，一边从货架取货，一边向几个客户货位分货，直至配货完毕

【任务实施】

一、任务描述

CN 物流配送中心收到客户宜家、万福、远大客户发来的订货需求，在 4 月 20 日配送二批货物，送货上门，现已完成了订单的分拣作业，要求各配送部相关作业人员根据客户订单完成货物的配货作业。客户采购订单如下。

宜家公司采购订单						
订单编号：D04120503				订货时间：2020. 3. 12		
序号	商品名称	单位	单价（元）	订购数量	金额（元）	备注
1	休闲黑瓜子	箱	100	5	500	
2	小白熊奶嘴	箱	100	2	200	
3	亚太记事本	箱	100	3	300	
4	五粮液原浆	箱	100	4	400	
5	脉动维生素饮料青柠味	瓶	50	2	100	
6	康师傅冰红茶	瓶	50	2	100	
7	精品笔记本	本	50	1	50	
8	维达抽纸	包	50	1	50	
9	加多宝凉茶	罐	50	2	100	
10	姚记扑克牌	盒	50	2	100	
11	可口可乐	瓶	50	1	50	
12	雪碧柠檬味碳酸饮料	罐	50	2	100	
13	乐虎氨基酸维生素功能饮料	罐	50	1	50	
14	蒙牛酸酸乳草莓味	盒	50	1	50	
合计：				29	2150	

万福公司采购订单						
订单编号：D04120504				订货时间：2020.3.15		
序号	商品名称	单位	单价/元	订购数量	金额/元	备注
1	休闲黑瓜子	箱	100	4	500	
2	金多多营养米粉	箱	100	2	200	
3	婴儿纸尿裤	箱	100	2	200	
4	好娃娃薯片	箱	100	2	200	
5	芬达橙味汽水	瓶	100	2	200	
6	康师傅冰红茶	瓶	50	2	100	
7	心相印湿巾	包	50	1	50	
8	佳洁士牙刷	个	50	1	50	
9	精品笔记本	本	50	2	100	
10	姚记扑克牌	盒	50	2	100	
11	农夫山泉饮用水	瓶	50	1	50	
12	怡宝饮用纯净水	瓶	50	2	100	
13	乐虎氨基酸维生素功能饮料	罐	50	1	50	
14	娃哈哈无汽苏打水饮品	瓶	50	1	50	
合计：				25	1 950	

远大公司采购订单						
订单编号：D04120502				订货时间：2020.3.16		
序号	商品名称	单位	单价/元	订购数量	金额/元	备注
1	休闲黑瓜子	箱	100	3	300	
2	可乐年糕	箱	100	2	200	
3	亚太记事本	箱	100	3	300	
4	黄老五花生仁	箱	100	5	500	
5	一统方便面	箱	100	2	200	
6	芬达橙味汽水	瓶	50	1	50	
7	康师傅冰红茶	瓶	50	1	50	
8	脉动维生素饮料青柠味	瓶	50	2	100	
9	佳洁士牙刷	个	50	1	50	
10	心相印湿巾	包	50	2	100	
11	维达抽纸	包	50	2	100	
12	农夫山泉饮用水	瓶	50	1	50	
13	雪碧柠檬味碳酸饮料	罐	50	2	100	
14	乐虎氨基酸维生素功能饮料	罐	50	2	100	
15	娃哈哈无汽苏打水饮品	瓶	50	1	50	
合计：				30	2 250	

二、任务目标

（1）熟悉配货作业的形式及内容。
（2）掌握配货作业流程及操作重点。
（3）能够进行配货业务各环节的处理。
（4）培养学生吃苦耐劳、爱岗敬业的职业道德。
（5）通过分工合作，树立团队协作意识。

三、任务实施步骤

（1）学生按岗位分为4人一组，编制货物的点检单。
（2）分货：把分拣完毕的商品按用户或配送路线进行分类。
（3）配货检查：根据客户订货需求对拣送物品进行商品信息和数量的核对，以及对产品状态、品质进行检验。
（4）包装、打捆：为了便于配送，对已经配好的货物进行重新包装、打捆，以保护货物，便于配送到户时客户能方便识别各自的货物。
（5）贴印标签：在打包好的货物外包装上粘贴印有产品信息、收货信息及储运信息的标签，以便于客户及配送人员识别和正确操作。
（6）运到配货暂存区：将货物按送货顺序堆放在出库理货区，等待出库和发货，堆放时应遵循后送先装的原则。
（7）根据点检单对待出库货品逐一进行核对，确保与客户订货需求一致。
（8）组织小组自评和组间互评，并给出教师评价。
（9）进行实训总结，完成实训报告。

四、任务评价

配货作业实训评价表

班级		配送部（组名）	
考评内容	配货作业		
考评标准	内　　容	分值	实际得分
	点检单编制正确	10	
	分货正确	20	
	配货检查无遗漏、无差错	10	
	包装符合配送要求	15	
	标签信息清楚，标注准确，贴印位置正确	10	
	待出库货品堆放合理	15	
	核对货品信息正确，点检单填写规范	10	
	团队协作	10	
	合　　计	100	
存在的问题及改进措施			

同步练习

一、单选题

1. 在容器内壁和外表加涂各种涂料，如在布袋、塑料编织袋内涂树脂涂料，纸袋内涂沥青等的防潮技法，叫做（　　）。

A. 涂布法　　B. 涂油法　　C. 涂蜡法　　D. 涂塑法

2. 针对卷板的流通加工属于（　　）。

A. 为促进销售的流通加工　　B. 为实施配送进行的流通加工

C. 生产-流通一体化的流通加工　　D. 为弥补生产领域不足的深加工

3. 将蔬菜、肉类洗净切块以满足消费者要求的加工属于（　　）。

A. 为促进销售的流通加工　　B. 为实施配送进行的流通加工

C. 生产-流通一体化的流通加工　　D. 为弥补生产领域不足的深加工

4. 工业包装又称为运输包装，它不具备（　　）功能。

A. 方便物流　　B. 保护商品　　C. 信息携带　　D. 促进销售

5.（　　）指物品在从生产地到使用地的过程中，根据需要施加包装、分割、计量、分拣、刷标志、拴标签、组装等作业的总称。

A. 生产加工　　B. 社会加工　　C. 包装加工　　D. 流通加工

6. 为了美化商品、促进销售而进行的包装属于（　　）。

A. 内包装　　B. 外包装　　C. 销售包装　　D. 运输包装

7.（　　）是一种运输设备，是指具有一定规格和强度的专为运输周转使用的大型货箱，它既是包装容器又是一种有效的运输工具。

A. 托盘　　B. 船舱　　C. 集装箱　　D. 叉车

8.（　　）是指用于物品包装、分割、计量、分拣组装、价格贴附等作业的专业机械设备。

A. 包装设备　　B. 流通加工设备　　C. 运输设备　　D. 仓储设备

9. 流通加工是生产领域的延续，为满足客户及消费者的需要而进行的对商品外形变化的处理过程。下列不属于流通加工的活动是（　　）。

A. 分选加工　　B. 精制加工　　C. 合成加工　　D. 分装加工

10. 为了解决鲜肉、鲜鱼在流通中保鲜及装卸搬运的问题，采取低温冻结方式的加工。这属于（　　）。

A. 生鲜食品的冷冻加工　　B. 分选加工

C. 农副产品的精制加工　　D. 分装加工

二、多选题

1. 按包装功能分类，可以分为（　　）。

A. 单件包装　　B. 运输包装　　C. 销售包装　　D. 复合包装

2. 按包装技术方法分类有（　　）。

A. 防震包装　　B. 防湿包装　　C. 防锈包装　　D. 防霉包装

3. 包装的特殊技法主要有（　　）。

A. 缓冲包装技法　　B. 防潮包装技法　　C. 防霉包装

D. 防锈包装　　E. 集合包装

4. 流通加工与生产加工的区别主要体现在（　　）。

A. 加工对象　　B. 加工程度　　C. 价值变化

D. 加工责任人　　E. 加工目的

5. 下列属于集合包装的是（　　）。

A. 集装袋　　B. 牛奶瓶　　C. 集装箱　　D. 托盘

6. 茶叶包装的技术要求有（　　）。

A. 防潮　　B. 防氧化　　C. 防高温

D. 遮光　　E. 阻气

7. 配送中心订单发货包装的目的主要有（　　）。

A. 保证商品安全　　B. 降低包装成本　　C. 扩大销售　　D. 包装外表美观

8. 包装的功能主要有（　　）。

A. 节约成本　　B. 保护与盛载物品　　C. 促进销售　　D. 方便物流作业

9. 流通加工的作用主要有（　　）。

A. 完善流通功能　　B. 形成新的利润源泉

C. 提高原始产品的利用率　　D. 流通加工有利于合理运输

10. 下列哪些是不合理的流通加工形式（　　）。

A. 流通加工地点设置不合理

B. 流通加工方式选择不当

C. 流通加工作用不大，形成多余环节

D. 流通加工成本过高，效益不好

三、简答题

1. 请简述配送中心一般包装的技法要点。
2. 请列举三种流通加工的形式并说明其作用。
3. 合理化流通加工的措施都有哪些?

四、案例分析

京东的智能包装家族

“618 购物节”一结束，海量包裹陆续进入千家万户，而这背后，是包装箱、纸袋、塑料袋的大量消耗。中国是全球第一大快递国，2018 年快递总量超过 507 亿件，每一件快递都有相应的纸箱、塑料袋对其进行包装，加上暴力分拣、过度包装等问题，物流行业的包装浪费和消耗问题之严重是可想而知的。

在 2019 年的“618 购物节”中，京东物流智能包装家族悉数亮相，依托智能耗材推荐系统——精卫，磁悬浮打包机、气泡膜打包机、枕式打包机、对折膜打包机等 18 种智能设备的火力全开，实现了针对气泡膜、对折膜、纸箱等各种包装材料的统筹规划和合理使用，形成了软件硬件一体化的智能打包系统的解决方案，以目前的应用规模、处理场景来看，这在国内电商行业中尚属首例。如图 6-25 所示。

图 6-25　京东智能包装设备

智能包装系统是京东物流自主打造的，集软硬件于一体，覆盖几乎所有品类，360°全场景、全链路、闭环式的物流行业解决方案，是继竖亥、外骨骼机器人、单件分离系统、冷链货到人系统、秒收系统、IoT 分拣系统之后的又一次创新成果。

1. 智能打包“军团”全面集结

智能包装机是京东物流在智能设备的应用创新中颇具系统性、业务场景覆盖最广泛的智能应用之一，包括磁悬浮打包机、枕式打包机、对折膜打包机、气泡膜打包机等各类高效能的机器设备多达 18 种，它们能够忠实地执行“精卫推荐”发出的耗材使用指令。

在上海京东全流程无人仓中，自动扫描、自动打包、自动封箱、自动贴码等动作一气呵成，短短数秒内即可完成传统打包作业中的十几道工序。

在磁悬浮打包机的作业场景下，自动抓取纸箱、热熔胶技术、自动标签校验等技术的集成应用，使如图 6-26 所示。打包效率大大提升。

图 6-26　磁悬浮打包机作业

在图书打包机的作业场景下，员工只需要将一本本崭新的书放置在传输带上，自动打包机便可将它们塑封出库。如图 6-27 所示。

图 6-27　图书打包机作业

在有米面粮油的作业场景下，面对动辄二三十斤重的商品时，此前员工需要将商品反复搬运托举数次才能完成打包，而在自动打包机应用后，员工的劳动强度大大降低。

在订单处理的整个流程中，打包是极其关键且必不可少的一个环节。纸箱包装环节包含拆箱、封底、装箱、填充、封箱、贴标、校验等多个工序，流程繁琐、耗时耗力，京东物流应用智能打包机，可以通过视觉识别、机械手抓取、3D 视觉等先进技术实现自动包装操作，极大简化了人工操作流程，降低员工劳动强度的同时提升了运营效率，其效率是传统打包方式的 5~10 倍。同时，自动打包设备在一定范围内可按照商品的规格尺寸“量体裁衣”，避免纸箱、包装袋、胶带等多种耗材的浪费，让每一厘米的纸箱、每厘米的胶带都能够物尽其用，发挥其应有的价值。

2. “精卫推荐”+“自动打包”的全链路方案

京东物流的在库 SKU 已达千万级，涉及 3C、家电、母婴、快消、服饰、汽车等几乎所有品类，其包装耗材的种类、款式、用途也各不相同，目前，京东物流仓库内的包装箱、编织袋、泡沫箱、胶带、缠绕膜等的种类数多达 1 500 以上，单单包装箱这一类目之下，就有着几百种不同材质、不同尺寸可供选择。

仅仅靠传统的人工操作方式，要让每一个包装材料都物尽其用而不浪费是不可能的。京东物流给出的解决方案是，先由“精卫推荐”选择相应的包装耗材，再由智能包装机进行实景作业，实现打包的标准化、智能化。这样既能满足商品包装防护要求又能精准匹配订单规格。如图 6-28 所示。

“精卫推荐”是京东物流在包装耗材推荐方面的一项创新，可以根据不同订单类型自动计算与商品最匹配的耗材及型号，确保纸箱、手提袋的精确使用。数据显示，2019 年 3 月，北京某 3C 仓库，通过“精卫推荐”进行的耗材推荐准确率在 96.5%以上，切实实现了包装材料的降本增效。

京东物流设备规划部负责人王琨表示：“‘智能’和‘环保’是京东物流进行现代化物流基础设施建设的重要理念，京东物流希望在全球智能供应链基础网络（GSSC）的搭建中，与生态链上下游合作伙伴一起联动，以共创美好生活空间、共倡包容人文环境、共促经济科学发展为三大目标，共同建立全球商业社会可持续发展共生生态。”

图 6-28　京东智能包装作业

◆　**问题与思考**

1. 智能打包系统具有哪些优势？
2. 智能打包系统是如何实现绿色环保的物流理念的？

项目七　送货作业管理

知识结构图——送货作业管理

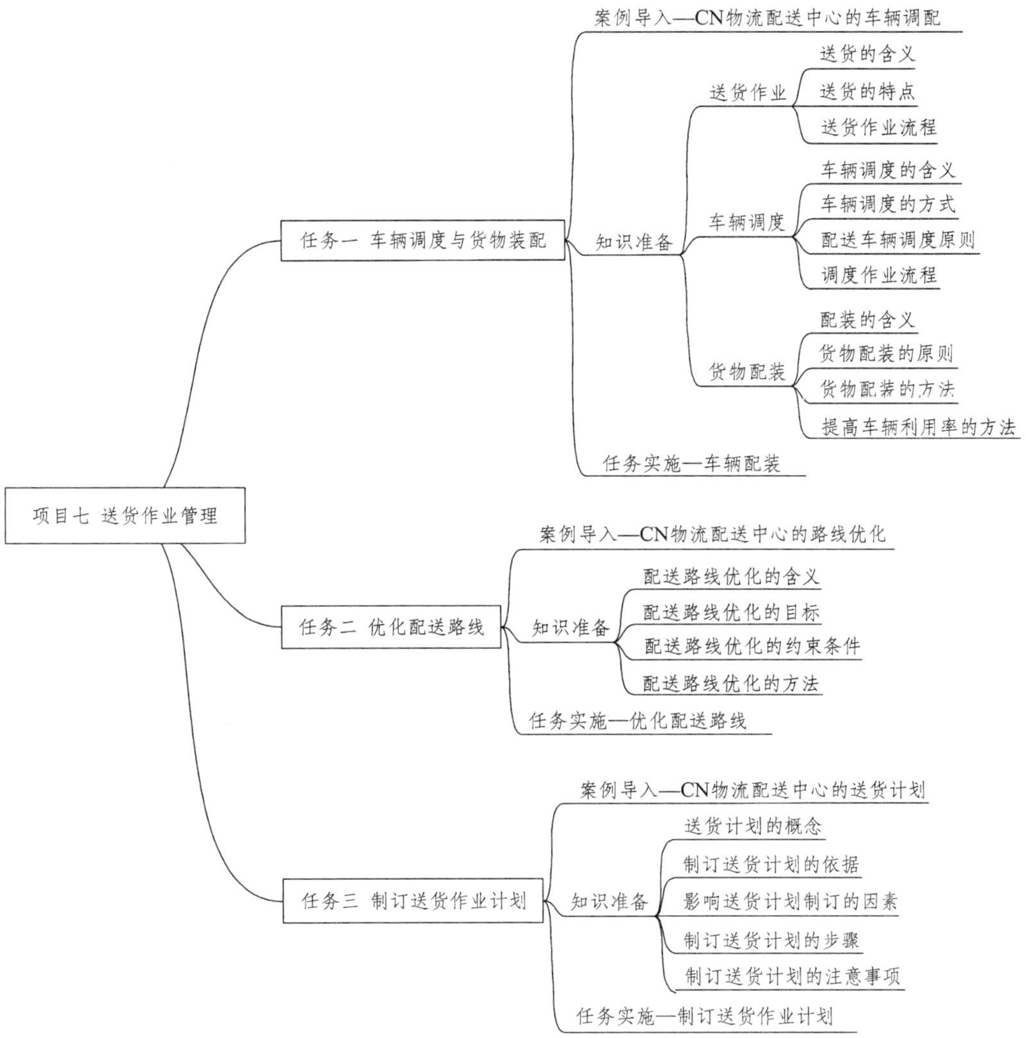

学习目标

1. 知识目标

（1）理解送货的概念、特点；

（2）明确车辆调度和配装的含义、目标、原则；

（3）掌握车辆配装的方法（经验配装法和容重配装法）;
（4）理解配送路线优化的含义、目标及约束条件;
（5）掌握配送路线优化的计算方法;
（6）熟悉送货计划制订的内容、依据和影响因素;
（7）掌握送货计划制订的步骤。

2. 能力目标

（1）能根据客户要求、车辆及货物的具体特征设计车辆的配装方案;
（2）能实施车辆配装作业，对配装方案进行可行性验证;
（3）能在配送中心与单个客户之间的线路中选择最短（时间或里程或综合成本）线路;
（4）能规划出单个配送中心向多个客户送货的优化路线;
（5）能根据客户要求、位置分布、车辆及货物特性优化配送路线，制订送货作业计划。

任务一　车辆调度与货物配装

【案例导入】——CN 物流配送中心的车辆调配

车辆调配在 CN 物流配送中心可理解为班车，即衔接两点（始发与目的）之间的运输线路，配合“运输路径”设置可决定订单路由，同时决定前台销售商品的配送。

班车设定要结合截单时间，车型、货量、时效、成本的分析，发车时间，在途时效，公里数，L 点经纬度提前维护综合考虑。市内的调拨线路优先使用 4.2 m 车型，线路日常体积、重量、包裹数量三者至少有一项需达到装载率标准的 60%。

合理使用车型，亏方不满载更换小车型；货量充足、日均发车频次达到 2 次及 2 次以上（9.6 m 以下车型）的，更换上大车型。车型载重和净空标准如表 7-1 所示。

表 7-1

车型	4.2 m	6.8 m	7.6 m	9.6 m	12.5 m	17.5 m
荷载重量/T	2.5	8	10	14	25	28
净空/m^3	15	38	42	55	75	125

【知识准备】

一、送货作业

1. 送货的含义

送货作业是利用配送车辆把用户订购的物品从制造厂、生产基地、批发商、经销商或配送中心，送到用户手中的过程。

2. 送货的特点

（1）时效性：快速及时，确保在客户指定的时间内交货。

（2）可靠性：配送运输的宗旨是将货物完好无损地送达目的地。

（3）沟通性：配送属于末端服务，通过送货上门服务直接与客户接触，是与客户沟通最直接的桥梁。

（4）便利性：配送以服务为目标，以最大限度地满足客户要求为优先，尽可能地让顾客享受到便捷的服务。

（5）经济性：降低配送成本。

3. 送货作业流程

配货完成后，就要根据客户订单、客户位置分布，结合配送车辆载重量及容积，在满足客户需求的同时要考虑管理成本、车辆运输成本、装卸成本等因素优化配送路线，制订送货作业计划；再根据配送计划进行车辆调度，指派车辆与装卸、送货人员；在选择合适的车辆的基础上提高车辆利用率，制订车辆配装方案并实施货物配装；根据优化的配送路线，在规定的时间及时而准确地将货物运送至客户手中，在运送过程中应注意加强对运输车辆的监管；当货物送达客户点后，送货人员应协助客户将货物卸下，放到指定位置，并与收货人员办理好交接手续；配送部门的车辆完成配送工作后，即要通知财务部门做好费用结算工作。图 7-1 为送货作业的一般作业流程。

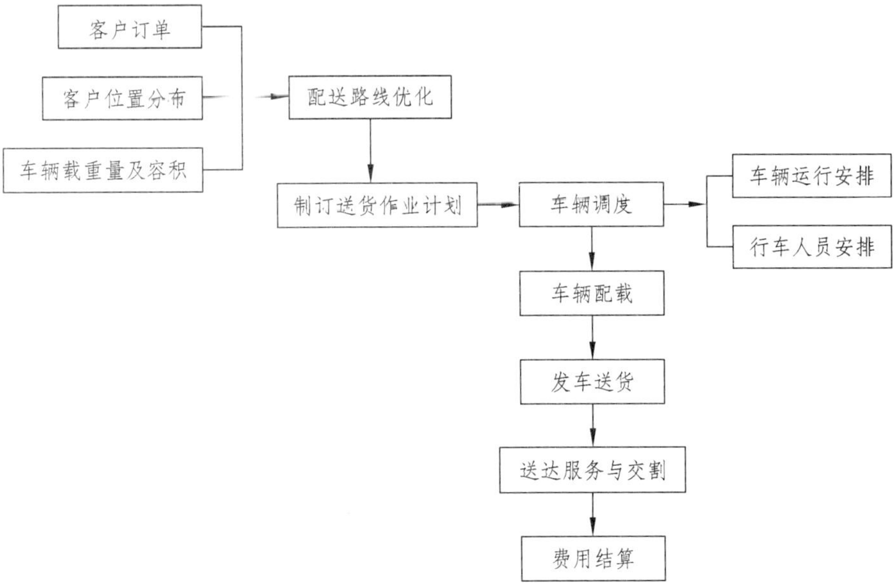

图 7-1　送货作业流程

二、车辆调度

（一）车辆调度的含义

车辆调度根据配送计划所确定的配送货物数量、特性、送货路线、行驶波次等计划内容，指派车辆、装卸与送货人员，下达运送作业指示和车辆配载方案，安排具体的装车与送货任务，并将发货明细单交给送货人员或司机。

（二）车辆调度的方式

1. 人工车辆调度

在线路优化的基础上调度车辆以满足配送作业要求，车辆可能为公司内部车辆，也可能是外协车辆。人工调度车辆情况下，由调度员根据生成的配送作业计划，统筹调度自有和社会车辆，满足作业需求。如需要临时加派车辆，可及时通过外协运输公司响应调度需求。

2. 智能化车辆调度

智能化车辆调度系统与 WMS 或配送管理系统集成，在完成配送作业计划后，根据配送线路优化和配载优化结果，估算车辆的需求数量时间、车型等，再根据运输服务供应商数据库优选供应商，生成车辆调度推荐任务单，经作业人员确认后系统自动下达给运输服务商，完成车辆调度。

（三）配送车辆调度原则

（1）合适原则。

① 合适的车型：配送调度人员根据货品的规格计算出各个配送区域的货品重量与体积，再考虑路线、货品的性质和包装等因素后确定车型和车辆数量。

② 合适的车辆来源：调度人员确定车型及车辆数量后，即可开始确定车辆来源。如果有车源供应商即可直接安排好装车时间、地点等；如果没有固定的车源供应商，需立即寻找车源以满足配送需要。

（2）邻近区域调度原则。

（3）最小成本原则。

（4）车辆最大容积率原则。

调整后的配送货品体积、重量不得超过配送车辆可承载的最大容积、重量。

（四）调度作业流程

调度作业流程如图 7-2 所示。

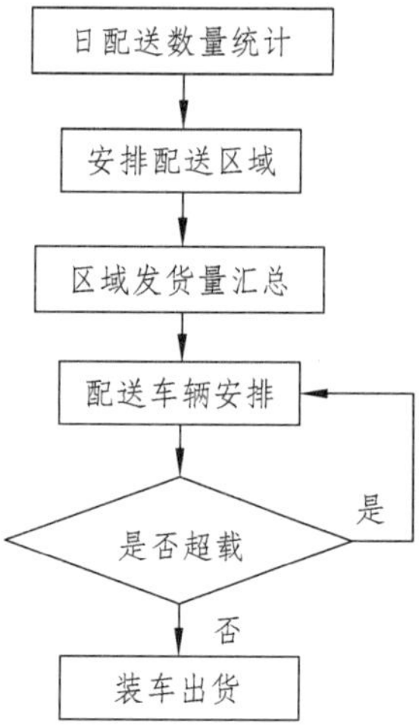

图 7-2　调度作业流程

1. 日配送数量的统计

调度员统计当天要货客户的名称与数量，并根据发货单信息统计每个客户所需配送的货品数量。

2. 安排配送区域

按照业务量或行政区原则划分配送区域。

3. 区域发货量汇总

按照确定的配送区域汇总各个配送区域货品的总量。

4. 配送车辆安排

根据各区域的货品总量安排配送车辆。装车时调度员需检查车辆计划装载量是否超出车辆的额定载重及体积。如果出现超载，需调整装载计划以满足发货需要。

5. 装车出货

配送员在货品装车后依照指定的配送线路实施配送作业。

三、货物配装

（一）配装的含义

配装也称为配载，是指充分利用运输工具的载量和容积，采用先进先出的装载方法，合理安排货物的装载。

（二）货物配装的原则

影响货物配装的因素很多：货物特性因素，如轻泡货物吨位利用率较低，不能充分利用运力；货物包装情况，如车厢尺寸与货物包装容器的尺寸不成整倍数关系，则无法装满车厢；货物无法拼装运输，如有些危险品必须减载运送才能保证安全；由于装载技术的原因，导致不能装足吨位。因此，在保证质量与数量完好的前提下，尽可能提高车辆的装载率和车辆的利用率，节省运力，降低配送成本，在进行车辆配装时，应遵循以下原则：

（1）轻重搭配、大不压小、货物性质一致原则。

（2）到达同一地点的适合配装的货物应尽可能一次积载。

（3）先送后装的原则。

（4）外观相近，容易混淆的货物尽量分开装载。

（5）积载时不允许超过车辆所允许的最大载重量。

（6）积载时车厢内货物重量应分布均匀。

（7）应防止车厢内货物之间碰撞、相互玷污。

（8）装载易滚动的卷状、桶状货物要垂直摆放。

（9）货与货之间、货与车辆之间应留有空隙并适当衬垫。

（10）装货完毕，应在门端处采取适当稳固措施，以防开门卸货时，货物倾倒砸伤人员或造成货损。

（三）货物配装的方法

1. 经验配装法

配送作业由于货物的重量、体积以及包装形式各异，具体车辆的配载要根据客户要求结合货物及车辆的具体情况综合考虑。配载过程中由于货物特征千变万化，车辆及客户要求也各有不同，因此装货人员常常根据以往积累的装货经验进行配载。采用经验法配载时，要考虑装入货物的总体积不能超过车辆的有效容积，货物的总重量不能超过车辆额定载重量。

2. 容重配装法

除经验配装法外，在货物种类较少、货物特征明显及客户要求相对简单的情况下，可以尝试用容重配装简单计算法来进行车辆配载。在车辆装载时，一般容重大（比重大）的货物（如金属类货物）往往装载到车辆最大载重量时，车辆的容积空间剩余还较多；容重小（比重小）的货物（如服装、箱包等）装满车厢时，车辆的最大载重量还没有达到；这两种情况都会造成运力的浪费。因此，可以采用容重法将两者进行配装，达到充分利用运力的效果。

假设某配送中心有两种货物需要配送，A 货物容重为 Ra kg/m³，单件货物体积为 Va m³，B 货物容重为 Rb kg/m³，单件货物体积为 Vb m³，车辆额定载重量为 G t，车辆最大容积为 V m³。考虑到 A、B 货物尺寸的组合不能装满车厢空间，设车辆有效容积为 $V\times90\%$，既要满载又要满容，计算最佳配装方案。

解：设 A 货物装入 x 件，B 货物装入 y 件，则可得方程组如下：

$$\begin{cases} xVa+yVb=V\times90\% \\ yRaVa+yRbVb=G \end{cases}$$

求解这个方程组，得到 x、y 的数值即为 A、B 两种货物装车的数量。

这个方程组只适用于两种货物的配载，如果在配装货物种类较多、车辆种类也较多的情况下，可以先从所有待配载的货物中选出体积（或重量）最大和体积（或重量）最小的两种货物进行配载；然后根据剩余车辆载重与空间，在其他待装货物中再选出体积（或重量）最大和体积（或重量）最小的两种进行配装。依此类推，直至车辆满载或满容。

在实际工作中常常不可能每次都得到最优的配载方案，只能先将问题简单化，节约计算时间，简化配装要求，然后逐步优化找到接近于最优方案的可行方案。这样可以加快配载装车速度，通过提高配载的效率来弥补可行方案与最优方案之间的成本差距，体现综合优化的思想。

（四）提高车辆利用率的方法

（1）研究各类车厢的装载标准，不同货物和不同包装体积的合理装载顺序，努力提高装载技术和操作水平，力求装足车厢核定吨位。

（2）根据客户所需的货物品种和数量，调派适宜的车型承运。

（3）凡是可以进行拼装运输的，尽可能选择拼装运输，但要注意防止差错出现。

【任务实施】

一、任务描述

CN 物流配送中心收到客户宜家、万福、远大客户发来的订货需求，在 4 月 20 日配送三批货物，送货上门，现已完成了订单的配货作业，要求各配送部相关作业人员根据客户订单完成货物的配装作业。配送商品和配送车辆的信息如下。

（一）配送商品信息

配送商品信息如表 7-2 所示。

表 7-2　配送商品信息一览表

客户名称	需求商品情况					
	品名	单位	包装规格（mm）	数量	重量（kg/箱）	需求时间
宜家公司	休闲黑瓜子	箱	395×295×275	5	8	4月20日上午12点
	小白熊奶嘴	箱	295×245×240	2	9	
	亚太记事本	箱	220×180×160	3	2	
	五粮液原浆	箱	330×235×240	4	10	
	小件货品	箱	600×400×150	1	7	
万福公司	休闲黑瓜子	箱	395×295×275	4	8	4月20日上午10点
	金多多营养米粉	箱	460×260×180	2	11	
	婴儿纸尿裤	箱	398×272×180	2	9	
	好娃娃薯片	箱	345×285×180	2	12	
	小件货品	箱	600×400×150	1	7	
远大公司	休闲黑瓜子	箱	395×295×275	3	8	4月20日中午11点
	可乐年糕	箱	330×235×180	2	9	
	亚太记事本	箱	220×180×160	3	2	
	黄老五花生仁	箱	395×245×265	5	12	
	一统方便面	箱	460×260×230	2	8	
	小件货品	箱	600×400×150	1	7	

（二）配送车辆信息

1. 大车规格

车厢内尺寸：长 1.55 m、宽 0.96 m、高 0.83 m。
车辆外尺寸：长 1.60 m、宽 1.03 m、高 0.89 m；
车厢侧拉门 1 个、后双开门 1 个。
载重：3 t。

2. 小车规格

车厢内尺寸：长 1.35 m、宽 0.90 m、高 0.88 m。
车辆外尺寸：长 1.41 m、宽 0.97 m、高 0.94 m。
车厢侧拉门 1 个、后双开门 1 个。
载重：2 t。
以上数据误差范围为±0.02 m。

（三）车辆使用成本

（1）大车：500 元。
（2）小车：300 元。

二、任务目标

（1）熟练掌握配装计算的方法。
（2）明确车辆配装的原则及注意事项。
（3）能够根据客户要求及车辆货物的具体情况，设计最优的配装方案。
（4）能够根据配装方案，熟练进行车辆配装。
（5）培养学生利用熟悉工具科学设计，精益求精的职业精神。
（6）通过分工合作，树立团队协作意识。

三、任务实施步骤

（1）学生按岗位分为 4 人一组，根据配送商品信息一览表和配送车辆信息，结合配装的原则，以小组为单位设计配装方案。
（2）根据每组设计的配装方案，到实训中心进行车辆配装，验证方案的可能性。
（3）装卸车时要踩下刹车，装卸车完毕要关好门并插好插销。
（4）组织小组自评和组间互评，并给出教师评价。
（5）进行实训总结，完成实训报告。

四、任务评价

车辆配装实训评价表

班级		配送部（组名）	
考评内容	车辆配装		
考评标准	内　　容	分值	实际得分
	配装方案设计合理	30	
	车辆配装操作规范	30	
	配装方案可行	30	
	团队协作	10	
	合　　计	100	
存在的问题及改进措施			

任务二　优化配送路线

【案例导入】——CN 物流配送中心的路线优化

CN 送货员在配送商品时，按照公司要求优先送冷链商品。如果有顾客来电催送，优先送催送订单。若无加急订单，根据当天到货商品的地址，按照距离排序，由远到近或者由近到远派工配送，前期送货员会手工在派工单上备注序号，按照排序配送。而现在，只要开启手机的 GPS 定位服务，并同时保证此应用（即手持，CN 快递 App）允许访问位置信息，手持即可根据派工扫描的订单信息规划配送路线，此线路规划是由近到远，准确率一般可以达到85%以上。配送中严格按照订单地址送货，不得在马路边、医院门口、火车站等场所随便将商品交予顾客。

【知识准备】

一、配送路线优化的含义

配送线路优化就是整合影响配送运输的各种因素，适时适当地利用现有的运输工具和道路状况，及时、安全、方便、经济地将客户所需的商品准确地送达客户手中。

在配送运输线路设计中，需根据不同客户群的特点和要求，选择不同的线路设计方法，最终达到节省时间、运距和降低配送运输成本的目的。

二、配送路线优化的目标

无论采用哪种方法配送，都必须根据想要达到的明确目标以及实现该目标的限制因素来确定配送路线的原则。根据配送的具体要求、配送企业的实力以及客观条件来确定所要选择的目标。可供选择的目标主要有以下几个。

1. 效益最高

这种目标是指以企业的利润值尽可能大为目标，选择以效益最高为目标主要考虑的是当前效益，同时也兼顾长远效益。由于效益是企业各项经济活动的综合体现，单纯与配送路线建立联系并不能客观真实反映对效益的确切影响，因此一般很少采用这一目标。

2. 成本最低

计算成本比较困难，但配送路线与配送成本之间有密切的关系，计算配送路线的送货成本相对效益目标而言相对简化，具有可操作性，是比较实用且常用的选择目标。

3. 路程最短

如果成本和路程的相关性较强，而和其他因素微相关时，可以路程最短为目标，这样不仅可以大大简化计算，而且可以避免许多难以估量的影响因素。需要注意的是，有时候路程最短并不见得成本最低。如果道路条件、道路收费影响了成本，单以最短路程为最优解是不合适的。

4. 吨公里最小

吨公里最小在长途运输时常被作为要实现的目标，在有多个发货站且是整车发到的情况下，选择以吨公里最低为目标可以取得满意的结果。该目标通常在采取共同配送方式时被选择。

5. 准时性最高

准时性是配送中重要的服务指标，以准时性为目标确定配送路线就是要将各客户的时间要求和运送先后次序的安排协调起来，这样有时难以顾及成本问题，甚至需要牺牲成本来满足准时性要求。当然，在这种情况下成本也不能失控，应有一定的限制。

6. 运力利用最合理

在运力非常紧张，运力与成本或效益又有一定关系时，为节约运力，充分运用现有运力，无须外租车辆或新购车辆，此时可以运力安排为目标，确定配送路线。

7. 劳动消耗最低

以油耗最低、司机人数最少、司机工作时间最短等劳动消耗为目标确定配送路线也有所应用，这是在某些特殊情况下（如供油异常紧张、油价非常高、意外事故导致人员减员、某些因素限制了配送司机人数等）必须选择的目标。

三、配送路线优化的约束条件

无论是选择哪个目标还是实现哪个目标，都是有一定的约束条件的，只有在满足这些约束条件的前提下才能实现这些目标。一般在进行配送路线的选择时，有以下几个约束条件：

（1）满足所有收货人对货物品种、规格以及数量的要求。

（2）满足收货人对货物发到时间范围的要求。

（3）在交通管制允许通行的时间内进行配送。

（4）各配送路线的货物量不得超过车辆容积和载重量的限制。

（5）在配送中心现有送货运力资源允许的范围内。

四、配送路线优化的方法

根据送货作业的实际情况，送货业务中最多出现的是以下两种情况：从单个配送中心向单个客户往返送货，及从单个配送中心向多个客户循环送货后返回。这两种情况的配送线路最短路线设计可以归结为两类问题，即两点间最短路线问题和单起点多回路最短路线问题。

（一）直送式配送路线优化的方法——最短路径设计

直送式配送运输，是指由一个供应点对一个客户的专门送货。直送式客户的基本条件是其需求量接近于或大于可用车辆的额定重量，需专门派一辆或多辆车一次或多次送货。

直送情况下，货物的配送追求的是多装快跑，选择最短配送线路，以节约时间、费用，提高配送效率。即直送问题的物流优化，主要是寻找物流网络中的最短线路问题。常见优化方法为最短路径设计，主要特点是以起始点为中心向外层层扩展，直到扩展到终点为止。

举例讲解

图 7-3 是某配送中心与一个客户之间的公路网络示意图，*O* 起点为配送中心所在位置，*P* 终点为客户所在位置，其他的 *A*、*B*、*C*、*D* 各点代表从 *O* 到 *P* 途中要经过的节点，节点与节点之间有线路连接，线路上标明了两个节点之间的距离，以运行时间（min）表示（当然也可以用距离表示）。现在要在该图找出一条从配送中心（*O* 起点）到客户（*P* 终点）之间的最短路线。

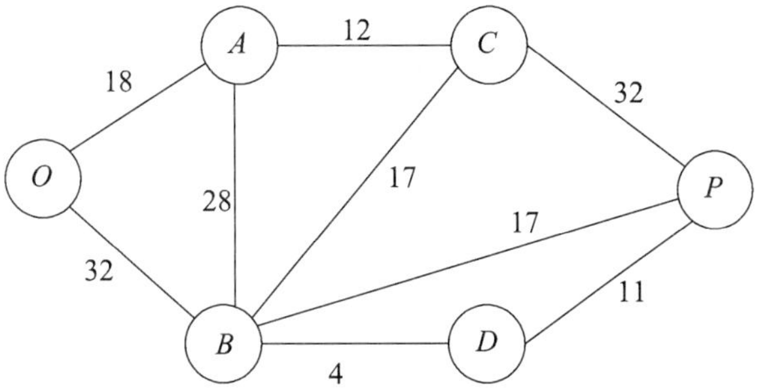

图 7-3　配送中心与客户之间的公路网络示意图

（1）解题思路如下。

始发点作为已解点，计算从始发点开始；

第 n 个迭代的目标。寻求第 n 个最近始发点的节点，重复 $n = 1, 2, \cdots$，直到最近的节点是终点为止。

第 n 个迭代的输入值。（n–1）个最近始发点的节点是由以前的迭代根据离始发点最短路线和距离计算而得的。这些节点以及始发点被称为已解的节点，其余的节点是尚未解的点。

第 n 个最近节点的候选点。每个已解的节点由线路分支通向一个或多个尚未解的节点，这些未解的节点中有一个以最短路线分支连接的是候选点。

第 n 个最近的节点的计算。将每个已解的节点及其候选点之间的距离和从始发点到该已解节点之间的距离加起来，总距离最短的候选点即是第 n 个最近的节点，也就是始发点到达该点最短距离的路径。

（2）解题步骤如下。

最短路径设计法解题步骤如表 7-3 所示。

表 7-3　最短路径设计法解题步骤

步骤	已解节点	与该已解节点直接连接的未解节点	对应线路	对应总运行时间	最短路线时间/min	新增的已解节点	选中的路径
1	*O*	*A*	*OA*	18	18	*A*	*OA*
		B	*OB*	32			
2	*O*	*B*	*OB*	32	30	*C*	*OAC*
	A	*C*	*OAC*	30			
		B	*OAB*	46			
3	*O*	*B*	*OB*	32	32	*B*	*OB*
	A	*B*	*OAB*	46			
	C	P	*OACP*	62			
		B	*OACB*	47			
4	*O*	无	无	无	36	*D*	*OBD*
	A	无	无	无			
	C	P	*OACP*	62			
	B	*D*	*OBD*	36			
		P	*OBP*	49			

续表

步骤	已解节点	与该已解节点直接连接的未解节点	对应线路	对应总运行时间	最短路线时间/min	新增的已解节点	选中的路径
5	*O*	无	无	无	47	*P*	*OBDP*
	A	无	无	无			
	C	P	*OACP*	62			
	B	P	*OBP*	49			
	D	P	*OBDP*	47			

（3）最终计算结果：规划出的最短路线——*OBDP*，运行时间 47 min。

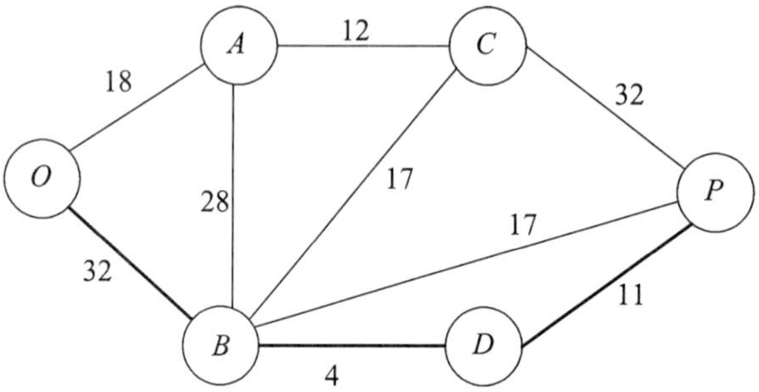

图 7-4　配送中心到客户的最短路径

（二）分送式配送路线优化的方法——节约里程法

分送式配送运输，是指由一个供应点对多个客户的共同送货。分送式客户的基本条件是同一条线路上所有客户的需求量总和不大于一辆车的额定载重量，送货时，由这一辆车装着所有客户的货物，沿着一条最佳路线依次将货物送到客户手中。解决单起点多回路最短路线问题最常用的方法是“节约里程法”，它是形成人工和计算机计算单起点多回路最短路线的基础。

1. 节约里程法的适应条件

（1）由配送中心向多位客户开展拼装送货。

（2）每位客户的送货量都不能满足车辆的满载。

（3）要考虑客户要求的交货时间（即一条线路的送货总里程不能太长，否则会影响向客户交货时间的准确性）。

2. 节约里程法的配送效果

（1）能使配送车辆满载运输。

（2）能使配送运输路线距离最短。

3. 节约里程法的原理

节约里程法又称车辆运行计划法（VSP，Vehicles Scheduling Program）。适用于实际工作中为求得较优解或最优的近似解时采用。它的基本原理是三角形的一边之长必定小于另外两边之和。位置分布如图 7-5 所示。

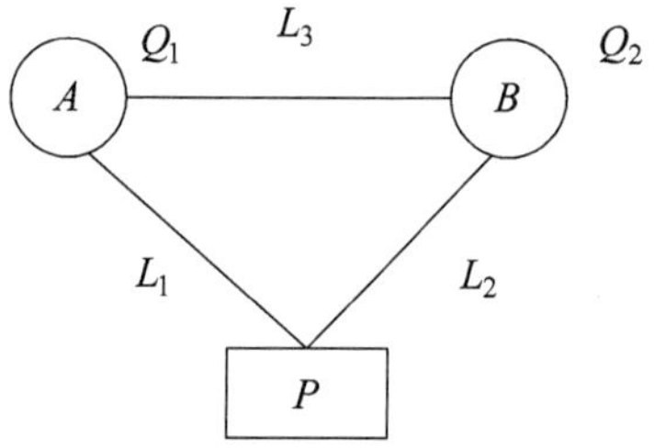

图 7-5　配送中心与客户位置分布图

图中 P 为配送中心，A、B 为两个客户，L_1、L_2、L_3 分别表示配送中心 P 到客户 A、客户 B 以及客户 A、B 之间的距离，Q_1、Q_2 为客户 A、B 的需求量。配送路线有两种：一是利用配送车辆（一辆或两辆）分别为客户 A、B 配送，此时，车辆运行距离为 $2L_1 + 2L_2$，如图 7-6（1）所示；二是使用一辆车巡回配送，运行距离为 $L_1 + L_2 + L_3$，如图 7-6（2）所示。

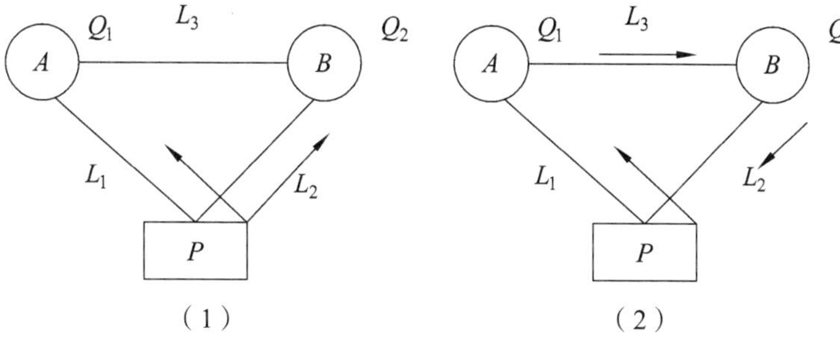

图 7-6　配送中心配送路线的选择

两种配送路线运行距离比较：$\triangle L=(2L_1 + 2L_2)-(L_1 + L_2 + L_3)=L_1 + L_2-L_3$，由于三角形的两边之和总是大于第三边，因此$\triangle L>0$，第二种路线巡回送与第一种分别往返送的运行距离短。为使配送所节约里程，可根据用户要求、道路条件等设计几种巡回配送方案，再计算节约里程，以其中节约里程最大者为优选的配送方案。节约里程法可对所有配送地点计算其节约里程，按节约量的大小顺序，优选确定配送路线。

举例讲解

高新物流配送中心 P_0 向 5 各客户配送货物，其配送路线、配送中心与客户之间的距离如图 7-7 所示。括号内数字表示客户的需求量（t），路线上的数字表示两点之间的距离（km）。配送中心有 2t 和 4t 载重量的货车可用，且一次行驶里程不能超过 40 km。试利用节约里程法制订最优的配送方案。

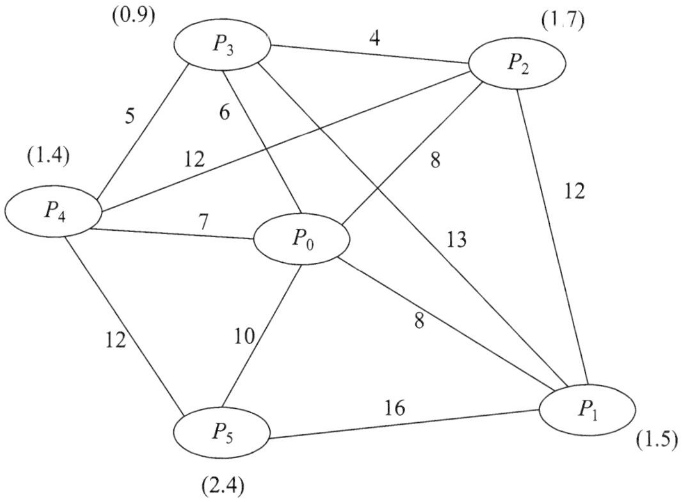

图 7-7　配送网络示意图

解：（1）计算配送中心至各客户及各客户之间的最短距离，结果如表 7-4 所示。

表 7-4　最短距离表

	P_0	P_1	P_2	P_3	P_4	P_5
P_0		8	8	6	7	10
P_1			12	13	15	16
P_2				4	9	18
P_3					5	16
P_4						12
P_5						

（2）由上述最短距离表，计算出由配送中心 P_0 到各客户之间的节约里程，并编制节约里程表，如表 7-5 所示。

表 7-5　节约里程表

	P_1	P_2	P_3	P_4	P_5
P_1		4	1	0	2
P_2			10	6	0
P_3				8	0
P_4					5
P_5					

备注：计算结果有正有负，节约里程数为负数时，无实际意义，在表内写“0”。

（3）根据节约里程表中节约的多少，由大到小进行排列，编制节约里程排序表，如表 7-6 所示。

表 7-6　节约里程排序表

序号	里程	节约里程	序号	里程	节约里程
1	$P_2—P_3$	10	6	$P_1—P_5$	2
2	$P_3—P_4$	8	10	$P_1—P_3$	1
3	$P_2—P_4$	6	11	$P_1—P_4$	0
4	$P_4—P_5$	5	11	$P_2—P_5$	0
5	$P_1—P_2$	4	11	$P_3—P_5$	0

（4）根据节约里程表和配车（车辆的载重与容积）、车辆行驶里程等约束条件，绘制配送路径，如图 7-8 所示。

最终的配送方案如下：

（1）配送路线 A：$P_0\rightarrow P_4\rightarrow P_3\rightarrow P_2\rightarrow P_0$

运量：Q_A=1.7+0.9+1.4=4 t

行走距离：S_A=8+4+5+7=24 km

则：选择最大载重量为 4 t 的车运送，节约里程 18 km；

（2）配送路线 B：$P_0 \rightarrow P_1 \rightarrow P_5 \rightarrow P_0$

运量：Q_B=1.5+2.4=3.9 t

行走距离：S_B=8+10+16=34 km

则：选择最大载重量为 4 t 的车运送，节约里程 2 km，此次配送共节约里程 20 km。

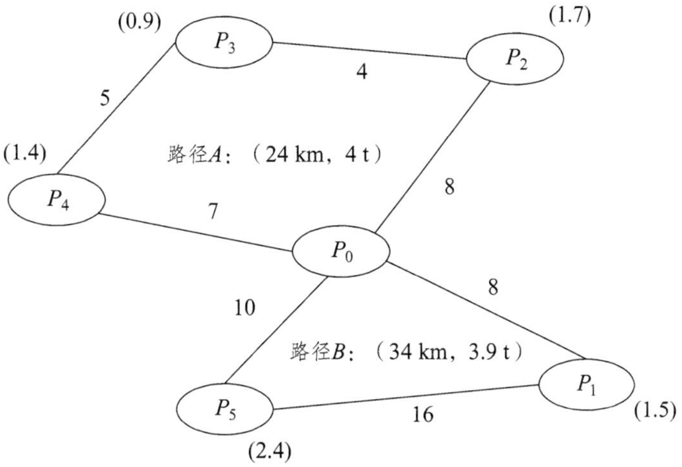

图 7-8　配送路径图

【任务实施】

一、任务描述

CN 配送中心 P 向 $A \sim I$ 共 9 个客户配送货物，其配送路线、配送中心与客户之间的距离如图 7-9 所示。括号内数字表示客户的需求量（t），路线上的数字表示两点之间的距离（km）。配送中心有 2 t 和 4 t 载重量的货车可用，且一次巡回行驶里程不能超过 35 km。请各配送部利用节约里程法制订最优的配送路线。

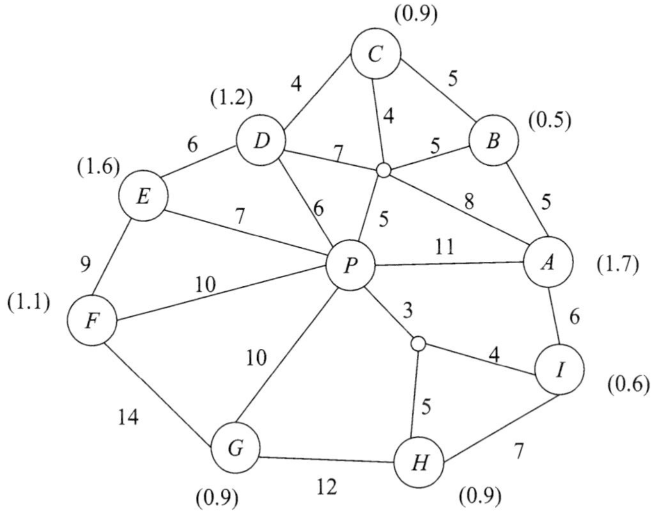

图 7-9　配送网络示意图

二、任务目标

（1）熟练掌握配送路线优化的方法。

（2）能规划出单个配送中心向多个客户送货的优化路线。

（3）培养学生高效节约、低碳环保的社会责任和社会担当。

（4）通过分工合作，树立团队协作意识。

三、任务实施步骤

（1）学生以组建的配送部为单位，根据配送网络示意图进行数据分析。

（2）计算配送中心至各用户及各用户之间的最短距离。

（3）由上述最短距离表，计算出由配送中心 P 到各用户之间的节约里程，并编制节约里程表。

（4）根据节约里程表和配车（车辆的载重与容积）、车辆行驶里程等约束条件，绘制配送路径。

（5）组织小组自评和组间互评，并给出教师评价。

（6）进行实训总结，完成实训报告。

四、任务评价

优化配送路线实训评价表

班级		配送部（组名）	
考评内容	优化配送路线		
考评标准	内　　容	分值	实际得分
	最短距离表计算正确	20	
	节约里程表计算正确	30	
	节约里程排序正确	20	
	配送路径绘制正确	20	
	团队协作	10	
	合　　计	100	
存在的问题及改进措施			

任务三　制订送货作业计划

【案例导入】——CN 物流配送中心的送货计划

CN 末端配送全国 90%的地区可以享受当日达或次日达服务。在电商大件时效和小件时效上，处于绝对领先地位，同时，提供精准正逆向和极速正逆向产品——准时达、即时配、准时取、急速取，满足用户指定时间段或即时退货的需求；通过“CN 服务专区 + 自提柜 + 快递点”三种基础站点组合的形式，建设多层次全场景的末端服务网络服务场景，提供给用户更近更准也更有温度的社区式一站服务。

以成都地区为例，顾客在 11：00 之前下单，同城调拨会在 13：30 发车，将货物送达指定的快递点，下午即可送达；在当天 11：00~23：00 下单，第二天早上即可送达。

【知识准备】

一、送货计划的概念

送货作业部门需要预先对送货任务进行估计并实时调度，主要内容应包括配送的时间、车辆选择、货物装载以及配送路线、配送顺序、预算等的具体选择。

二、制订送货计划的依据

（1）客户订单。

客户订单对配送商品的品种、规格、数量、送货时间、送达地点、收货方式等都有要求，因此客户订单是制订配送计划最基本的依据。

（2）客户分布、送货路线、送货距离。

客户分布是指客户的地理位置分布。客户位置距配送据点的距离长短，配送据点到达客户收货地点的路径选择，直接影响配送成本。

（3）配送货物的体积、形状、重量、性能、运输要求。

配送货物的体积、形状、重量、性能、运输要求，是决定运输方式、车辆种类、载重、容积、装卸设备的制约因素。

（4）运输、装卸条件。

道路交通状况、送达地点及其作业地理环境、装卸货时间、气候等对配送作业的效率也有相当大的约束作用。

三、影响送货计划制订的因素

（一）配送对象

不同的客户其订货量不同，出货形式也不尽相同，从而影响到理货、拣货、配货、配装、包装、送货、服务与信息等作业在人员、设备、工具、效率、时间和成本等方面的不同。因此，配送计划的内容也会不同，如表 7-7 所示。

表 7-7　配送对象对送货计划的影响表

出货形态	$P>P$	$P<C$	$P>C$	$C>B$	$P>C$	$C>B$
其对应的形态	整托盘出货	小部分为整箱出货	60%属于整箱出货	30%属于拆箱出货	30%属于整箱出货	70%属于拆箱出货
配送对象	订货量较大（分销商、配送中心及连锁门店）				订货量较小（便利店、平价商店）	

（二）配送物品种类

配送中心处理的货物品项数，多的达几千种甚至上万种，少的则有数几十种甚至上百种，品种数不同，复杂性与困难性也不同。此外，配送中心所处理的货物种类不同，其特性也不完全相同。因此，配送部在编制配送计划时，应充分了解所配送物品的种类。

（三）配送数量或库存量

配送中心的出货数量、库存量或库存周期，不仅影响配送中心的作业能力和设备的配置，也会影响对配送中心的面积和空间的需求。

（四）配送物品价值

配送计划预算或结算时，配送成本的计算往往会按物品的比例进行。如果物品的价值高则其百分比相对会比较低，客户能够负担得起；如果物品的单价低则其百分比相对会比较高，客户会感觉负担较重。

（五）物流渠道

制订物流配送计划时，公司应根据配送中心在物流渠道中的位置和上下游客户的特点进行规划。物流渠道一般有以下四种模式。

（1）生产企业→配送中心→分销商→零售商→消费者。

（2）生产企业→分销商→配送中心→零售商→消费者。

（3）生产企业→配送中心→零售商→消费者。

（4）生产企业→配送中心→消费者。

（六）物流服务水平

衡量物流服务水平的指标主要包括订货交货时间、货品缺货率和增值服务能力等。配送中心应针对客户的需求，制定一个合理的服务水准，使配送服务与配送成本均衡，让现客户满意。

（七）物流交货期

物流交货期是指从客户下订单开始，经过订单处理、库存查询、集货、流通加工、分拣、配货、装车、送货后，到达客户手中的这段时间。

物流的交货时间依厂商的服务水准不同，可分为 2 h、12 h、24 h、2 d、3 d、7 d 等。

四、制订送货计划的步骤

制订送货计划的步骤如图 7-10 所示。

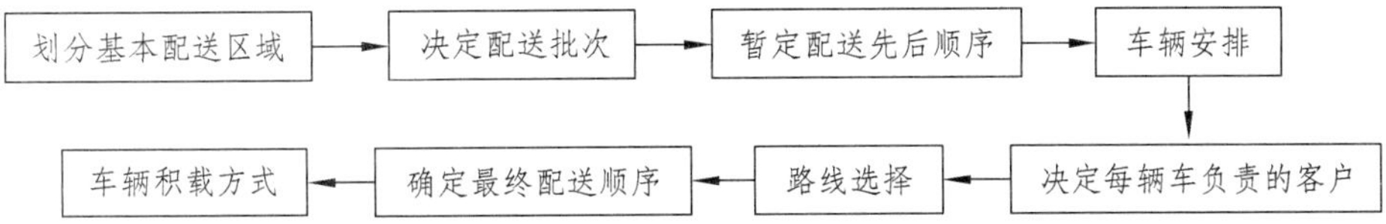

图 7-10　制订送货计划的步骤

（一）划分基本配送区域

首先对客户所在地的具体位置做系统统计，并将其作区域上的整体划分，再将每一个客户纳入不同的基本配送区域之中，以作为配送决策的基本参考。

（二）决定配送批次

由于配送货物品种、特征的差异，为了提高送货效率、确保货物品质，在接到客户订单后，应首先对货物分类，确定送货方式或运输工具。然后，根据货物的轻重缓急，做好车辆的初步配装工作。

（三）暂定配送先后顺序

根据客户订单的交货期要求，大致确定送货的先后次序，为后续车辆积载做准备工作。有效地保证送货时间，提高运作效率。

（四）车辆安排

车辆安排要解决的问题是安排什么类型、吨位的配送车辆，是确定应使用自用车还是外雇车。

（五）决定每辆车负责的客户

配送车辆的安排好后，每辆车所负责的客户点的数量也就明确了。

（六）路线选择

知道了每辆车需负责的客户点后，根据各客户点的位置关联性及交通状况来做送货路线的选择，从而以最快的速度完成这些客户点的配送。

（七）确定最终的配送顺序

做好车辆的调配及配送路线的选择后，根据各车辆的配送路线即可将客户的配送顺序确定下来。

（八）车辆积载方式

确定了客户的配送顺序，接下来就是如何将货物装车和以什么次序装车的问题。原则上，知道了客户的配送先后顺序，只要将货物按照“先送后装”原则装车即可，但有时为充分利用空间，可能还要考虑货物的性质、形态、体积及重量等来做弹性置放。此外，这些货物的装卸方式也有必要根据货物的性质、形态等来决策。如图 7-11 所示。

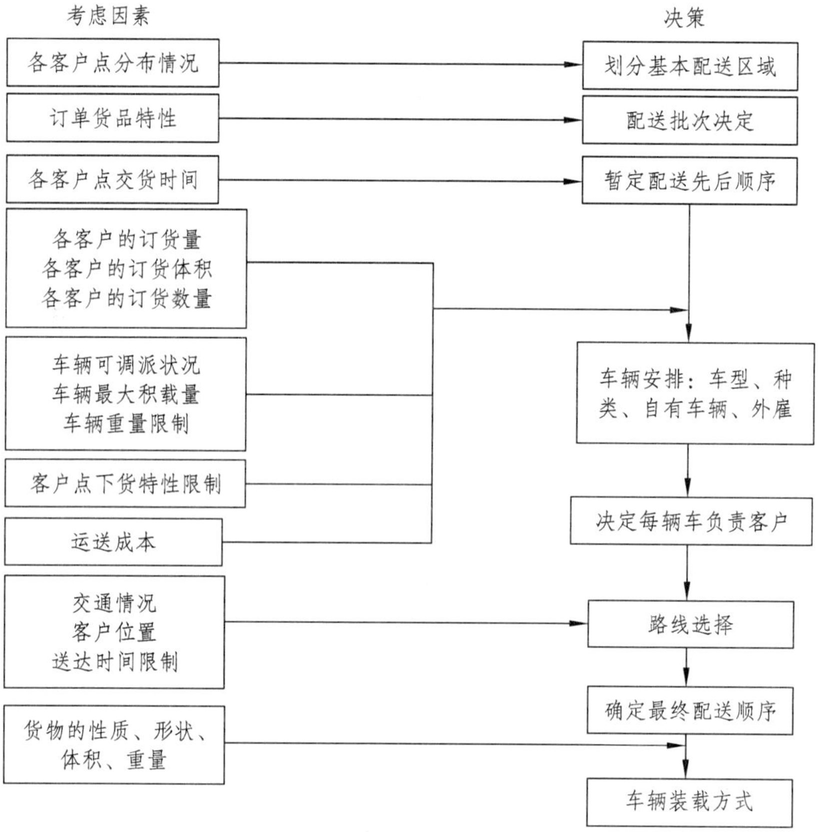

图 7-11　送货计划决策因素图

五、制订送货计划的注意事项

（一）保守估计

配送部在制订计划时应考虑所有可能遇到的问题，以及这些问题可能造成的延误或损失，并事先向客户说明。切忌打包票式的承诺，以增加公司因不能按时送货所造成的信用损失。

（二）流程紧密

配送计划应要求配送车辆在货物出库前到位，同时要求货物在二次配送前准备就绪，避免因等待造成的时间浪费。

（三）备用方案

配送部在制订计划的时候，应考虑可能出现的情况，并做好备用方案以应付突发情况。

举例讲解

天星物流配送中心地处成都经济开发区，需要在 2020 年 4 月 22 日为开发区的 3 个客户配送商品，配送商品的名称、规格、数量及时间要求如表 7-8 所示。3 个客户距天星物流配送中心的距离如图 7-12 所示。请为该配送中心制订一份配送作业计划，既要满足客户的时间要求，又要使配送成本最低。

表 7-8　配送商品情况一览表

客户名称	需求商品情况					
	品名	规格	数量	毛重	体积/cm³	需求时间
A	营养米粉	0.5 kg/袋	50 箱	11 kg/箱	85×60×45	4 月 22 日上午 11 点
	华西酸奶	0.25 kg/袋	100 箱	8.5 kg/箱	70×50×35	
	可乐年糕	50 kg/袋	40 袋	50 kg/袋	100×45×20	
B	可乐年糕	50 kg/袋	20 袋	50 kg/袋	100×45×20	4 月 22 日上午 10 点
	雪碧	1.25 kg/瓶	100 箱	8.5 kg/箱	60×35×50	
	可乐	1.25 kg/瓶	80 箱	8.5 kg/箱	60×35×50	
C	精品笔记本	20×15 cm	20 箱	10.5 kg/箱	75×45×50	4 月 22 日中午 12 点
	爱牧咖啡	0.5 kg/袋	50 箱	11 kg/箱	75×55×40	
	脆香饼干	0.5 kg/盒	40 箱	4.25 kg/箱	60×30×25	

根据经济开发区统计局的相关数据，主干道平均车速统计为 40 km/h，一次巡回里程不得超过 45 km；每个客户的装卸货时间分别需要 30 min。

配送中心现有配送车辆：东风厢式货车 3 t 型（6.5 m×1.8 m×1.9 m）、5 t 型（7.6 m×2.5 m×2.5 m）。

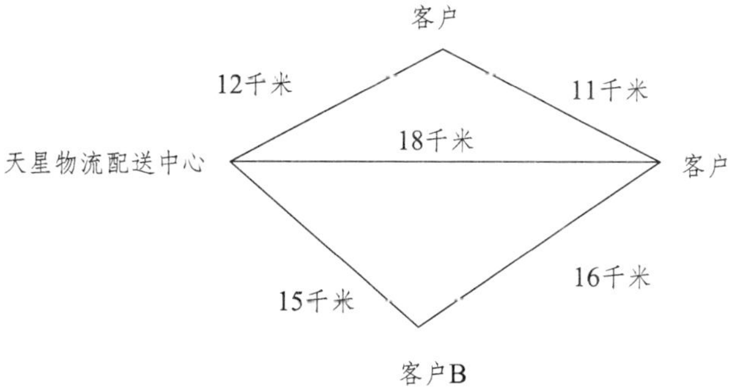

图 7-12　天星物流配送中心与 3 家客户的位置图

1. 步骤一：统计 3 家客户的配送货物体积及重量

客户 A：

配送所需总体积 T=11.475+12.25+3.6=27.325 m³

配送所需总重量 G=550+850+2 000=3 400 kg=3.4 t

客户 B：

配送所需总体积 T=1.8+10.5+8.4=20.7 m³

配送所需总重量 G=1000+850+552.5=2 402.5 kg=2.53 t

客户 C：

配送所需总体积 T=3.375+8.25+1.8=13.425 m³

配送所需总重量 G=210+550+170=930 kg=0.93 t

2. 步骤二：选择配送车辆

车辆有效利用率为 80%以上，根据车辆参数计算可知：

3 t 配送车辆内容积=6.5 m×1.8 m×1.9 m=22.23 m³，

车辆利用率范围为 17.784 ~ 22.23 m³；

5 t 型车辆内容积=7.6 m×2.5 m×2.5 m=47.5 m³，

车辆利用率范围为 38 ~ 47.5 m³。

根据客户需求送达时间，结合各客户所配送货物的总体积和总重量，可选一辆 5 t 的车和一辆 3 t 的车进行配送。

3. 步骤三：配送路线的安排

根据天星物流配送中心与 3 家客户的位置图，制定如下配送路线：

配送中心→客户 *B*→配送中心，选用一辆 3 t 型的配送车辆

配送中心→客户 *A*→客户 *C*→配送中心，选用一辆 5 t 型的配送车辆。

4. 步骤四：配送时间安排

按照前方所述，客户 *B* 配送时间最早，故先安排 3 t 型的配送车辆配送 *B* 的货物，然后 5 t 型的配送车辆配送客户 *A* 和 *C* 的货物。

计算配送运输所需时间：

配送中心→客户 *B* 时间=15/40×60=22.5 min

配送中心→客户 *A* 时间=12/40×60=18 min

客户 *A*→客户 *C* 时间=11/40×60=16.5 min

客户 *C*→配送中心时间=18/40×60=27 min

再根据客户需求送达时间，将每次装卸货时间分为 30 min，故配送时间计划为：

（1）8：30 3 t 配送车辆开始装客户 *B* 货物，5 t 配送车辆就位等待。

（2）9：00 3 t 配送车辆装配完成，准备发车并通知客户 *B* 做好收货准备，30 min 后到达；同时，5 t 配送车辆开始装货。

（3）9：30 3 t 配送车到达客户 *B* 开始卸货。

（4）10：00 3 t 车卸货完毕，准备返回配送中心；同时，5 t 车装配完成，并通知客户 *A* 做好收货准备。

（5）10：30 3 t 车到达配送中心，5 t 车到达客户 *A* 开始卸货。

（6）11：00 5 t 车卸货完毕，准备发车去往客户 *C*，并通知客户 *C* 做好收货准备。

（7）11：20 5 t 车到达客户 *C* 开始卸货。

（8）11：50 5 t 车卸货完毕，准备返回配送中心。

（9）12：20 5 t 车到达配送中心，本次配送任务完成。

【任务实施】

一、任务描述

CN 物流配送中心地处于成都经济开发区，需要在 2020 年 5 月 12 日为开发区的 *A*~*H*，共

8 个客户配送货物，配送商品的名称、规格、数量及时间如表 7-9 所示，其配送路线、配送中心与客户之间的距离如图 7-13 所示。路线上的数字表示两点之间的距离（km）。请各配送部为配送中心设计一套最优的配送方案，既要满足客户的时间要求，又要使配送成本最低。

（1）配送中心现有配送车辆：东风厢式货车 2 t 型（5 200 mm×1 800 mm×1 900 mm）、4 t 型（7 500 mm×2 300 mm×2 500 mm）、6t 型（9 800 mm×2 400 mm×2 500 mm）；

（2）配送车辆车速设为 40 km/h，一次巡回里程不得超过 45 km；

（3）每个客户的装卸货时间分别需要 10 min。

表 7-9　配送商品情况一览表

客户	品名	数量	重量	规格/（cm×cm×cm）	送货到达时间
A	脆香饼干	20 箱	10 kg/箱	60×45×50	2020 年 5 月 12 日 10：00
	玫瑰酸奶	25 箱	7 kg/箱	55×45×35	
	黄桃罐头	15 箱	15 kg/箱	75×50×45	
	营养米粉	25 箱	8 kg/箱	60×45×35	
B	玉米油	20 箱	15 kg/箱	75×50×45	2020 年 5 月 12 日 9：30
	菠萝罐头	20 箱	15 kg/箱	65×40×45	
	一统方便面	30 箱	6 kg/箱	70×48×52	
	康师傅纯净水	15 箱	10 kg/箱	80×50×25	
C	脆香饼干	12 箱	10 kg/箱	60×45×50	2020 年 5 月 12 日 12：30
	玫瑰酸奶	20 箱	7 kg/箱	55×45×35	
	黄桃罐头	12 箱	15 kg/箱	75×50×45	
	果酱	10 箱	10 kg/箱	75×50×40	
D	婴儿奶粉	10 箱	7 kg/箱	65×40×50	2020 年 5 月 12 日 11：30
	沙拉酱	20 箱	10 kg/箱	85×55×45	
	玉米	30 袋	50 kg/袋	100×55×15	
	椰汁	15 箱	9 kg/箱	80×50×35	
E	脆香饼干	15 箱	10 kg/箱	60×45×50	2020 年 5 月 12 日 9：30
	黄桃罐头	20 箱	15 kg/箱	75×50×45	
	营养米粉	12 箱	8 kg/箱	60×45×35	
	洪湖藕粉	20 箱	12 kg/箱	65×55×40	
F	玫瑰酸奶	20 箱	7 kg/箱	55×45×35	2020 年 5 月 12 日 13：00
	糯米粉	20 袋	50 kg/袋	100×55×15	
	菠萝罐头	15 箱	15 kg/箱	65×40×45	
	一统方便面	30 箱	6 kg/箱	70×48×52	
G	玉米油	25 箱	15 kg/箱	75×50×45	2020 年 5 月 12 日 12：30
	玉米	20 袋	50 kg/袋	100×55×15	
	康师傅纯净水	20 箱	10 kg/箱	80×50×25	
	沙拉酱	30 箱	10 kg/箱	85×55×45	

续表

客户	品名	数量	重量	规格/（cm×cm×cm）	送货到达时间
H	脆香饼干	12 箱	10 kg/箱	60×45×50	2020 年 5 月 12 日 10：30
	玉米油	20 箱	12 kg/箱	75×50×45	
	沙拉酱	12 箱	10 kg/箱	85×55×45	
	糯米粉	20 袋	50 kg/袋	100×55×15	

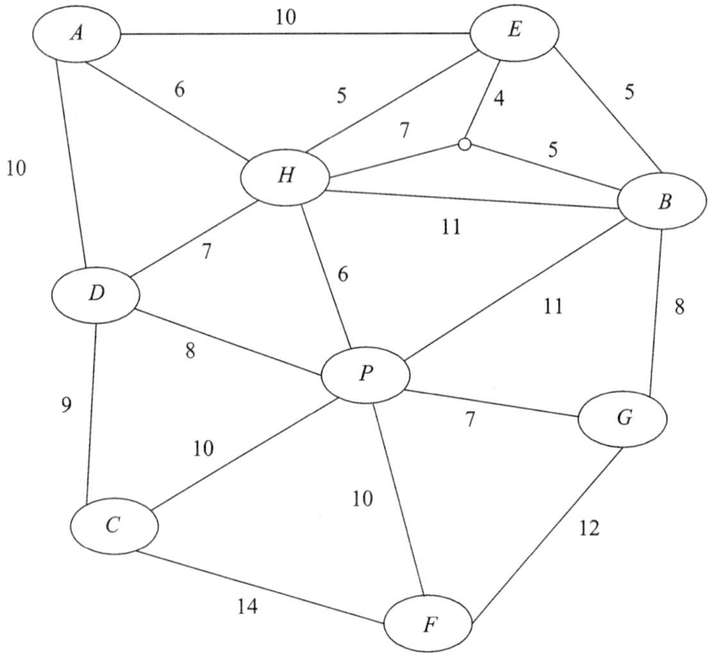

图 7-13　配送中心到客户的位置及距离（km）

二、任务目标

（1）熟练掌握制订送货作业计划的步骤。
（2）能根据客户要求、位置分布、车辆及货物特性优化配送路线，制订送货作业计划。
（3）培养学生高效节约、低碳环保的社会责任和社会担当。
（4）通过分工合作，树立团队协作意识。

三、任务实施步骤

（1）学生以组建的配送部为单位，根据配送商品信息和配送网络示意图进行数据分析。
（2）统计 8 家客户的配送货物的体积及重量。
（3）根据货物的体积、重量、数量等信息配置适当的车辆。
（4）按流量、流向、距离等优化配送路线。
（5）计算配送时间，进行车辆装载。

（6）组织小组自评和组间互评，并给出教师评价。
（7）进行实训总结，完成实训报告。

四、任务评价

制订送货作计划实训评价表

班级		配送部（组名）	
考评内容	制订送货作业计划		
考评标准	内　　容	分值	实际得分
	配送货物体积、重量计算正确	15	
	车辆选择适当	20	
	配送路线安排合理	20	
	配送顺序、时间安排合理	25	
	车辆配装图绘制正确	10	
	团队协作	10	
	合　　计	100	
存在的问题及改进措施			

同步练习

一、单选题

1. 下列哪种配货检查方式效率高，出错率低。（　　）
A. 商品条码检查　　B. 人工检查　　C. 声音输入检查　　D. 重量计算检查
2. 划分基本配送区域的依据是（　　）。
A. 客户分布情况　　B. 送货时间　　C. 交通情况　　D. 配送商品特性
3. 配送计划决策的第一步是（　　）。
A. 划分基本配送区域　　B. 车辆配载　　C. 暂定配送先后顺序　　D. 车辆安排
4. 制订配送计划最基本的依据是（　　）。
A. 客户订单　　B. 客户分布　　C. 商品特性　　D. 运输条件
5. 配送是以（　　）确定送货路线。
A. 最短路线　　B. 最经济路线　　C. 最短时间　　D. 最佳路线
6. 车辆配载要考虑（　　）。
A. 劳动消耗最低　　B. 准时性最高　　C. 成本最低　　D. 效益最高
7. 节约里程法的基本思想是（　　）。
A. 三角形的两边之和总是大于第三边

B. 各点间运送的总里程最短

C. 各点间运送的总时间最少

D. 服务的客户数量最多

8. 送货作业管理的核心内容是（　　）。

A. 满足客户需求　　B. 控制送货成本

C. 保证货质量　　D. 满足客户需求与送货成本两者的均衡控制

9. 在送货作业流程中，送货路线及车辆配载方案确定后，下一步骤是（　　）。

A. 货物装车　　B. 车辆出发　　C. 送货监控　　D. 拟定送货作业计划

10. 合理配载是提高运输工具（　　）的一种有效形式。

A. 装卸效率　　B. 运输效率　　C. 装载率　　D. 实载率

11. 配载作业过程中，装货人员最常采用的配载方法是（　　）。

A. 经验法　　B. 容重法　　C. 软件模拟　　D. 学模型计算

12. 送货作业管理人员主要的工作内容应该是（　　）。

A. 制定作业计划　　B. 安排送货线路

C. 安排送货人员　　D. 合理制定送货作业计划并调度实施

二、多选题

1. 在配货过程中须遵循（　　）原则。

A. 准时性　　B. 准确性　　C. 可靠性　　D. 方便性　　E. 经济性

2. 配送计划执行的步骤是（　　）。

A. 按配送计划组织进货　　B. 配货发运

C. 设计配送车辆运行路线　　D. 送达服务

3. 配送送货作业的特点包括（　　）。

A. 范围广　　B. 距离短　　C. 批量小　　D. 频率高

4. 车辆安排要考虑（　　）。

A. 车型　　B. 车辆的种类　　C. 货物的重量

D. 货物的数量　　E. 包装的要求

5. 车辆配载要考虑（　　）。

A. 装车的次序　　B. 货物的重量　　C. 货物的数量

D. 车辆的容积　　E. 货物的性质

6. 影响配送计划制订的因素有（　　）。

A. 客户　　B. 配送数量　　C. 配送货物种类

D. 物流渠道　　E. 配送货物价值

7. 制订配送计划的主要依据有（　　）

A. 客户订单　　B. 客户分布、运输路线、距离

C. 货物的体积、形状、重量、性能、运输要求　　D. 运输、装卸条件

8. 制订物流配送计划时，公司应根据配送中心在物流渠道中的位置和上下游客户的特点进行规划。物流渠道一般有（　　）模式。

A. 生产企业→配送中心→分销商→零售商→消费者
B. 生产企业→分销商→配送中心→零售商→消费者
C. 生产企业→配送中心→零售商→消费者
D. 生产企业→配送中心→消费者
9. 衡量物流服务水平的指标有（　　）。
A. 订货交货时间　　B. 货物缺货率　　C. 增值服务能力
D. 运输延迟率　　E. 发票错误率
10. 配送路线合理与否对（　　）影响很大。
A. 配送速度　　B. 配送成本　　C. 配送准确性　　D. 配送效益
11. 选择配送路线时明确要达到的目标可以是（　　）。
A. 成本最低　　B. 路程最短　　C. 吨公里最低
D. 准时性最高　　E. 运力利用最合理
12. 选择配送路线时需要考虑以下哪些因素？（　　）。
A. 货物的性质　　B. 货物的重量　　C. 交通状况
D. 客户的位置　　E. 送达时间限制
13. 节约法的适用条件为（　　）。
A. 适用于有稳定客户群的配送中心
B. 各配送线路的负荷要尽量均衡
C. 要考虑客户要求的交货时间
D. 货物总量不能超过车辆的额定载重量
14. 直送式配送路线优化的方法有（　　）。
A. 最短路径设计　　B. 节约里程法　　C. 位势法　　D. 表上作业法
15. 送货不及时，往往延迟的原因（　　）。
A. 送货时间估计不准确　　B. 配送时限管理不严
C. 送货车辆和人员调度不当　　D. 交通繁忙

三、简答题

1. 试画出配送计划决策因素图。
2. 在进行配送路线的选择时，要考虑哪些约束条件？
3. 简述最短路径法和节约里程法的原理和算法。
4. 简述送货作业的流程。

四、案例分析

天星配送中心“618”配送预案

（一）背景资料

天星物流配送中心地处成都市新都物流园区，该配送中心利用电商平台，专为其客户配送家电类产品。根据往年经验，其电商客户在即将到来的“618”活动中，订单量是平时的6~10

倍。为了顺利高效地完成配送作业，配送中心需要全面预测作业量，并排查自身能力，从而设计部署一套有效可行的配送预案。

天星物流配送中心的订单类型有转运订单、本地直配订单、本地经网点订单三种。6 月 18 日当天作业共分为 5 个波次，① 和④ 波次为转运 4 个二级仓的发货作业，② 波次为直配订单的预约，③ 波次为经网点订单的发货作业，⑤ 波次为直配订单的备货、发货作业；6 月 19 日当天作业共分为 4 个波次，① 波次为直配订单的发货作业，② 波次为经网点订单发货作业，③ 波次为 6 月 18 日当天 22：00 后转入的零散转运订单发货作业，④ 波次为直配订单的备货、发货作业；转运订单 6 月 19 日发完（2 天），经网点订单 6 月 20 日发完最后一波次（3 天），直配订单 6 月 20 日发完最后一波次（3 天）。

（二）转运运能情况

天星配送中心转运运能情况如表 7-10 所示。

表 7-10　天星配送中心转运运能情况表

转运二级仓运能情况表		
配送中心	二级仓线路	总单数/台
成都	$P1$	3 132
	$P2$	3 094
	$P3$	3 332
	$P4$	4 015
合计		13 573

（三）直配运能情况

天星配送中心直配运能情况如表 7-11 所示。

表 7-11　天星配送中心直配运能情况表

直配运能情况表（三天送达用户）				
车队	日均台数		现有资源	
	区域	订单台数	车型	数量/辆
车队 1	金牛	449	4.2	3
	青羊	509	4.2	3
车队 2	武侯	1 020	4.2	7
	双流	780	4.2	6
	成华	509	4.2	3
车队 3	锦江	359	4.2	3
	龙泉	300	4.2	3
合计		3 926		28

（四）经网点运能情况

天星配送中心经网点运能情况如表 7-12 所示。

表 7-12 天星配送中心经网点运能情况表

经网点运能情况表（三天送达网点）								
中心	日均台数			线路	网点数	体量/台数	现有资源	
	电商 *A*	电商 *B*	电商 *C*				车型	数量
成都	1 353	1 98	2 869	西郊	21	1 221	4.2	8
				东郊	22	2 253	4.2	11
				乐眉雅	25	1 871	6.8	7
							4.2	11
							9.6	1
				成都市区	6	475	4.2	8
合计					74	5 820		46

（五）问题分析

（1）天星配送中心现有配送车辆：9.6 m 型货车（9.6 m×2.3 m×2.5 m）6 辆、17.5 m 型货车（17.5 m×3 m×2.8 m）3 辆，每台货品的体积约 0.3 m^3。根据发货波次，转运二级仓分 3 波次两天运完，按运力规定，第一波次转运总台数的 34%，第二波次转运总台数的 58%，第三波次转运总台数的 8%。请核算每条线路每一波次需要的车型及数量，判断现有车辆是否能满足需求。如果不能，给出解决方案。

（2）本地直配送货车辆：4.2 m 型货车（4.2 m×1.6 m×1.8 m），每车平均运能为 30 台。请核算每个车队需要的车型及数量，判断现有车辆是否能满足需求。如果不能，给出解决方案。

（3）经网点配送货车辆：4.2 m 型货车（4.2 m×1.6 m×1.8 m），成本 600 元；9.6 m 型货车（9.6 m×2.3 m×2.5 m），成本 1800 元，6.8 m 型货车（6.8 m×2.4 m×2.5 m），成本 1400 元。每台货品的体积约 0.3 m^3，请核算每条线路需要的车型及数量，判断现有车辆是否能满足需求。如果不能，给出解决方案。

项目八　退货作业管理

知识结构图——退货作业管理

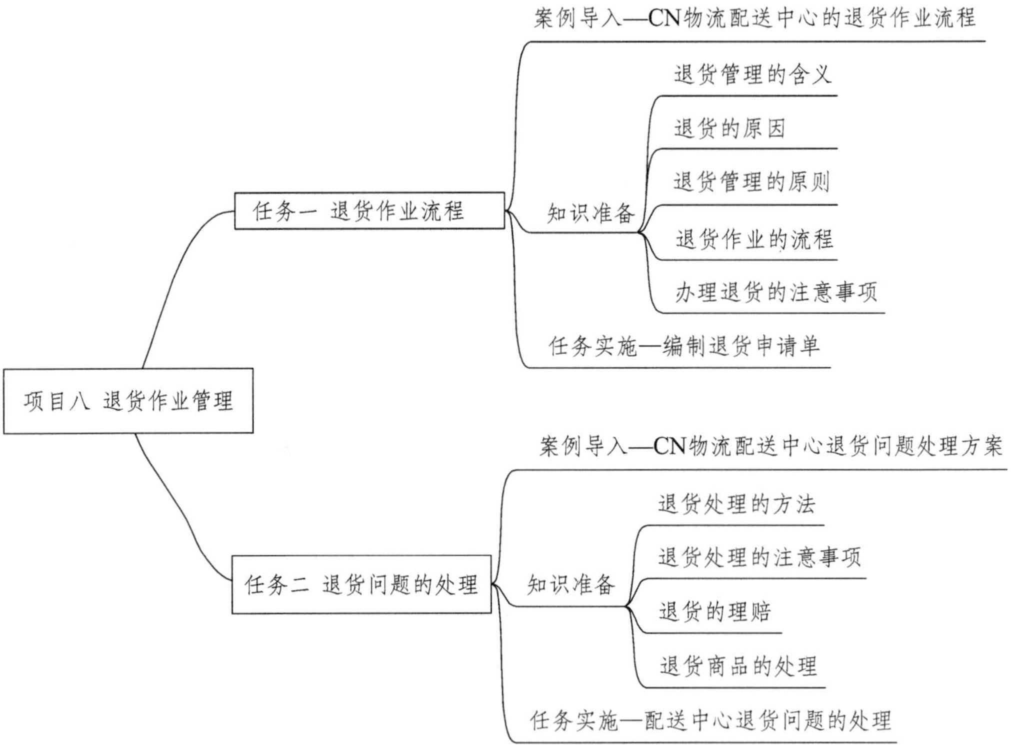

学习目标

1. 知识目标

（1）了解退货管理的含义。

（2）理解配送中心做好商品退货的意义。

（3）清楚退货的原因和原则。

（4）熟悉商品退货的流程。

（5）掌握退货问题处理的原则和方法。

2. 能力目标

（1）能够编制退货相关单证。

（2）能够正确分析退货原因，办理退货业务。

（3）具备处理退货问题的能力。

任务一　退货作业流程

【案例导入】——CN 物流配送中心的退货作业流程

CN 物流配送中心的退货作业流程为：顾客/客服发起退货指令，系统生成退货拖机指令→快递上门取件、顾客自行发快递、送货上门拒收返回→分拨中转→始发仓分拨入站，交接→始发仓检验实物、判定责任、创建不良品序列号、办理系统、实物入库。

退货的原因主要有未收到货（包含未签收）、收到商品破损、商品错发/漏发、收到商品与描述不符、商品质量问题、未按约定时间发货、七天无理由退货，退货均可在网页中申请退货申请或联系客服申请。

消费者反馈商品外观问题，根据用户提供凭证（包括但不限于破损情况、商品污损情况、商品条形码等商品信息）核实商品情况，进行退货或者理赔。

【知识准备】

一、退货管理的含义

商品退货是指配送中心按订单或合同将货物发出后，由于货物包装破损、商品损坏、商品质量有问题、商品保质期快到或已过期、送交的商品与要求的商品不相符等情况，客户将商品退回仓库。商品退货管理是指在完成物流配送活动中，由于配送方或用户方关于配送物品的有关影响因素存在异议，而进行处理的活动。

二、退货的原因

一般情况下，发生退货的原因主要有以下几个方面，具体见表 8-1。

表 8-1　退货、换货原因分析表

退货原因	原因分析
搬运、运输过程中商品损坏	商品在搬运或者运输过程中剧烈震动造成损坏，配送中心予以退换
商品送错退回	由配送方原因导致送达客户的商品（商品条码、品项、规格、数量、重量等）与订单不符，必须退回配送中心
次品回收	由于商品在设计、制造过程中存在问题，在销售后，由消费者或者厂商自行发现，存在重大缺陷的商品，配送中心必须立即部分或全部收回
客户填错货品信息	客户自身的原因填错商品信息导致错送退回
质量问题退货	对于不符合质量要求，如鲜度不佳、数量不足或质量缺陷的商品，若客户提出退货，配送中心予以退回
商品过期退回	有保质期的商品在送达客户或销售过程中超出商品的有效保质期时，配送中心予以退回
协议退货	配送中心与客户订有特别协议的季节性商品、试销商品、代销商品等，待协议期满后将剩余商品退回配送中心

三、退货管理的原则

配送中心在处理客户的退货时，遵循以下原则。

（一）责任原则

不论什么原因导致的退货，第一步都是明确责任。商品发生退换问题，配送中心首要是界定产生问题的责任人，即确定是配送中心在配送时产生的问题，还是客户在使用时出现的问题。同时，配送中心还要鉴别产生问题的商品是否由己方进出，从而制定出最佳的解决方案。

（二）费用原则

进行商品的退货会消耗企业大量的人力、物力和财力。配送中心在实施商品退换时，除由配送中心自身原因导致的商品退换外，通常需要对要求进行商品退换的客户加收一定的费用。

（三）条件原则

配送中心应当事先决定接受何种程度的退货，或者在何种情况下接受退货，并且规定相应的时间作为退换期限。

（四）凭证原则

配送中心应规定客户以何种凭证作为退换商品的证明，并说明该凭证得以有效使用的方法。

（五）计价原则

退货的计价原则与购物价格不同。配送中心应将退货的计价方法进行说明，通常是取客户购进价与现行价的最低价进行结算。

四、退货作业流程

配送中心在处理退货时，与退货相关的部门应做好相关准备工作。质量部门确认退货的原因并做好记录；配送中心作业人员做好接收退货物的准备，换货的要做好货物二次出库准备；运输部门安排取回退货物的时间和路线；财务部门做好费用结算准备。退货作业流程根据各行业性质不同，其环节复杂程度也不同，一般退货业务流程如图 8-1 所示。

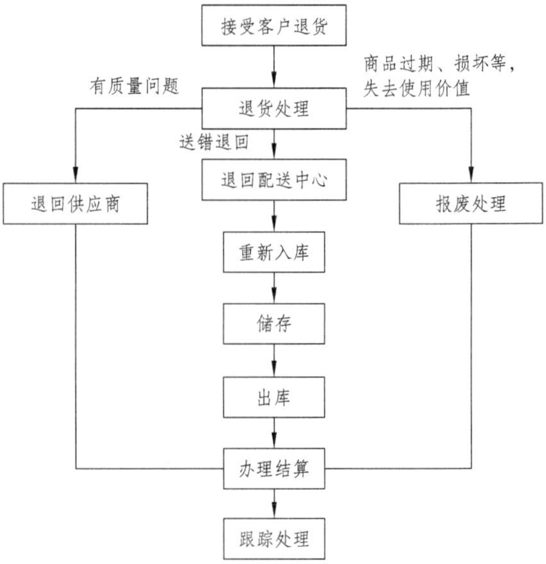

图 8-1　退货作业流程图

（一）接受客户退货

1. 接收退货申请，接待客户

当客户向配送中心提出退货的申请时，配送中心的销售部门应立即受理，并同时将退货信息通知质量管理部门和市场部门，让质量管理部门的人员尽快着手处理。退货中心业务员首先根据合同服务范围判断该客户的退货要求是否在服务范围之内。同时要求客户向配送中心提供接货时间、发票、退货理由、所退货物的型号、数量等信息材料，以便核实和跟进处理。

如果不在此范围内则不予受理；如果在此范围内，则应判断客户的退货理由是否正当，不正当，则不予受理，如正当，则对客户和其退回的物品进行登记，然后交由质量检测部门人员跟进。

资料经核实是符合退货期限内的，按要求填写退（换）货单（见图 8-2）。

退（换）货单

退（换）货单位：　　退（换）货单位编号：　　退（换）货日期：　年　月　日

货品名称	品名规格	单位	数量		计划单价	金额	退货原因
			退货	实收			
####							
@@@@							
%%%%							

收料：　　退（换）货：　　开单：

图 8-2　退（换）货单

填写好退（换）货单后，接待人员马上安排质量检查人员与客户协商到场检验物品质量的时间。

2. 检测产品，确认退货原因

配送中心处理退货的验收工作的好坏直接关系到退货物品下一步的处理工作，因此必须要做到及时、准确、严格、经济。

质量检查部门应该让检验人员熟悉基本的产品质量标准，如产品保质期、物品状态分类标准等，以便在检验时对物品进行初步的质量分类；清楚收货点验的注意事项包括：流质物品、易碎物品、会挥发有气味的物品、纺织品等怕湿物品、出厂日期和有效期以及外包装等。

按照检验人员提供的产品质量明细表，在物流系统中录入退货产品信息，包括品种、批号、数量、状态等，并使产品进入系统控制状态，防止货物再次发出。

3. 办理退货手续，安排退货

退货原因得到确认后，配送中心应根据退货原因、责任归属、产品检验结果来进行退货工作。

在回收装车清点中工作人员要做到认真清点。退货的责任划分意义重大，一旦将不该装车取回的货物装车，该责任就转给了配送中心；而且装车清点也是对货物信息的初次统计，可在这一阶段对货物实际的品种、数量等信息与退货单核对，为后一阶段的分拣工作形成一个可以参照的基本货物信息标准。所以，装车清点时最好安排熟悉产品的人员持有退货单清点。

（二）退货处理

配送中心作业部门在经过必要的审核后接收退货商品，对退货商品进行验收手续，验收合格的商品办理重新入库手续，然后送入指定的正品存放区的库位中，正品存放区的商品是可供配送的，这时总库存量增加，及时更新仓库管理信息系统数据。对质量和包装有问题的商品要存放在不合格品区，以免和正常货物混淆造成二次退货作业，并通知公司业务部归还给供应商。过期和损坏的商品作报废处理等，这一些商品处理的流动过程也会影响到总库存量的变化，掌握和控制这些商品的流转过程就代表着有效地控制和掌握了逻辑总库存量。

（三）办理结算

（1）对于配送中心在退货过程中发生的费用，商品供应商要承担相应货品的成本等费用。

（2）如果客户已经支付了商品费用，财务要将相应的费用退给用户。

（3）由于销货和退货的时间不同，同一货物的价格可能出现差异，配送中心的财务部门在退货发生时要进行退回商品货款的估价，将退货商品的数量、销货时的商品单价以及退货时的商品单价信息输入企业系统，并依据销货退回单办理退款业务。

（四）跟踪处理

（1）退货发生时，要跟踪处理客户提出的意见，要统计退货发生的各种费用，要通知供应商退货的原因并退回生产地或履行销毁程序。

（2）退货发生后，首先要处理客户提出的意见，由退货所产生的商品短缺、对质量不满意等客户提出的问题是业务部门需重点解决的。

（3）退货产生的物流费用比正常进货的费用高得多，所以要认真统计，及时总结，将此信息反馈给相应的管理部门，以便制定改进措施。

（4）对于退货的商品，仓库要及时通知供应商，退货的所有信息要传递给供应商，如退货原因、时间、数量、批号、费用、存放地点等，以便供应商能将退货商品取回，并采取改进措施。

五、办理退货的注意事项

（1）确认厂家，即先查明待退换商品所属的厂家或送货单位。

（2）填写退货申请单，注明其数量、品名及退货原因。

（3）退换商品应注意保存。

（4）及时联络各厂商办理退换货。

（5）先退货再进货，以免退调商品占用库内仓位。

（6）退货时应确认扣款方式、时间及金额。

【任务实施】

一、任务描述

康辰药业集团连锁有限公司是一家以药品、医疗器械、生物制品、保健品等产品批发、零售连锁、药品生产与研发及有关增值服务为核心业务的大型企业集团，是成都市医药商业领域具有全国性网络的少数几家企业之一，该医药公司的配送业务由 CN 物流配送中心负责。

2020 年 4 月 25 日，CN 配送中心接到康辰医药公司的退货需求，有以下药品要完成退货作业，请编制相应的退货申请单证。

（1）配送单号为 20200310001 的订单上有两种药品需要退货：① 快克，75 盒/箱，共 10 箱，单价 300 元，其中有两箱包装损坏；② 白加黑，60 盒/箱，共 8 箱，单价 250 元，其中一箱出现了质量问题。

（2）配送单号为 20200312002 的订单上有两种药品需要退货：① 板蓝根，50 包/箱，共 6 箱，单价 600 元，其中一箱规格错误（为针剂）；② 金银花露，35 瓶/箱，共 5 箱，单价 210 元，有五箱商品过期。

（3）配送单号为 20200410001 的订单上有一种药品需要退货，六味地黄丸，65 盒/箱，共 3 箱，单价 2 000 元，送达后发现客户未订此货。

二、任务目标

（1）熟练掌握配送中心退货作业流程。
（2）能够正确判断退货原因，编制退货申请单。
（3）培养学生良好的职业操守和爱岗敬业的职业道德。

三、任务实施步骤

（1）学生以个人为单位，根据上述资料，分析退货原因。
（2）编制退货单号为 THD 20200425001 的退货申请单。
（3）组织小组自评和组间互评，并给出教师评价。
（4）进行实训总结，完成实训报告。

四、任务评价

编制退货申请单实训评价表

班级		配送部（组名）	
考评内容	编制退货申请单		
考评标准	内　　容	分值	实际得分
	退货原因分析正确	30	
	退货申请单编制合理	40	
	信息填写完整	30	
	合　　计	100	
存在的问题及改进措施			

任务二　退货问题处理

【案例导入】——CN 物流配送中心退货问题处理方案

CN物流配送中心根据不同类型的退货商品,退货问题的反馈时效和处理方案如表8-2所示。

表 8-2　退货问题的反馈时效和处理方案

类目	反馈时效	处理方案
全品类	食品类：签收之时起的 24 小时内； 非食品类：签收之时起的 72 小时内	根据验货标准，物流有责时，通过非正常流程，签批至采销，还原物流责任； 物流无责时，客户提供图片/视频，确认与客户描述一致，客服根据补偿标准进行申请
牛奶	72 小时内反馈	用户提供图片，客服审核情况属实，优先按破损比例进行理赔，不认可，制退货单，备注商品需退回数量
	超 72 小时，且七天内反馈：有商品	用户提供图片，客服审核情况属实，区分会员属性，正常用户（非黄牛，奶茶店等出现囤货的用户），针对正常用户可按照 72 小时内场景处理
	超 72 小时，且七天内反馈：商品不存在	1. 区分会员优质程度（V3/V4/super 会员且 3 个月以内牛奶商品赔付一次以内），优质同上处理； 2. 非优质客户，不予理赔，最多给心意券 5~10 元

【知识准备】

一、退货处理的方法

根据退货产生的原因，应采取与之相应的处理办法，常见的退货处理办法如表 8-3 所示。

表 8-3　常见的退货处理办法

退货原因	处理办法	具体做法
搬运、运输途中产品损坏	运输单位赔偿	货物在搬运过程中造成产品包装破损或污染，或者在送货过程中，由于运输不当造成货物包装破损或货物本身损坏而发生退货的，根据退货情况，由发货人确定所需的修理费用或赔偿金额，然后由运输单位负责赔偿
商品送错退回	无条件重新发货	由于配送方按订单发货时发生错误，则应由发货人重新调整发货方案，将错发货物调回，重新按原正确订单发货，中间发生的所有费用应由配送方承担
客户填错商品信息	收取费用，重新发货	若客户订货有误而发生退货的，退货所有费用由客户承担，退货后，再根据客户新的订单重新发货
有质量问题的退货	重新发货或替代	对于不符合质量要求的货物，客户要求退货，配送中心接到退货指示后，配送中心工作人员应安排车辆收回退货商品，将商品集中到配送中心退货处理区进行处理。用没有质量问题的同一产品或替代品重新填补客户的需求

续表

退货原因	处理办法	具体做法
商品过期退回	重新发货	食品及有保质期的货物在送达接收单位时或销售过程中超过货物的有效保质期，退回给配送中心
次品回收	厂商赔偿	由于商品在设计、制造过程中存在问题，在销售后，由消费者或厂商自行发现，存在重大缺陷，必须立即全部或部分回收，由厂商赔付

案例分析——百事可乐产品回收案例

百事可乐瓶装公司曾遭遇到一次回收产品的教训。2 500 箱橙汁不得不从密苏里西北部和堪萨斯州的东北部的商店货架上撤下来，原因是 2 升装的瓶子密封不严，致使泡沫数量不符合标准要求。发现问题后，百事总公司快速行动，在报告食品和药物管理部门的同时，火速派遣 90 名销售人员到受影响的商店撤回产品，并借助报纸和电台向顾客解释缘由。

问题：该案例中发生退货的原因是什么？应该如何处理？

二、退货处理的注意事项

发生退货时，无论是什么原因造成的退货，在采取相应的方法进行处理的同时，要注意以下几个方面的内容：

（1）立即补送新货以减少客户抱怨。

（2）会计账目上应立即修正，以免收款或付款时出现错误，造成进一步的混乱。

（3）若有保险公司理赔，应立即依照保险理赔程序办理；

（4）分析退货原因，作为日后的改进参考。

三、退货的理赔

（一）索赔与理赔

索赔与理赔是两个相对应的概念，是指客户或经销商行使权利和配送供货方履行义务的具体表现。索赔是在配送商品存在缺陷并要求赔偿后，客户或经销商根据有关条款的规定，请求配送供货方履行赔偿义务的行为，是客户或经销商行使权力的过程。理赔是指配送供货方接到客户或经销商的请求，依据有关条款的规定，对合理退货的商品以及造成的物质损失或人身伤害进行一系列调查审核并予以赔偿的行为，是配送供货方履行义务的过程。对于物流配送中心来讲，对客户一般发生的是理赔，对供货者一般发生的是索赔。

（二）理赔费用

理赔费用是指对物流配送商品因各种不同原因，使客户或经销商造成的物质损失或人身伤害进行赔偿所支付的费用。

对于易发生退换货的商品，配送中心的销售人员在执行销售合同过程中，往往根据经营商品的具体情况，统一给予经销商某一额度的理赔费用或补偿金，用以支付日常发生的商品退换损失。

理赔费用额度的确定，通常根据经销商的性质、规模，经营商品的性质、种类，经营风险的大小等因素来决定。对于区域代理商或大型零售商来说，由于其经营的商品数量大、品种多，配送中心通常会提供较大额度的理赔费用；对于规模较小、经营范围有限的中小型经销商，配送中心可以提供适当额度的理赔费用，保证该经销商在经营配送中心的配送商品时利益不会受到损失，以巩固该类经销商与企业的关系；对于经销有一定风险的商品的经销商，如新品介绍、流行品、季节性商品等，配送中心则要适时变化理赔费用的额度，既降低经销商的经营风险，又激励经销商的后续经营活动。

（三）理赔条件

（1）理赔对象必须是物流配送中心的客户，其他则不列入理赔范围。

（2）由客户提出理赔要求并举证，必须提供索赔商品的有关凭证，举证发生的费用由客户垫付（举证不成立，费用由客户支付）。

（3）当理赔双方对商品质量等问题认识不一致，发生异议时，可以委托权威机构进行检测鉴定，根据检测鉴定报告，理赔双方根据存在问题的事实协商赔偿金额。

（4）当协商不成时，由协会调解确定理赔金额。

（四）理赔的程序

1. 立案检查

检查主要是指对退货商品的有关凭证的核查以及对退货商品的查勘。

2. 责任审核

责任审核是指根据立案检查所获得的有关资料，以确定是否承担赔偿责任。

3. 核算给付金额

在核算实际损失时，应分清哪些是应承担的损失，哪些不是应承担的损失；哪些是直接损失，哪些是间接损失。对于不属于赔付金额范围内的损失，应予剔除。

4. 给付赔偿金

经核算确定给付金额后，应按约定或法律规定的时间，及时予以给付。

（五）理赔原则

配送中心在对客户退回的商品进行处理时，应遵循以下原则。

1. 重合同，守信用原则

退货理赔情况发生后，对于客户提出的索赔请求，要遵守诚实信用原则，要求客户提供有关凭证和证据，采取积极措施，协助客户做好理赔工作。注意应本着“重合同、守信用”的原则。

2. 坚持实事求是原则

在处理赔案过程中，要实事求是地进行处理，根据具体情况，正确确定保险责任、给付标准、给付金额。

3. 主动、迅速、准确、合理原则

理赔工作应坚持“主动、迅速、准确、合理”的原则。其中，主动是指配送中心应主动深入现场开展理赔工作；迅速是指配送中心应按法律规定的时间，及时赔付，不拖拉；准确是指计算赔偿金额应力求准确，该赔多少就赔多少，不惜赔，也不滥赔；合理是指赔付要合情合理，树立实事求是的作风，具体情况具体分析，既符合合同条款的规定，又符合实际情况。

四、退货商品的处理

（一）退回的商品

（1）所有销后退回的商品，验收员应凭销售部门开具的退货凭证收货。并将退货商品存放于退货库（区），悬挂黄牌标识。

（2）对于退回的商品，应核对其品名、规格、产地、发货日期和批号是否与原发货记录相符：① 符合的，应由业务、质量等有关部门在《销售退货通知单》上签署意见后办理冲退；② 不符合的，不能办理退换货手续，并向顾客作出解释。

（3）对所有退回的商品，应按采购商品的进货验收、检验的标准和验收操作进行验收，并将验收情况及时、如实登入《退货商品处理情况记录》。

（4）验收员对退货商品的验收应做出合格与不合格的判定。

（二）退出的商品（退供货方）

（1）填写《购进退出通知单》。

（2）供货方自提。

① 仓库保管员按单发货，并在发货上单据上签名（章），交复核员复核。

② 复核员按单详细复核品名、规格、产地、数量、批号和收货单位。经复核无误后，复核人员应在发货单据上签名。

③ 复核员将商品当场交点给供货方，供货方开具收货条，附于《购进退出通知单》，并在《购进退出通知单》上签名，其他联次交财务结算。

（3）装车发运。

按公司《商品运输、复核与交会操作指导书》的规定进行。

（4）供货方换货。

① 按公司的规定，对换回的商品进行验收，合格后方可入库。

② 验收合格后，根据不同的退货情况开具入库单据交保管员入库，并注明批号。

（5）退出商品的处理情况，结果应及时、如实登入《退货商品处理情况记录》。

（三）记录要求

（1）记录应按规定及时、规范、逐项填写清楚，不得用铅笔填写，不得撕毁或任意涂改。确实需要更改的，应划线后在旁边重写，并在划线处加盖本人印章。

（2）签名、盖章须用全名；记录、签名、盖章均用蓝色或黑色。

（3）退货商品记录保存三年。

【任务实施】

一、任务描述

2020 年 4 月 28 日，CN 物流配送中心接到客户德盛商贸有限公司的退货申请，所配送的商品有部分被退回，需要配送部做好相关货物的退货问题处理工作。

二、任务目标

（1）熟练掌握配送中心退货作业流程。

（2）能正确进行各种方式退货的问题处理。

（3）培养学生良好的职业操守和爱岗敬业的职业道德。

三、任务实施步骤

（1）学生以组建的配送部为单位，进行岗位分工（客服人员、业务员、质检员、操作员）。

（2）客服人员接待客户、受理客户的退货申请。

（3）小组分析退货的原因，商讨退货处理办法。

（4）质检员清点退货商品的数量，检查质量。

（5）业务员根据退货处理办法办理退货手续。

（6）操作员根据退货原因对退货商品进行处理。

（7）退货核收后，核销相关费用，退还货款给客户。

（8）组织小组自评和组间互评，并给出教师评价。

（9）进行实训总结，完成实训报告。

四、任务评价

配送中心退货问题处理实训评价表

<table>
<tr><td>班级</td><td></td><td>配送部（组名）</td><td></td></tr>
<tr><td>考评内容</td><td colspan="3">配送中心退货问题处理</td></tr>
<tr><td rowspan="9">考评标准</td><td>内　　容</td><td>分值</td><td>实际得分</td></tr>
<tr><td>退货申请受理规范</td><td>10</td><td></td></tr>
<tr><td>退货原因分析准确、处理办法得当</td><td>20</td><td></td></tr>
<tr><td>退货商品检查无误</td><td>15</td><td></td></tr>
<tr><td>退货手续办理正确</td><td>15</td><td></td></tr>
<tr><td>退货商品处理正确</td><td>20</td><td></td></tr>
<tr><td>核销、计算相关费用准确</td><td>10</td><td></td></tr>
<tr><td>团队协作</td><td>10</td><td></td></tr>
<tr><td>合　　计</td><td>100</td><td></td></tr>
<tr><td>存在的问题及改进措施</td><td colspan="3"></td></tr>
</table>

同步练习

一、单选题

1. 对于不符合质量要求，如鲜度不佳、数量不足或质量缺陷的商品，若客户提出退货，配送中心予以退回。属于以下哪种退货原因。(　　)

A. 商品送错退回　　B. 质量问题退货

C. 搬运、运输过程中商品损坏　　D. 协议退货

2. 配送中心与客户订有特别协议的季节性商品、试销商品、代销商品等，待协议期满后将剩余商品退回配送中心。这种退货属于（　　）。

A. 过期退回　　B. 质量问题退货　　C. 次品回收　　D. 协议退货

3. 有效期超过（　　）以上的商品必须退货或换货。

A. 1/2　　B. 1/3　　C. 1/4　　D. 1/5

4. 配送中心应当事先决定接受何种程度的退货，或者在何种情况下接受退货，并且规定相应的（　　）作为退换期限。

A. 地点　　B. 期限　　C. 时间　　D. 日期

5. 退货的计价原则与购物价格不同。配送中心应将退货的作价方法进行说明，通常是取客户购进价与现行价的（　　）进行结算。

A. 最高价　　B. 中间价　　C. 最低价　　D. 平均价

6. 由于配送方按订单发货时发生错误，采用的退货处理办法是（　　）。

A. 运输单位赔偿　　B. 无条件重新发货

C. 收取费用，重新发货　　D. 重新发货或替代

7. 退货记录应按规定及时、规范、逐项填写清楚，签名、盖章须用全名，退货商品记录保存（　　）年。

A. 一　　B. 二　　C. 三　　D. 四

二、多选题

1. 退货点包括（　　）。

A. 供应商　　B. 配送中心　　C. 制造商　　D. 运输商

2. 退换货的主要原因有（　　）。

A. 瑕疵品　　B. 运输中损坏　　C. 商品送错　　D. 商品过期

3. 配送中心在处理客户的退货时，遵循的原则有（　　）。

A. 责任原则　　B. 费用原则　　C. 条件原则　　D. 凭证原则

4. 商品退货的清点内容包括（　　）。

A. 质量清点　　B. 凭证清点　　C. 数量清点　　D. 调整库存量

5. 商品退货管理中涉及的部门有（　　）。

A. 信用部门　　B. 开单部门　　C. 验收部门　　D. 财务部门

6. 理赔的程序包括（　　）。

A. 立案检查　B. 责任审核　C. 核算给付金额　D. 给付赔偿金

7. 配送中心在对客户退回的商品进行处理时，应遵循以下原则（　　）。

A. 重合同，守信用　B. 实事求是

C. 主动、迅速　D. 准确、合理

三、简答题

1. 商品退货的主要流程是什么？
2. 对于退换的商品应该如何处理？
3. 简述做好退货管理的意义。

四、案例分析

朝阳配送中心的退货作业流程

朝阳配送中心主要负责为某连锁超市配送商品，由于其经营的商品品种繁多，因此退货现象时有发生。具体来说，其退货作业可分为返仓流程和返厂流程。

1. 返仓流程

返仓流程是货物直接退回配送中心仓库的流程。

（1）门店商品返仓申请。

门店商品部填制返仓申请单（一式两联，信息部、商品部各一联），内容包括商品编码、品名、数量、返仓原因（如表 8-4 所示）等，然后将其交收货部，收货部交电脑室输单。

表 8-4　返仓原因

序号	原因	序号	原因
1	滞销	6	临到期
2	季节性商品清退	7	商品人为破损
3	商品非人为破损	8	缺配件
4	保质期内变质	9	无计划要货或计划错误
5	总部通知返仓	10	其他

（2）电脑室录入并上传总部。

电脑室操作员录入并保存返仓申请单，在当天营业结束后随其他数据一起上传总部。

（3）订货部审批。

总部数据更新后，订货部相关人员审核返仓申请单，并根据有关规定给予批准，签署业务意见（如表 8-5 所示）和批准人姓名。

（4）信息返回门店。

批准后的单据随其他数据一起下发至相应的门店。

表 8-5 业务意见

序号	业务意见
1	同意退回配送中心
2	已改直送，请直退供应商
3	已超过通知返仓期限，无法退回门店自行处理
4	门店自行处理
5	暂不退
6	已与供应商联络，进行大力度促销，请门店配合

（5）门店整理返仓商品。

电脑室打印审批后的返仓申请单（一式两联）交给收货部，收货部交给对应的商品部。

商品部根据总部的意见对返仓的商品进行分类整理，将能够返仓的商品进行清点封箱，将数量、编号、商品品名标注在外箱上，然后将实际数量填在对应商品的返仓申请单上，做好返仓准备。

（6）返仓商品交接。

下一个配送日来货时，收货部要统计出返仓单据的张数和返仓商品总箱数，并写明单据总张数、退货商品总箱数、零散商品（不能装箱的商品）的品名及数量。

其中，贵重商品（单价在 100 元以上的商品）的品种、数量由配送司机根据退货清单进行核对，核对无误后签字确认，将其中一联装入“单据周转专用袋”，另一联由收货部留底。

对于整车商品或一车装不下的退货，由收货员自带单据跟车到配送中心交接。如果返仓商品交接不清或没有交接手续，损失商品由收货部长与司机共同承担。

（7）配送验收并修改系统库存。

返仓商品到配送中心退货组后，司机先将退货清单交给退货组，并与退货组一起核对单据，并当场清点退货总箱数（含不能装箱的商品件数），此后，退货组再根据返仓申请单验收返仓商品，并填写验收数量和验收人姓名。遇有不符合退货要求需返回门店的商品，需在备注栏上写明原因。

配送电脑室根据验收后的返仓申请单从系统内调出并按实审核，修改配送库存并打印正式的返仓单，返仓单一式两联，第一联交财务部，第二联和返仓申请单的第二联返回门店。

（8）电脑室审单冲减门店库存变内门店收货部收到返仓单后，必须在当天交门店电脑室做返仓单审核，冲减门店库存。

2. 返厂流程

人返厂流程是供应商的直送货直接返回到供应商的流程。

（1）理货员填写手写退货单。

理货员工整填写退货单，并详细注明退货原因属于公司通知清退的商品必须在退货单的备注栏中注明“清退”字样，且不得随意修改返厂数量。

（2）商品部审核并通知供应商。

商品部长审核退货单并通知供应商，供应商在退货单上签字确认。

（3）门店核查供应商余额并签字。

商品部长到门店核查供应商账目余额，并由账务管理人员签字确认。

（4）收货部核对单、货。

商品部长将审核后的手写退货单与商品一同交收货部，收货部核对签字确认后交电脑室打印。

（5）电脑室打印返厂单。

电脑室审查单据手续齐全后，严格按手写退货单内容开具电脑返厂单，冲减电脑内库存，并将手写及电脑返厂单交收货部，收货部核对两单是否一致，并组织收货员、商品部长、防损员、供应商在电脑返厂单上签字。

（6）凭单退货。

收货部、防损员监督供应商，凭账务管理人员签字后的返厂单及电脑单第三联，将退货商品运出门店。

◆ **问题与思考**

1. 绘制朝阳配送中心的退货作业流程图。
2. 针对朝阳配送中心的退货作业流程，有哪些优化建议？

项目九　配送中心经营管理

知识结构图——配送中心经营管理

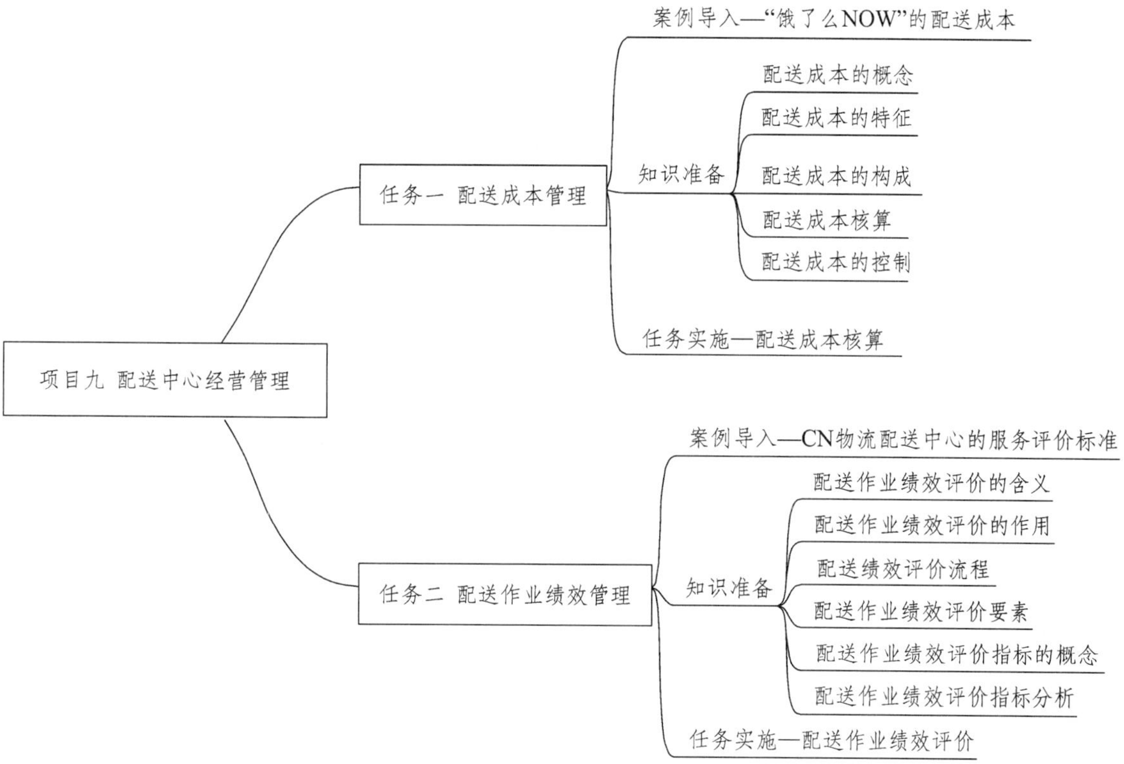

学习目标

1. 知识目标

（1）理解配送成本的概念、特点及构成；

（2）熟悉配送成本核算的范围和步骤；

（3）掌握配送成本的核算方法和控制策略；

（4）理解配送作业绩效评价的含义、作用；

（5）熟悉配送绩效评价的流程和要素；

（6）掌握配送作业各环节的绩效评价指标。

2. 能力目标

（1）能够正确地对配送成本进行核算；

（2）能够对配送成本进行有效分析和控制；
（3）能够根据企业内外部实际情况，选择合理可行的配送作业指标体系；
（4）能够运用绩效指标体系进行配送作业绩效评价与分析。

任务一　配送成本管理

【案例导入】——“饿了么 NOW”的配送成本

近日，“饿了么”旗下无人货架品牌“饿了么 NOW”宣布上海区域已开始盈利。“饿了么 NOW”官方表示，此次盈利是履约成本下降，便利架销售额提升的结果。据其负责人透露，“饿了么 NOW”目前在上海铺设有 2 000 多个点位，单点日均销售 100 元左右。

就在不久前，业界关于部分无人货架品牌资金链紧张、行业泡沫濒临破灭的传闻甚嚣尘上，置疑饿了么无人货架项目上海区域盈利的逻辑何在。“饿了么 NOW”负责人陈骐在接受记者专访时指出以下两点：

其一，通过蜂鸟配送团队进一步降低配送成本，使其每车单次配送成本保持在 16.5 元上下。这比大部分无人货架品牌使用的货车巡回配送模式低出 45%左右。

其二，通过“饿了么”“口碑”等平台的大数据系统，增强其选品、运营能力。据陈骐透露，“饿了么”通过研究动销率、补货率等指标，逐渐增加鲜食占比，使得单点营收提升 150%。

据悉，无人货架业态共有三种配送模式。大部分品牌通过货车巡回配送。一般点位间车程加上停车时间，总时间在 20 min 左右，补货员上楼补货需要 30~40 min，为此每车单日可配送点位为 10~15 个，履约配送成本约为 30 元。

类似于猩便利等无人零售项目，是通过搭建前置仓、开设便利店的方式形成“店架协同”模式的。但陈骐表示，“店架协同”模式的重要制约在于，开设便利店的速度跟不上无人货架扩张的速度，并且只有配送车队不与便利店或前置仓共担运营费用，才有可能支持无人货架降低履约成本。

而“饿了么 NOW”所用的蜂鸟配送模式，是在上午 11 点前或下午 2 点至 5 点间，由配送车队送货至蜂鸟驿站，通过 App 召唤符合“单程配送路径”条件的周边骑手送货。当旗手为无人货架补货后，可在周边接受外卖订单。这样一来，饿了么一方面调动了外卖订单波谷期的人力资源，另一方面也将无人货架的配送成本降低至 16.5 元/单。

【知识准备】

一、配送成本的概念

配送成本是指在配送活动的备货、储存、分拣、配货、送货、送达服务及配送加工等环节所产生的各项费用的总和，是配送过程中所消耗的各种活劳动和物化劳动的货币表现。配送成本包含和配送相关的诸如人工费用、作业消耗、物品损耗、利息支出、管理费用等一系列的费用。

【同步案例】：运输方式的选择

有一批商品重 23 t，从甲地运往乙地，有公路和水路两种运输方式可供选择。从公路走，甲乙两地相距 180 km。汽车运价不分整件、零件，吨公里运价为 1.5 元，其他杂费为每吨 2 元。从水路走，甲乙两地相距 320 km，吨公里运价为 0.5 元，但乙地码头离仓库还有 10 km，仍需用汽车运输，其他杂费与公路运输相同。由于该商品中途要转运，需在码头停留一天，每天每吨堆存费 1 元，港务费 0.3 元。公路运输震动较大，但只一次装卸，当天就能到达目的地，商品损耗为每吨 2 元。水路运输应中转一次，比公路运输的损耗多，每吨损耗 10 元。

◆ 请问，是采用水路运输好还是公路运输好？应如何选择？

二、配送成本的特征

（一）配送成本具有隐蔽性

就配送成本而言，一般通过“销售费用”“管理费用”等科目，我们可以看出部分配送费用情况，但这些科目反映的费用仅仅只是全部配送成本的部分，即企业对外支付的配送费用。此外，这一部分费用往往混同在其他有关费用中，并不是单独设立“配送费用”科目进行独立核算的。

（二）配送成本的削减具有乘数效应

假定销售额为 1 000 元，配送成本为 100 元。如果配送成本降低 10%，企业就可以得到 10 元的利润。假如这个企业的销售利率为 2%，则每创造 10 元利润，需要增加 50%销售额。这种配送成本消减的乘数效应是不言自明的。

（三）配送成本的“效益背反”

配送各活动成本具有“效益背反”现象。在配送时，若尽量减少库存据点以及库存，必然会使库存补充频繁，从而增加运输次数和配送时间，降低客户好感体验。配送成本与服务水平具有背反效应。同时，若尽量减少库存据点以及库存，仓储储存成本和库存成本能得到了降低，但仓库数量的减少，也会导致配送距离的变长，运输费用进一步增大。另一方面，库存数量减少使得库存成本降低，带来的补充频次加快，会导致补货作业成本增加。这种情况下，一方成本降低，另一方成本增大，产生成本效益背反状态。

三、配送成本的构成

配送成本是企业经营过程中各项配送活动产生的费用总和，由各环节的总成本组成，即：

配送成本=配送运输成本+储存保管成本+分拣成本+配装成本+流通加工成本

（1）配送运输成本：包括车辆费用、配送间接费用。

（2）储存保管成本：包括仓储费、出入库费、服务费用。

（3）分拣成本：包括分拣人工费、分拣设备费。

（4）配装成本：包括配装材料费、配装机械费、配装技术费、配装辅助费、配装人员费。

（5）流通加工成本：包括流通加工材料费、流通加工人工费、流通加工设备费、流通加工其他费用。

四、配送成本核算

（一）配送成本核算的含义

配送成本核算是指企业根据配送成本核算资料，运用特定的成本核算方法，对企业配送成本的发生过程和结果进行分类、汇总、核算的一项工作。

（二）配送成本核算的意义

通过配送成本核算可以掌握各项成本计划的完成情况，评价企业的成本管理水平，研究和掌握企业配送成本的变动规律，改善配送成本预测、决策、预算和控制，改善企业成本管理水平，从而提高企业的竞争力和经济效益。

（三）配送成本的核算方法

配送成本核算是多环节的核算，是各个配送环节或活动的集成。企业配送成本的大小，一般取决于计算范围、核算对象和费用项目三方面的因素。根据配送流程及配送环节，以配送运输成本、储存保管成本、分拣成本、配装成本和流通加工成本作为配送成本的计算范围。

1. 配送运输成本的计算

（1）配送运输成本是指配送车辆在完成配送货物的过程中所发生的各种车辆费用和配送间接费用。

配送车辆费用是指配送车辆从事配送生产所发生的各项费用，具体包括：

① 工资：是指支付给配送车辆司机的基本工资、附加工资及工资性津贴。

② 职工福利费：是指按规定的工资总数及规定比例计提的职工福利费。

③ 燃料：是指配送车辆运行所耗用燃料，如汽油、柴油等的费用。

④ 轮胎：是指配送车辆耗用的外胎、内胎、垫带的费用支出以及轮胎的翻新费用和修补费。

⑤ 修理费：是指配送车辆进行各级保养和修理所发生的工料费、修复旧件费用和行车耗用的机油费用。

⑥ 大修：是指配送车辆计提的大修费用，以及车辆大修竣工后应该调整的费用差异和车辆实际大修费用大于或小于定额大修费用而形成的差异应调整增加或减少的费用。

⑦ 折旧：是指配送车辆按规定计提的折旧费。

⑧ 公路运输管理费：是指按规定向运输管理部门缴纳的营运车辆管理费。

⑨ 车船使用费税：是指企业按规定向税务部门缴纳的营运车辆使用税。

⑩ 行车事故损失：是指配送车辆在配送过程中，因行车肇事所造成的事故损失。

⑪ 其他：是指不属于以上各项的车辆费用。如行车杂支、随车工具费、防滑链条费、中途故障救济费、司机和助手劳动保护用品费、车辆清洗费、冬季预热费、由配方负担的过桥费等。

配送间接费用是指配送运输管理部门，为管理和组织配送运输所发生的各项管理费用和业务费用。具体包括：

① 配送运输管理部门管理人员的工资及福利费用。

② 配送运输部门为组织运输活动所发生的管理费用及业务费用，如取暖费，水电费、办公费、差旅费、保险费等。

③ 配送运输部门固定资产的折旧费、修理费用。

④ 直接用于生产活动，构成营运成本但不能直接计入成本项目的其他费用。

上述车辆费用和配送间接费用构成了配送运输成本项目。配送运输成本在配送总成本构成中所占的比重很大，应进行重点管理。

（2）配送运输成本的核算是指配送车辆在配送生产过程中所发生的费用，按照规定的成本计算对象和成本项目，计入配送运输成本。具体方法如下。

① 工资及职工福利费：根据工资分配汇总表和职工福利费计算表中各车型分配的金额计入成本。

② 燃料：根据燃料发出凭证汇总表中各车型耗用的燃料金额计入成本。配送车辆在本企业以外的油库加油，其领发数量不作为企业购入和发出处理的，应在发生时按照配送车辆领用数量和金额计入成本。

③ 轮胎：轮胎外胎采用一次摊销法的，根据轮胎发出凭证汇总表中各车型领用的金额计入成本；采用按行驶胎公里提取法的，根据轮胎摊提费计算表中各车型应负担的摊提额计入成本。发生轮胎翻新费时，根据付款凭证直接计入各车型成本或通过待摊费用分期摊销。内胎、垫带根据材料发出凭证汇总表中各车型成本领用的金额计入成本。

④ 修理费：辅助生产部门对配送车辆进行保养和修理的费用，根据辅助营运费用分配表中分配给各车型的金额计入成本。

⑤ 折旧：根据固定资产折旧计算表中按照车辆种类提取的折旧金额计入各分类成本。

⑥ 养路费及运输管理费：配送车辆应缴纳的养路费和运输管理费，应在月终计算成本时，编制配送营运车辆应缴纳养路费及管理费计算表，据此计入配送成本。

⑦ 车船使用税、行车事故损失和其他费用：如果是通过银行转账、应付票据、现金支付，则根据付款凭证等直接计入有关的车辆成本；如果是在企业仓库内领用的材料物资，则根据材料发出凭证汇总表、低值易耗品发出凭证汇总表中各车型领用的金额计入成本。

⑧ 营运间接费用：根据营运间接费用分配表计入相关的配送车辆成本。

（3）配送运输成本计算表。

物流配送企业在月末应编制配送运输成本计算表，以反映配送总成本和单位成本。配送运输成本计算表的格式如表 9-1 所示。

表 9-1　配送运输成本计算表

编制单位　　　　　　　　　　　　年　　月　　　　　　　　　　　　单位：元

项目	配送车辆合计	配送运营车辆		
		A 型车	B 型车	C 型车
一、车辆费用				
工资				
职工福利费				
燃料				
轮胎				
修理费				
折旧				
养路费				
运输管理费				
行车事故损失				
其他				
二、配送间接费用				
三、配送运输总成本				
四、周转量/千吨公里				
五、单位成本/（元/千吨公里）				
六、成本降低额				
七、成本降低率（%）				

其中：

① 配送运输总成本：是指成本计算期内成本计算对象的成本总额，即各成本项目金额之和。

② 单位成本：是指成本计算期内各成本计算对象完成单位周转量的成本额。

③ 成本降低额：是指用该配送成本的上年度实际单位成本乘以本期实际周转量计算的总成本，减去本期实际总成本的差额。它是反映该配送运输成本由于成本降低所产生的节约金额的一项指标，其计算公式如下：

成本降低额=上年度实际单位成本×本期实际周转量−本期实际总成本

④ 成本降低率：是指该配送运输成本的降低额，与上年度实际单位成本乘以本期实际周转量计算的总成本之比。它是反映该配送运输成本降低幅度的一项指标。其计算公式如下：

成本降低率=成本降低额/上年度实际单位成本×本期实际周转量×100%

2. 储存保管成本的计算

（1）储存保管成本项目。

储存保管成本按支付方式不同可以分为两类。

一是对外支付的保管费，主要是指仓库租赁费，它可以全额直接计入仓储配送成本。

二是企业内部发生的储存保管费用，具体包括：

① 材料消耗费：包括与包装材料、消耗工具、器具设备、燃料等相关的费用。

② 工资及职工福利费：包括工人的标准工资、奖金、津贴及按规定计提的福利费等。

③ 燃料动力费：包括水费、电费、燃气费等。

④ 保险费：是指仓储物资为减少偷盗、火灾等带来损失的财产保险费。

⑤ 修缮维护费：是指仓库及设备的修缮维护费。

⑥ 仓储搬运费：是指仓储物资进出库的搬运费。

⑦ 仓储保管费：包括仓储折旧等。

⑧ 仓储管理费：包括仓库行政管理人员工资、办公费、消防费等。

⑨ 易耗品：包括劳动保护用品、办公用品等。

⑩ 资金占用利息：是指仓储物资占用资金的利息。

⑪ 税金：是指营业税金及附加等。

（2）仓储成本的核算。

仓储成本的核算是指配送中心仓储活动在配送生产过程中所发生的费用，按照规定的成本计算对象和成本项目，计入配送仓储成本。具体方法如下：

① 材料消耗费：根据材料发出凭证汇总表的金额全额计入配送成本。

② 工资及职工福利费：根据工资分配汇总表和职工福利费计算表，按人数比例计算配送仓储部门应分摊的费用并计入配送成本。

③ 燃料动力费：根据燃料动力消耗凭证汇总表，按面积占比计算配送仓储部门应分摊的费用并计入配送成本。

④ 保险费：根据保险费用凭证汇总表，按面积占比计算配送仓储部门应分摊的费用并计入配送成本。

⑤ 修缮维护费：根据辅助营运费用分配表，按面积占比计算配送仓储部门的费用并计入配送成本。

⑥ 仓储搬运费：根据辅助营运费用分配表，按面积占比计算配送仓储部门的费用并计入配送成本。

⑦ 仓储保管费：根据固定资产折旧计算表，按面积占比计算配送仓储部门的费用并计入配送成本。

⑧ 仓储管理费：根据管理费用汇总表，按仓储费用占比计算配送仓储部门的费用并计入配送成本。

⑨ 易耗品：根据低值易耗品发出凭证汇总表，按仓储费占用比计算配送仓储部门的费用并计入配送成本。

⑩ 资金占用利息：根据财务费用汇总表，按仓储费用占比计算配送仓储部门的费用并计入配送成本。

⑪ 税金：根据应付税金汇总表，按仓储费用占比计算配送仓储部门的费用并计入配送成本。

（3）仓储成本计算表。

物流配送企业在月末应编制配送环节仓储成本计算表，以反映仓储总成本。仓储成本计算表的格式如表 9-2 所示。

表 9-2　仓储成本计算表

编制单位：　　　　　　　　　　　　年　　月　　　　　　　　　　　　单位：元

项目	合计	配送仓库	
		A 仓库	B 仓库
仓库租赁费			
材料消耗费			
工资津贴费			
燃料动力费			
保险费			
修缮维护费			
仓储搬运费			
仓储保管费			
仓储管理费			
易耗品费			
资金占用费			
税金等			
仓储成本合计			

3. 分拣成本的计算

（1）分拣成本是指分拣机械及人工在完成货物分拣过程中所发生的各种费用。分拣成本包括分拣直接费用和分拣间接费用两个项目。

分拣直接费用：

① 工资：指按规定支付给分拣作业人员的标准工资、奖金、津贴等。

② 职工福利费：指按规定的工资总额和提取标准计提的人工费用。

③ 修理费：指分拣机械进行保养和修理所发生的工料费用。

④ 折旧：指分拣机械按规定计提的折旧费。

⑤ 其他：指不属于以上各项的费用。

分拣间接费用：分拣间接费用是指配送分拣管理部门为管理和组织分拣作业，需要由分拣成本负担的各项管理费用和业务费用。

分拣直接费用和分拣间接费用构成了配送环节的分拣成本。

（2）分拣成本的核算。

配送环节分拣成本的核算是指分拣过程中所发生的费用，按照规定的成本计算对象和成本项目，计入分拣成本。具体方法如下：

① 工资及职工福利费：根据工资分配汇总表和职工福利费计算表中分配的金额计入分拣成本。

② 修理费：辅助生产部门对分拣机械进行保养和修理的费用，根据辅助生产费用分配表中分配的分拣成本金额计入成本。

③ 折旧：根据固定资产折旧计算表中按分拣机械提取的折旧金额计入成本。

④ 其他：根据低值易耗品发出凭证汇总表中分拣成本领用的金额计入成本。

⑤ 分拣间接费用：根据配送管理费用分配表计入分拣成本。

（3）分拣成本计算表。

物流配送企业在月末应编制配送环节分拣成本计算表，以反映分拣总成本。分拣成本计算表的格式如表 9-3 所示。

表 9-3　分拣成本计算表

编制单位：　　　　　　　　　　　　年　月　　　　　　　　　　　　单位：元

项目	合计	分拣品种				
		货物 A	货物 B	货物 C	货物 D	货物 E
一、分拣直接费用						
工资						
职工福利费						
修理费						
折旧						
其他						
二、分拣间接费用						
分拣总成本						

4. 配装成本的计算

配装成本是指在完成配装货物的过程中所发生的各种费用。

（1）配装成本包括配送直接费用和配装间接费用两个项目。

配装间接费用是指配送配装管理部门为管理和组织配装作业所发生的各项费用、由配装成本负担的各项管理费用和业务费用。

配装直接费用和配装间接费用构成了配装成本。

配装直接费用包括：

① 工资：是指按规定支付的配装作业工人的标准工资、奖金、津贴。

② 职工福利费：是指按规定的工资总额和提取标准计提的人工费用。

③ 材料：是指配装过程中消耗的各种材料，如包装纸、包装箱、塑料袋等。

④ 辅助材料：是指配装过程中耗用的辅助材料，如标志、标签等。

⑤ 其他：是指不属于以上各项的费用，如配装工人的劳保用品费。

（2）配装成本的核算。

配装成本的核算是指配装过程中所发生的费用，按照规定的成本计算对象和成本项目计入配装成本。具体方法如下：

① 工资及职工福利费：根据工资分配汇总表和职工福利费中分配的配装成本金额计入成本。

② 材料费用：根据材料发出凭证汇总表、领料单及领料登记表等原始凭证中配装成本耗用的金额计入成本。

③ 辅助材料费用：根据材料发出凭证汇总表、领料单中的金额计入成本。

④ 其他费用：根据材料发出凭证汇总表、低值易耗品发出凭证中配装成本领用的金额计

入成本。

⑤ 配装间接费用：根据配送间接费用分配表计入配装成本。

（3）配装成本计算表。

物流配送企业在月末应编制配送环节配装成本计算表，以反映配装总成本。配装成本计算表的格式如表 9-4 所示。

表 9-4　配装成本计算表

编制单位：　　　　　　　　年　　月　　　　　　　　单位：元

项目	合计	配装品种				
		货物 A	货物 B	货物 C	货物 D	货物 E
一、配装直接费用						
工资						
职工福利费						
配装品种						
材料费						
辅助材料费						
其他						
二、配装间接费用						
配装总成本						

5. 流通加工成本的计算

（1）流通加工成本包括直接材料费用、直接人工费用及制造费用三个项目。

① 直接材料费用：流通加工成本中的直接材料费用是指在流通加工产品加工的过程中，直接消耗材料、辅助材料、包装材料以及燃料和动力等所产生的费用。与工业企业相比，流通加工过程中的直接材料费用占流通加工成本的比重不大。

② 直接人工费用：流通加工成本中的直接人工费用是指直接进行加工生产的生产工人的工资总额和按工资总额提取的职工福利费，生产工人工资的总额包括计时工资、计件工资、奖金、津贴和补贴、加班工资、非工作时间的工资等。

③ 制造费用：流通加工成本中的制造费用是物流中心设置的生产加工单位为组织和管理生产加工所发生的各项间接费用，主要包括流通加工生产单位管理人员的工资及提取的职工福利费，生产加工单位房屋、建筑物、机器设备等的折旧和修理费，生产单位固定资产租赁费、机物料消耗、低值易耗品摊销、取暖费、水电费、办公费、差旅费、保险费、检验费、季节性停工和机器设备修理期间的停工损失，以及其他制造费用。

（2）流通加工成本的核算。

① 直接材料费用的核算：在直接材料费用中，材料和燃料费用的金额是根据全部领料凭证汇总编制的耗用材料汇总表确定的，外购动力费用是根据有关凭证确定的。

② 直接人工费用的核算：计入产品成本中的直接人工费用的金额，是根据当期工资结算汇总表和职工福利费计算表来确定的。

③ 制造费用的核算：制造费用是通过设置制造费用明细账，按照费用发生的地点来归集

的。制造费用明细账按照加工生产单位开设，并按照费用明细账项目设专栏组织核算。流通加工制造费用的格式可以参考工业企业制造费用的一般格式。流通加工的折旧费用、固定资产修理费用等占流通加工成本的比重较大，其费用归集尤其重要。

（3）流通加工成本计算表。

物流配送企业在月末应编制配送环节的流通加工成本计算表，以反映配送总成本和单位成本。流通加工成本计算如表 9-5 所示。

表 9-5　流通加工成本计算表

编制单位：　　　　　　　　　　年　月　　　　　　　　　　单位：元

项目	合计	配装品种				
		货物 A	货物 B	货物 C	货物 D	货物 E
直接材料费用						
直接人工费用						
制造费用						
合计						

五、配送成本的控制

（一）影响配送成本的因素

配送成本的高低受多种因素的影响：配送管理因素、配送货物自身的因素、市场因素等。具体内容如下。

1. 配送管理因素

① 配送满足率：配送中心的取货量占顾客所需要的货物数量的比率。如果配送满足率高，可以一次性、大批量地进行配送；而配送满足率较低，则配送中心就会分次进行配送；对不足的货物还需要花费另外的时间和车辆进行配送。这些额外的工作，同样也会增加配送成本，有时还可能因缺货而失去客户。

② 配送周期：配送持续时间的长短直接影响着配送成本的高低。如果配送效率低下，对配送中心的占用时间长。就会耗用更多的仓储固定成本。而这种成本往往表现为机会成本，使得配送中心不能提供其他配送服务获得收入或者在其他配送服务上需要另外增加成本。

③ 配送工具：不同的配送工具，其成本高低不同，运输能力大小也不同。运输工具的选择。一方面取决于所运货物的体积、重量及价值大小。另一方面又取决于企业对所运货物的需求程度及工艺要求，因此选择运输工具时，既要保证客户的需求，又要力求配送成本最低。

④ 配送货物的数量、重量：数量和重量的增加虽然会使配送作业量增大，但大批量的作业往往会使配送效率提高。配送的数量和重量是配送企业获得折扣的理由。而单件小批量的配送不仅不能体现配送的优势，而且由于单位固定成本较高，因此其配送成本相对也会较高。

2. 配送货物自身的因素

① 配送货物的价值：配送货物价值的高低会直接影响配送成本的大小。随着所配送货物价值的增加，每一物流活动的成本都会增加。运费在一定程度上反映货物移动的风险。一般

来说，配送货物的价值越大。对其所需要的运输工具要求就越高，其分拣配装流通加工所花费的成本也会增加。

② 配送货物的密度：配送货物的密度越大，相同运输单位所装的货物越多。运输成本就越低。同样，配送中心一定空间领域存放的货物也越多，库存成本也会降低。

③ 易碎性：易碎性的货物，在配送时对运输、包装、储存等提出了更高的要求，自然会增加成本。

④ 特殊要求的货物：有些货物在配送过程中有特殊要求（如加热、制冷等），这些都会增加配送成本。

3. 市场因素

① 配送距离：运输成本是构成配送成本的主要内容，而距离则是影响运输成本的主要因素。距离越远，也就意味着运输成本越高，同时造成需要的运输设备增加，需要的送货员工增加。

② 外部成本。配送经营时有时还需要使用到配送企业以外的资源。而外部资源的使用成本是企业无法控制的，特别是对于一些垄断性的外部资源。配送企业在使用的过程中都会增加额外的成本开支。

（二）配送成本控制的策略

物流活动的最终实现必须通过配送。配送不仅可以增加产品的价值，还有助于提高企业的竞争力，但完成配送活动是需要付出代价的，即需要配送成本。对配送的管理就是在配送目标即达到一定的客户的服务水平与配送成本之间寻求平衡；在一定的配送成本下尽量提高客户的服务水平，或在一定的客户服务水平下使配送成本最小。配送成本控制的策略主要有以下几方面的内容。

1. 优化配送作业

优化配送作业的策略主要有合并策略、差异化策略、混合策略、标准化策略以及延迟策略等。

（1）合并策略：

合并策略包含两个层次的内容：一个是配送方法上的合并，另一个则是共同配送。

① 配送方法上的合并，企业在安排车辆完成配送任务时，充分利用车辆的容积和做到满载满装，是降低成本的重要途径。如实行合理的轻重配装、体积大小不同的货物搭配装车，不但可以在载重方面达到满载，而且可以充分利用车辆的有效容积，取得最优效果。

② 共同配送。共同配送是一种产权层次上的共享，也称集中协作配送，它是几个企业联合起来集小量为大量共同利用同一配送设施的配送方式，其标准运作形式是：在中心机构的统一指挥和调度下，各配送主体以经营活动（或以资产为纽带）联合行动，在较大的地域内协调运作，共同对某一个或某几个客户提供系列化的配送服务。

（2）差异化策略。

差异化策略的指导思想是：产品特征不同，客户服务水平也不同。当企业拥有多种产品线时，不能对所有产品都按同一种客户服务标准来配送，而应按产品的特点、销售水平来设置不同的库存、不同的运输方式以及不同的储存地点。忽视产品的差异性会增加不必要的配送成本。

【同步案例】：差异化策略案例

一家生产化学品添加剂的公司，为降低成本，按各种产品的销量比重进行分类：A 类产品销量占总销量的 70%以上，B 类产品占 20%左右，C 类产品则为 10%左右。对于 A 类产品，公司在各销售网点都备有库存，B 类产品只在地区分销中心备有库存而在各销售网点不备有库存，C 类产品连地区分销中心都不设库存，仅在工厂的仓库才有存货。经过一段时间的运行，事实证明这种方法是成功的，企业总的配送成本下降了 20%。

（3）混合策略。

混合策略是指一部分配送业务是由企业自身完成的。采用混合策略，合理安排企业自身完成的配送业务和外包给第三方物流完成的配送业务，能使配送成本最低。与混合策略相对的是纯策略，是指配送活动要么全部由企业自身完成，要么完全外包给第三方物流完成。采用纯策略易形成一定的规模经济，并使管理简化，但由于存在产品品种多变、规格不一、销量不等等情况，因此采用纯策略的配送方式时若超出一定限度，不仅不能取得规模效益，反而会造成规模不经济。

【同步案例】：混合策略案例

美国一家干货生产企业为满足遍及全美的 1 000 家连锁店的配送需要，建造了 6 座仓库，并拥有自己的车队。随着经营的发展，企业决定扩大配送系统，计划在芝加哥投资 7 000 万美元再建一座新仓库，并配以新型的物料处理系统。该计划提交董事会讨论时，却发现这样不仅成本较高，而且就算仓库建立起来也还是满足不了需要。

于是，企业把目光投向租赁公共仓库，结果发现，如果企业在附近租用公共仓库，增加一些必要的设备，再加上原有的仓储设施，企业所需的仓储空间就足够了，但投资只需要 20 万元的设备购置费，10 万元的外包运费，加上租金，也远没有 7 000 万元之多。

（4）标准化策略。

标准化策略就是尽量减少因品种多变而导致的附加配送成本，尽可能多地采用标准零部件、模块化产品。如服装制造商按统一规格生产服装，直到顾客购买时才按顾客的身材调整尺寸大小。采用标准化策略要求厂家从产品设计开始就站在消费者的立场去考虑怎样节省配送成本，而不要等到产品定型生产出来了才考虑采用什么技巧降低配送成本。

（5）延迟策略。

传统的配送计划安排中，大多数的库存是按照对未来市场需求的预测量设置的，这样就存在预测风险。当预测量与实际需求量不符时，就会出现库存过多或过少的情况，从而增加配送成本。延迟策略的基本思想是：对产品的外观、形状及其生产、组装、配送的确定应尽可能推迟到接到客户订单后再进行。一旦接到订单，就要快速反应，因为采用延迟策略的一个基本前提是信息传递的速度要非常快。

【同步案例】：延迟策略案例

美国一家生产金枪鱼罐头的企业为提高市场占有率曾针对不同的市场设计了几种标签，

产品生产出来后运到各地的分销仓库储存起来。由于顾客偏好不一，几种品牌的同一产品经常出现某种品牌的产品因畅销而缺货，而另一些品牌却滞销压仓。为了解决这个问题，该企业改变以往的做法，在产品出厂时不贴标签就运到各分销中心进行储存，当接到各销售网点具体的订货要求后，才按各网点指定的品牌标志贴上相应的标签，这样就有效地解决了此消彼长的矛盾，从而降低了库存压力。

2. 提高配送作业效率

（1）商品入库、出库的效率化。

在配送作业中，伴随着订发货业务的开展，商品检验作业也在集约化的中心内进行。特别是近几十年来，随着条形码的广泛普及以及便携式终端性能的提高，物流作业效率得到大幅提高。即在客户订货信息的基础上，在进货商品上要求贴附条形码，商品进入中心时用扫描仪读取条形码检验商品；或在企业发货信息的基础上，在检验发货商品的同时加贴条形码。这样，企业的仓库保管以及发货业务就可以都在条形码管理的基础上进行了。

（2）保管、装卸作业的效率化。

从事现代配送中心再建的企业都极力在中心内导入自动化作业，在实现配送作业快速化的同时，削减作业人员，降低人力费。特别是以往需要大量人力的备货或标价等流通加工作业，如何实现自动化是很多企业需解决的重要课题。如今，为了提高作业效率，除了改善作业内容外，很多企业所采取的方法是极力使各项作业标准化，进而最终实现人力资源的节省。

（3）备货作业的效率化。

由于产业不同、商品的形状不同，配送中心备货作业的自动化有难有易。备货自动化中最普及的是数码备货，它可以不使用人力，而是借助信息系统有效地进行作业活动。数码备货系统就是在由信息系统接受客户订单的基础上，向分拣员发出数码指示，从而按指定的数量和种类正确、迅速地备货的作业系统。实行自动化备货作业后，各个货架或货棚顶部装有液晶显示装置，该装置标示商品的分类号以及店铺号，作业人员可以很迅速地查找到所需商品。

（4）分拣作业的效率化。

对于不同的经济主体，分拣作业的形式是不同的。对于厂商而言，如果是客户工厂订货，则产品生产出来后直接运送给客户，基本上不存在分拣作业；相反，如果是预约订货，那么就需要将商品先送到仓库，接受客户订货后，再进行备货、分拣，配送到指定客户手中。此外，对于拥有全国产品销售网的厂商，产品生产出来后运送到各地的物流中心，各地物流中心在接受当地订货的基础上，分别进行备货、分拣作业，然后直接向客户配送产品。

3. 建立顺畅的信息系统

降低配送中心的成本方法和策略有多种。物流成本管理就是借助顺畅的信息系统、导入自动化仪器、构筑信息系统等手段，试图做到配送中心内作业的机械化，节省人力资源，简化订货、发货作业，最终降低物流成本，缩短商品在途时间，进而真正做到商物分离，使营业人员能专心于经营活动，提高经营绩效。下面以场所管理来说明顺畅的信息系统是如何降低物流成本的。

配送中心内的场所管理分为两种形态：

一种是利用信息系统事先将货架进行分类、编号，并贴附货架代码，对各货架内的商品事先加以确定，这是一种固定型场所管理。在固定型场所管理方式下，各货架内装载的商品是长期一致的，这样从事商品备货作业是较为容易的。同时，信息管理系统的建立也是较为方便的，这是因为只要第一次将货架编号以及商品代码输入计算机，就能很容易地掌握商品出入库动态，从而省去不断进行在库商品统计的烦琐业务。与此同时，在商品发货以后，利用信息系统能很方便地掌握账目以及实际商品的残余在库量，及时补充安全在库量。

另一种管理方式是流动型管理，即所有商品按顺序摆放在空的货架中，不事先确定各类商品专用的货架。由于各货架内装载的商品不同，流动型管理方式是不断变化的，在登录商品变更时出差错的可能性较大。

固定型管理和流动性管理各有一定的适用范围。一般来讲，固定型管理适用于非季节性商品，而季节性商品或流行性变化剧烈的商品适合流动性管理。

4. 引入目标成本管理

配送中心的经营总目标从表面上看，可能是以更高的服务质量且以更低的成本来完成向各个客户的配送。但这只是管理上的目标，还应从更深的层次，即从财务会计的角度去分析，并且导入目标成本管理，设定一些具体指标，如成本、现金流量、净投资回报率、库存、净利润等来进行具体的控制。其要点如下：

（1）在同一技术水平下，为了实现这些目标中的某些目标，应尽量减小对其他目标的影响。

（2）实现这些目标时，要以总目标的经济效益为基准。

（3）把目标管理的重点放在控制影响成本降低的瓶颈因素上。

5. 利用作业成本法进行核算

在作业成本法下，以客户作为成本对象进行成本计算，能分析出企业向特定客户销售的获利能力。利用作业成本法计算相应成本，该类成本被称为“客户成本”。客户成本不仅包括生产环节发生的成本，还包括销售环节和其他相关环节发生的成本。客户成本计算完毕后，再将所有与客户相关的收入和成本进行比较。这种分析能使管理人员了解各客户对企业盈利水平的影响，有助于企业选择合适的客户类型。

6. 实行责任中心管理

随着企业规模的扩大，企业应把配送中心作为一个责任中心来对待，并考虑划分出若干责任区域并指派下属经理——配送经理进行管理。责任中心是指企业中具有一定权力并承担相应工作责任的各级组织和各个管理层次。

为了指导各责任中心管理者做出决策，并评估其经营业绩和该中心的经营成果，企业实施责任中心管理的关键是制定一个业绩计量标准，包括制定决策规则、标准和奖励制度。利用这个标准，企业可以传达它们希望各中心应该如何做，并对它们的业绩进行判断和评价。

业绩计量标准制定的工作大体上可以从两方面入手：一方面，详细规定各中心允许的、可被采纳的行为规范，并限制中心经理可以选择的行动方案。比如指定供应商，禁止处理某些资产，限定项目投资的最高额度等。另一方面，必须建立一套完善的奖励制度以激励中心经理，促使其行动达到最优化。

影响公司最高管理层实行责任中心管理，导致业绩计量标准调节机能失调的因素有：

（1）目标不一致：比较理想的计量标准应该与企业总目标保持高度一致，但是在复杂而不确定的环境下，任何单一的业绩计量标准都不可能保证分散经营的分部目标与企业总目标保持完美的协调一致。

（2）关系不协调：各中心的业务活动之间是相互作用的，一个独立单位的业务活动可能不仅影响自身的业绩计量，还会影响其他单位的业绩计量。因此，各中心之间转移价格的制定通常是最容易引起争议的。

（3）避免过度消费：在责任中心管理中，因为各自负责任的考核标准不同，往往无法避免浪费现象的产生。如拥有费用支配权力的下级管理人员耗费无度：花巨资装修办公室、雇用大量的临时工、无节制的职位消费等。

（三）配送成本控制的基本程序

1. 制定成本控制标准

成本控制标准是控制成本费用的重要依据，物流配送成本标准应按实际的配送环节分项制定，不同的配送环节，其成本项目是不同的。制定配送作业的成本控制标准，业务数量标准通常由技术部门研究确定，费用标准由财务部门和有关责任部门研究确定，同时尽可能吸收负责执行标准的职工参加各项标准的制定，从而使制定的标准符合实际配送活动的要求。

2. 揭示成本差异

成本控制标准制定后要与实际费用相比较，及时揭示成本差异。成本差异的计算与分析也要与所制定的成本项目进行比较。

3. 成本反馈

在成本控制的过程中，要将成本差异的情况及时反馈给有关部门，以便及时控制与纠正。

【任务实施】

一、任务描述

CN 物流配送中心配送部门的有关配送运输资料如下：

（1）配送车辆：原始价值为 20 万元，预计净残值率为 5%，预计总行驶里程为 76 万公里，当月实际行驶里程为 5 000 km，企业按行驶里程法计提折旧。

（2）燃料消耗：油耗按 16 升/百公里计算，吨公里附加按 1 升/百吨公里计算，假设柴油价格为 6.5 元/升。

（3）修理费：该月完成对车辆的大修理，共发生修理费 4 800 元。

（4）人工费：为该车配备专职驾驶员，工资费用率为 0.6 元/ km，工资福利费为工资的 15%。

（5）保险费：支付全年的机动车交通事故责任强制险 4 320 元，商业第三者责任险 3 650 元，车损险 1 870 元。

（6）其他按月支付的费用：车辆维修费 720 元，轮胎费 550 元，保养费 350 元，运输管理费 800 元，其他支出 2 800 元。

（7）当月完成配送运输任务共计 65 000 吨公里，实际发生差旅费 560 元，支付路桥费 6 375 元。

（8）本月由配送业务负担的配送业务管理费为 1 750 元。

要求：上期配送运输总成本为 3.85 万元，配送周转量为 70 千吨公里，请各配送部对本期产生的配送运输成本进行核算，编制配送运输成本核算表。

二、任务目标

（1）熟悉配送成本的核算范围和步骤。

（2）熟练掌握配送成本的核算方法。

（3）能够对配送中心的成本进行分析和核算。

（4）培养、提高学生的配送成本核算业务技能，树立成本效益意识。

三、任务实施步骤

（1）学生以个人为单位，根据上述资料进行数据分析。

（2）归集与分配配送费用，确定配送成本核算方法。

（3）计算配送运输成本，填制配送运输成本核算表。

（4）组织小组自评和组间互评，并给出教师评价。

（5）进行实训总结，完成实训报告。

四、任务评价

配送成本核算实训评价表

<table>
<tr><td>班级</td><td></td><td colspan="2">配送部（组名）</td><td></td></tr>
<tr><td>考评内容</td><td colspan="4">配送成本核算</td></tr>
<tr><td rowspan="5">考评标准</td><td colspan="2">内　　容</td><td>分值</td><td>实际得分</td></tr>
<tr><td colspan="2">配送运输成本项目分析正确</td><td>30</td><td></td></tr>
<tr><td colspan="2">配送运输成本计算正确</td><td>50</td><td></td></tr>
<tr><td colspan="2">配送运输成本核算表编制合理</td><td>20</td><td></td></tr>
<tr><td colspan="2">合　　计</td><td>100</td><td></td></tr>
<tr><td>存在的问题及改进措施</td><td colspan="4"></td></tr>
</table>

任务二　配送作业绩效管理

【案例导入】——CN 物流配送中心的服务评价标准

CN 配送中心的作业人员在配送时需严格按照服务标准 4.0 执行，并给予相应的绩效考核方案。服务态度标准如下：

服务红线内容：不送货上门、服务态度差、违规投递、虚假销单、私收杂费、私自退货、强制客户收货。

考核数据取值：天猫中差评、易购中差评、任务单、菜鸟 CP 工作台。

（1）不送货上门：未将商品送到面单详细地址或客户指定的地址。未执行送货上门导致客户投诉，配送员处以 500 元/单的罚款；被客户投诉累计 3 次（1 年内含 3 次）以上，自有配送员解除劳动合同，承包商、外包商则终止合作。

（2）服务态度差：与客户发生冲突、言语不当、拒接客户合理要求等行为。出现辱骂客户，发生争吵等服务态度差投诉，配送员处以 500 元/单罚款；被客户投诉累计 3 次（1 年内含 3 次）以上，自有配送员解除劳动合同，承包商、外包商则终止合作。

（3）违规投递：私自让他人代收、私自转投。私自让他人代收：未经客户同意私自将商品交给他人代签、私自转投、未经客户同意私自将商品转投自提柜，或将商品放至门卫等地方。配送员按 1 000 元/单进行处罚，自有配送员解除劳动合同，承包商、外包商则终止合作。

（4）虚假销单：客户或客户指定的代收人未接收到我司递送的包裹的情况下，配送员销单完成，配送员按 1 000 元/单进行处罚，自有配送员解除劳动合同，承包商、外包商则终止合作。

（5）私收杂费退：还用户私收杂费，配送员予以 500 元/单罚款；若导致客户升级投诉，曝光事件，配送员按 2 000 元/单进行处罚，自有配送员解除劳动合同，承包商、外包商则终止合作。

（6）私自退货：未经客户同意私自将商品退回仓库。配送员按 500 元/单进行处罚，自有配送员解除劳动合同，承包商、外包商则终止合作。

（7）强制客户收货：客户明确拒收商品，仍强制客户签收导致客户投诉的行为。配送员按 500 元/单进行处罚，自有配送员解除劳动合同，承包商、外包商则终止合作。

（8）对于页面产生的天猫、易购中差评，责任人第一时间联系客户致歉，取得客户谅解，追加好评。并在后期作业中严格按照服务标准执行，赢得客户好评。

除以上红线投诉处罚外，客户升级投诉包括但不限于 315、法律、工商等途径进行的投诉及严重网络/声/视/平媒体等的负面报道，一旦出现一律扣罚责任人 2 000 元并清退。

【知识准备】

一、配送作业绩效评价的含义

企业绩效评价是运用数量统计和运筹学方法，采用特定的指标体系，依据统一的评价标准，按照一定的程序，通过定量、定性分析，对企业在一定的经营期间内的经营效益和经营者的业绩，做出的客观、公正和准确的综合判断。评价内容集中在盈利能力、资产运营水平、偿债能力和发展能力等方面。

配送中心绩效指配送中心依据客户订单在组织配送运作过程中的劳动消耗和劳动占用与所创造的物流价值的对比关系，或者是配送运作过程中配送中心投入的配送资源与创造的物流价值的对比。配送中心作业绩效评价是对物流价值的事前计划与控制以及事后的分析与评估，以衡量配送中心配送系统和配送活动全过程的投入与产出状况的分析技术与方法。

二、配送作业绩效评价的作用

（一）提供管理决策依据

评价配送企业整体运行效果，了解其在同行业竞争中的优劣地位，为拟订和调整企业战略、目标、计划、投入预算等提供决策依据。

（二）促进企业绩效持续改进

评价配送企业内部流程作业和外部客户服务绩效，及时发现存在的问题，持续改进流程安排和作业方式、方法和条件；评价和反馈员工的业绩和行为，帮助员工提高工作绩效。

（三）用于责任考核与激励

评价员工和团队对企业的贡献，为企业实施奖惩、调整薪酬、变动职务等提供客观依据；激发员工潜能，提高工作满意度，增强团队凝聚力，促进形成以绩效为导向的企业文化。

（四）用于其他人力资源安排

发现员工和团队培训和教育需要，便于修订员工职业生涯规划，做出招聘选择和工作分配决策，为人力资源规划提供有用信息。

三、配送绩效评价流程

配送企业的绩效评价与一般传统企业管理绩效评价相比，有其自身的特点。现行一般企业绩效评价对象大多限于单个企业及其内部职能部门或者员工个人，评价内容主要为部门和岗位工作完成情况，数据来源于财务结果，侧重事后分析。配送企业绩效评价内容则更为广泛，除了要反映岗位任务完成情况，还要能对业务流程做出评价，能全方位反映配送整体运作情况，着重反映客户需求的落实，并且尽可能提供实时分析功能。配送作业绩效评价是配送企业绩效管理的重要环节，它为配送企业如何改进管理绩效提供具体依据。配送绩效评价流程如图 9-1 所示。

（一）明确企业战略目标

在明确企业发展战略前提下，识别战略实施的关键评价因素，确定企业具体经营目标。

（二）构建绩效评价指标体系

将企业经营目标进行分解，据以确定各部门主要评价活动和关键评价点绩效指标，最终分解落实到每个岗位，形成员工行为与结果 KPI 共同构成的岗位绩效指标体系。

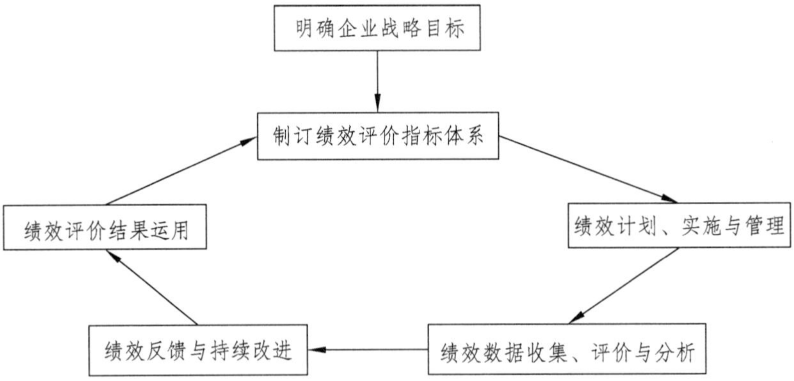

图 9-1　配送绩效评价流程

（三）绩效计划、实施与监控

制定绩效工作方案，确定评价原则、评价方法、评价周期，安排工作进程、评价时间表和评价小组人员分工。员工对自己绩效目标做出承诺，在绩效实施期间，管理者要对员工的工作过程进行指导和监督，对发现的问题及时予以解决，并根据需要对绩效计划进行调整。

（四）绩效数据收集、评价与分析

绩效实施过程中和周期结束后，收集、核实和整理评价所需基础资料和数据，依据预先评价方案与标准统计计分，对照绩效目标形成综合评价结论，并对结果的形成原因进行讨论、分析和总结，撰写评价报告。

（五）绩效反馈与持续改进

通过绩效反馈面谈，员工了解主管期望和本人实际绩效，得到指导和帮助。双方就绩效评价结果和改进点达成共识后，共同商定调整下一轮绩效周期绩效目标和改进点。

（六）绩效评价结果运用

根据绩效评价结果，有针对性地开展员工教育与培训，据以决定对员工的奖惩、薪酬调整和相应人事变动等。

四、配送作业绩效评价要素

配送中心绩效评价能够正确判断配送中心的实际经营水平，提高经营能力，改善管理，从而增加配送中心的整体效益。配送中心绩效评价通常包括以下几个方面的内容。

（一）设施空间利用率

设施空间利用率用于衡量整个配送中心空间设施是否已充分利用。

设施空间利用率，是指空间的利用度、有效度。一句话，提高单位土地面积的使用率，要考虑货架、仓储区的储存量、每天理货场地的配货周转次数等。

（二）人员利用率

人员利用率用于衡量每一个人员是否尽到自己最大的能力。

对于人员作业效率的考核分析，是每一个企业经营评价的重要指标。人员利用率评价主要从以下三个方面着手。

1. 人员编排

要求人员的分配达到最合理的程度，避免忙闲不均，包括上班作息时间的安排。通常要考虑四个方面的问题：工作需要性、工作量、人员流动性、加班合理性。

2. 员工待遇

员工待遇是企业支付给员工的工资及各种福利。其中，工资包括基本工资、计时或计件工资。员工待遇通常与员工的工作绩效及企业的经营业绩相关。

3. 人员效率

人员效率管理的目的在于提高人员的工作效率，使每一个作业人员在作业期间都能发挥最大的生产效率。也就是说，掌握操作人员的作业速度，使配送中心的整体水平处理量相对提高。人员效率一般以工时进行评估，由于工时不如生产部门容易掌握，因此除工时外，配送中心也可以将销货收入、出货量、作业单元数等用来评价人员效率。

（三）设备利用率

设备利用率用于衡量资产设备是否已发挥最大产能。

配送中心的设备主要用于保管、搬运、存储、装卸、配送等物流作业活动。由于各种作业有一定的时间性，设备工时不容易计算，通常通过增加设备利用时间和提高设备单位时间内的处理量来提高设备利用率。

（四）商品、订单效率

商品、订单效率用于衡量商品销售贡献是否达到预期目标。

配送中心应该抓好以下几项工作：

（1）通过对配送中心出货情况的分析，提示采购人员调整水平结构。

（2）根据客户需求快速拆零订单。

（3）严格控制配送中心的库存，留有存货以减少缺货率；同时，避免过多的存货造成企业资金积压，商品质量出问题等损失。

（五）作业规划管理能力

作业规划管理能力用于衡量目前管理阶层所作的决策规划是否合适。

规划是一种方法，用于拟定根据决策目标应采取的行动。规划的目标是为整个物流活动过程选择合理的作业方式、正确的行动方向。规划管理人员必须事先决定作业过程中最有效的资源组合，才能配合环境设计出最好的资源方式，来执行物流运作过程中的每一个环节的工作，达到最佳的产出效果。

（六）时间效率

时间效率用于衡量每一项作业是否已掌握最佳时间。

时间是衡量效率最直接的因素，最能反映整体作业能力的高低。评价时间效率的关键在于掌握单位时间内收入、产出量、作业单元数及各作业时间比率等情况。

（七）成本率

成本率用于衡量各项作业的成本费用是否合理。

配送中心的物流成本是指直接或间接用于收货、储存保管、拣货、配货、流通加工、信息处理和配送作业的费用总和。

（八）质量水平

质量水平用于衡量配送中心服务质量是否达到令客户满意的水准。

质量不仅包括商品的质量，还包括各项物流作业的质量，如耗损、缺货、呆滞品、维修、退货、延迟交货、事故、误差率等。

对于物流质量的管理，一方面要建立合理的质量标准，另一方面需多加重视存货管理及对作业过程的监督，尽可能避免不必要的损耗、缺货、不良品率等，以降低成本，提高客户的服务质量。

五、配送作业绩效评价指标的概念

配送作业绩效评价指标是反映配送流程作业环节及其整体作业效率与效果，衡量配送作业管理水平高低的尺度，是配送企业对内加强流程作业管理，对外提高客户服务水平的重要工具。

配送作业绩效评价指标涉及配送作业绩效管理的各方面，体系庞杂，现代企业普遍采用“二八原理”，甄选出少数的 KPI 进行评估。KPI 抓住企业少数的关键行为进行分析和衡量，就能抓住业绩评价的重心。其优点是数量有限，标准鲜明，易于做出评估；缺点是对简单的工作制定标准的难度较大，缺乏一定的定量性，对其他非关键内容缺少一定的评估，应用时需要适当注意。

六、配送作业绩效评价指标分析

（一）订单处理作业绩效评价指标分析

从接到客户订单到准备着手拣货之间的作业阶段，称为订单处理。它包括接单、客户资料的确认、存货查询、单据处理等。

订单处理作业的绩效评价指标有订单分析、订单延迟率、订单货件延迟率、紧急订单响应率、缺货率、短缺率，客户取消订单率和客户抱怨率等。

1. 订单分析

通过对日均受理订单数，每订单平均订货数量、每订单平均营业额和日均商品单价的分析，观察每天的变化情况，以拟定客户管理策略及业务发展计划。相关指标的计算公式为：

日均受理订单数=订单数量/工作天数

每订单平均订货数量=出货量/订单数量

每订单平均营业额=营业额/订单数量

日均商品单价=营业额/商品数量

订单分析指标可用来观察订单每天的变化情况，配送中心可据此拟定客户管理策略及业务发展计划等。

2. 订单延迟率

订单延迟率用于衡量交货的延迟状况。计算公式为：

订单延迟率=延迟交货订单数/订单数量

订单延迟率越低越好，要降低订单延迟率，可以从以下几个方面着手：

（1）找出作业瓶颈，加以解决。

（2）研究物流系统前后作业能否相互支持或同时进行，谋求作业的均衡性。

（3）掌握库存情况，防止缺货。

（4）合理安排配送时间。

（5）掌握路况。

3. 订单货件延迟率

订单货件延迟率用于衡量配送中心是否应该实施客户重点管理，以使自己有限的人力、物力得到最有效的利用。计算公式为：

订单货件延迟率=延迟交货量/出货量

应考虑实施客户 ABC 分析，以确定客户的重要程度，进而采取重点管理。例如，根据订单资料，按客户的购买量占配送中心营业额的百分比来进行客户 ABC 分析，对 A 类客户实施重点管理，尽可能减少重要客户延迟交货的次数，以提高服务水平。

4. 紧急订单响应率

紧急订单响应率是用以分析配送中心快速订单处理能力及紧急插单业务的需求情况，计算公式为：

紧急订单响应率=未超过 12 小时出货订单/订单数量

要想提高紧急订单响应率，需要做到以下几个方面：

① 制定快速作业处理流程及操作规程。

② 制定快速进货计费标准。

③ 减少紧急插单的概率。

5. 缺货率

缺货率用于衡量存货控制决策是否合理，配送中心是否应该调整订货点及订购量的基准。计算公式为：

缺货率=接单缺货率/出货量

配送中心可以从以下几个方面来降低缺货率：

① 加强库存管理。

② 登录并分析存货异常情况。

③ 掌握采购、补货时机。

④ 督促供应商准时送货。

6. 短缺率

短缺率是指在出货前或交货后才发现的货物短少比率，用来反映出货作业的精确度。计算公式为：

短缺率=出货短缺数/出货量

配送中心可以从以下几个方面来降低短缺率：

① 注重每次作业的质量。

② 做好每一作业环节的复核工作。

7. 客户取消订单率和客户抱怨率

客户取消订单率和客户抱怨率的相关计算公式分别为：

客户取消订单率=客户取消订单数/订单数量

客户抱怨率=客户抱怨次数/订单数量

客户取消订单率和客户抱怨率过高的原因体现在以下几个方面：

① 产品质量不佳。

② 服务态度不好。

③ 交货延迟。

④ 同业竞争激烈。

⑤ 客户素质较差。

配送中心应针对以上原因，特别是自身原因，制订相关的改进措施与办法。

（二）进出货作业绩效评价指标分析

进货作业主要包括接收商品、装卸搬运、码托盘、核对商品的数量及质量、签单。出货作业是指将分拣完的商品，做好复核检查，并根据车辆情况或配送路径将商品搬运至理货区，装车待配送。

在进出货作业过程中，配送中心管理人员应该考虑进出货作业人员的工作量安排情况，装卸设备的利用率，站台停车泊位的利用率，供应商进货时间，客户、门店要求交货的时间等方面的问题。

进出货作业绩效评价指标主要如下。

1. 站台使用

（1）站台使用率。

站台使用率用于考核站台的使用情况，判断是否因站台数量不足或规划不佳造成拥挤或低效。计算公式为：

站台使用率=进出货车次装卸货停留总时间/站台泊位数×工作人数×每天工时数

采用进出货站台分开的配送中心，可分别计算站台使用率。计算公式为：

进货站台使用率=进货车次装卸货停留总时间/站台泊位数×工作人数×每天工时数

出货站台使用率=出货车次装卸货停留总时间/站台泊位数×工作人数×每天工时数

（2）站台高峰率。

站台高峰率是考核站台在进出货高峰时间段的使用情况，其计算公式为：

站台高峰率=高峰车次/站台泊位数

情况一：若站台使用率偏高，则表示站台停车泊位数量不足，造成交通拥挤。可采用以下措施加以改进：

① 增加停车泊位数。

② 做好时段管理。进出配送中心的车辆能有序地行驶、停靠、进行装卸货作业。

③ 增加进出货人员，加快作业速度，减少每辆车停留装卸的时间。

情况二：若站台使用率低，站台高峰率高，表示虽然车辆停靠站台的平均时间不多，站台停车泊位数量仍有余量，但在高峰时段进出货时仍存在拥挤现象，此种情况主要是没有控制好进出货时段引起的。解决的关键是将进出货车辆的到达作业时间错开。可采取以下措施加以改进：

① 应要求供应商依照计划准时送货，规划对客户交货的出车时间，尽量降低高峰时段的作业量。

② 若无法与供应商或客户达成分散高峰期流量的共识，则应特别安排人力在高峰时段作业，以保持商品快速装卸和搬运。

2. 人员负担和时间耗用

人员负担和时间耗用指标用于考核进出货人员工作分配及作业速度，以及目前的进出货时间是否合理。计算公式为：

每人每小时处理进货量=进货量/进货人数×每日进货时间×工作人数

每人每小时处理出货量=出货量/出货人数×每日出货时间×工作人数

进货时间率=每日进货时间/每日工作时间

出货时间率=每日出货时间/每日工作时间

若进出货人员共用，则计算公式为：

每人每小时处理进出货量=（进货量+出货量）/进出货人数×每日进出货时间×工作人数

进出货时间率=每日进货时间+每日出货时间/每日工作时间

情况一：若每人每小时处理进出货量高，且进出货时间率也高，则表示进出货人员平均每天的负担不轻，原因是配送中心目前的业务量过大，可考虑增加进出货人员，以减轻每人的工作负担。

情况二：若每人每小时处理进出货量低，但进出货时间率高，则表示虽配送中心一天内的进出货时间长，但每位人员进出货负担却很轻。原因是进出货作业人员过多或商品进出货处理比较繁杂，进出货人员作业效率较低。可采取以下措施加以改进：

① 缩减进出货人员。

② 对于功效差的问题，应随时督促、培训，同时尽量想办法减少劳力及装卸次数（尽量实现托盘化、机械化等）。

情况三：若每人每小时处理进出货量高，但进出货时间率低，则表示上游进货和下游出货的时间可能集中在某一时段，以致作业人员必须在此时段承受较高的作业量。可考虑平衡人员的劳动强度并避免车辆太多造成站台泊位拥挤，还可以采取措施分散进出货作业时间。

3. 设备利用率

设备利用率用于评估每台进出货设备承担的工作量是否合理、达标。计算公式为：

每台进出货设备每天装卸量=进货量+出货量/装卸设备数×工作天数

若此指标值较低，则表示设备利用率差，资产过于闲置，应积极开拓业务，增加进出货量。如果业务工作量无法扩大，则应考虑将部分装卸设备移作他用（如出租等）。

（三）储存作业绩效评价指标分析

储存作业的主要责任在于把将来要使用或者要出货的产品妥善保存，这不仅要求从业人员要善于利用空间，有效地利用配送中心每一平方米的储存面积，而且要加强对库内存货的管理，做到既保证降低商品的缺货率，又不因库存过多而产生呆废料。

储存作业绩效评价指标主要包括储存空间利用率、库存周转率、库存管理费率、呆废货品率等。

1. 储存空间利用率

储存空间利用率用于衡量配送中心的仓库空间是否被充分利用，相关指标的计算公式为：

储位容积使用率=存货总体积/储位总容积

储区面积率=储区面积/配送中心建管面积

可使用保管面积率=可保管面积/储区面积

单位面积保管量=平均库存量/可保管面积

平均每品项所占储位数=货架储位数/总品项数

平均每品项所占储位数若能规划在 0.5 ~ 2.0，即使无明确的储位编码，也能迅速存取商品，不至于造成储存、拣货作业人员找寻困难，也不会产生同一品项库存过多的问题。

2. 库存周转率

库存周转率是用于考核配送中心货品库存量是否适当和考核经营绩效的重要指标。计算公式为：

库存周转率=出货量/平均库存量=营业额/平均库存金额

周转率越高，可存周转期越短，表示用较少的库存完成同样的工作，使积压或被库存占用资金减少，也就是说，资金的使用率提高，企业利润也随货品周转率的提高而增加。

配送中心可采取以下措施提高库存周转率：

① 缩减库存量，即通过配送中心自行决定采购、补货的时机及库存量。

② 建立预测系统。

③ 增加出货量和营业额。

④ 用准时制（JIT）系统控制库存。

3. 库存管理费率

库存管理费率可用库存管理费来计算，用于衡量配送中心单位存货的库存管理费用。计算公式为：

库存管理费率=库存管理费用/平均库存量

应对库存管理费用的内容逐一检查和分析，寻找问题并予以改进，尽可能减少库存管理费用。库存管理费用通常分为以下六种：

① 仓库租金。

② 仓库管理费用，如入出库验收、盘点等人事费，警卫费，仓库照明费，空调费，建筑物、设备及器具的维修费。

③ 保险费。

④ 损耗费，如变质、破损、盘损等费用。

⑤ 货品淘汰费用，如流行商品过时、季节性商品换季等造成的损失。

⑥ 资金费用，如货品变价损失，机会成本损失等。

4. 呆废货品率

呆废货品率用于评价配送中心货品损耗影响资金积压的情况。计算公式为：

呆废货品率=呆废货品件数/平均库存量=呆废货品金额/平均库存金额

配送中心产生呆废料一般是由验收疏忽、产品变质、仓储保管、存货长期积压、订单取消或客户退货、变更设计、新产品或替代品出现、市场需求变化等因素引起的。

配送中心可采取以下措施降低呆废货品率：

① 验收时力求严格把关，防止不合格货品混入。

② 研讨储存方法、设备与养护条件，防止货品变质，重视对货品有效期的管理。

③ 随时掌握库存水平，特别是滞销品的处置，减少呆废品积压资金和对库存的占用。

（四）盘点作业绩效评价指标分析

通过定期或不定期地盘点库存，能及早发现问题，以免在日后出货时造成更大的损失。在盘点作业中，常把盘点过程中所发现的存货数量不符的情况作为评估重点。盘点过程中，盘点人员应该重点考虑实际存量和账面存量的差异是多少；这些差异发生在哪些品项；每次循环盘点过程中，有几次确实存在误差；平均每品项货品发生误差的次数是多少等问题。盘点作业绩效评价指标主要如下：

1. 盘点误差率

盘点误差率用于衡量盘点作业的优劣，常用的指标有盘点数量误差率和盘点品项误差率。

盘点数量误差=实际库存数-账面库存数

盘点数量误差率=盘点数量误差/实际库存数

盘点品项误差率=盘点误差品项数/盘点实施品项数

情况一：当盘点数量差错率高，但盘点品项误差率低时，表示虽然发生误差的货品品项在减少，但发生误差品项的数量却有增加的趋势。此时，应检查负责这些品项的人员是否尽责，同时思考这些货品的置放区域是否得当、是否有必要加强管理等。

情况二：当盘点数量差错率低，但盘点品项误差率高时，表示虽然整个盘点误差量有下降趋势，但发生误差的货品种类却在增多，误差品项太多将使后续的更新修改工作更加麻烦，且更可能影响出货速度，因此要加强管制。

2. 平均盘差品金额

平均盘差品金额=盘点误差金额/盘点误差量

若该指标高，则表示高价位货品的误差发生率较大，可能是配送中心没有实施物品重点管理的结果，对配送中心的营运将造成不利影响。因此，最好的改善方式是严格实行商品的ABC管理。

3. 盘差次数比率

盘差次数比率=盘点误差次数/盘点执行次数

平均每品项盘差次数率=盘差次数/盘差品项数

情况一：若该比率逐渐降低，则表示不论是货品出入库的精确度还是平时存货管理的方式都有很大的进步，盘差次数减少。

情况二：若该比率高，则表示盘点发生误差的情况大多集中在相同的品项，此时必须对这些品项提高警觉，并深入查找原因。

（五）拣货作业绩效评价指标分析

拣货作业是每张客户订单都至少包含一项以上的商品，将这些不同种类、不同数量的商品从配送中心取出并集中在一起的过程。由于拣货作业多数依靠人工配合简单机械化设备，属于劳动力密集型作业，因此，须重视对拣货人员的负担及效率的评估。

拣货的方式和拣货的策略往往是决定接单出货时间长短的最主要因素，而保证拣货的精确度更是影响出货质量的重要一环。拣货是配送中心中最复杂的作业，其耗费成本的比例不小，因此，控制拣货成本也是管理人员最关心的重点。衡量拣货作业绩效的评价指标主要如下。

1. 人均作业能力

人均作业能力用于衡量拣货的作业效率，以便找出在作业方法及管理方式上存在的问题。计算公式为：

人均每小时拣货品项数=订单总笔数/（拣货人员数×每天拣货时间×工作天数）

配送中心提高拣货效率的方法有以下五种：

① 合理规划拣货路径。

② 合理配置储位。

③ 确定高效的拣货方式。

④ 合理安排拣货人员数量及工况。

⑤ 提高拣货的机械化，电子化程度。

2. 批量拣货时间

批量拣货时间用于衡量每批次平均拣货所需的时间，可供日后分批策略参考。计算公式为：

批量拣货时间=（每日拣货时数×工作天数）/拣货分批次数

若批量拣货时间短，则表示拣货的反应很快，即订单进入拣货作业系统乃至完成拣取所花费的时间很短，这特别有利于处理紧急订货和临时插单。

3. 每订单投入拣货成本

一般来说，拣货成本包括人工成本、拣货设备的折旧费、信息处理成本等。相关指标的计算公式为：

每笔订单投入拣货成本=拣货投入成本/订单数量

每件商品投入拣货成本=拣货投入成本/拣货单位累计总件数

这类指标较高，表示拣货成本较高，应合理控制拣货成本，并合理使用和保养拣货设备，减少其折旧成本。

4. 拣货差错率

拣货差错率是用于衡量拣货作业质量的指标。计算公式为：

拣货差错率=拣取错误笔数/订单总笔数

配送中心降低拣货差错率的主要措施有：

① 选择最合理的拣货方式。

② 加强对拣货人员的培训。

③ 引进条形码、拣货标签或电脑辅助拣货系统等自动化技术，以提升拣货精确度。

④ 改善现场照明度。

（六）送货作业绩效评价指标分析

配送是指从配送中心将商品送达客户处的活动。有效的配送离不开适当的配送人员、适合的配送车辆以及每趟车最佳运行路径等因素的配合。因此，人员、车辆及配送时间、规划方式，都是配送中心管理人员在配送方面应该考虑的重点问题。送货作业绩效评价指标主要如下。

1. 人均送货量

人均送货量用于评价配送人员工作能力及作业绩效。计算公式为：

人均送货量=出货量/配送人员数

人均送货量指标值高，表示配送中心的出货量大，而送货人员少，人员工作负担重。配送中心应根据此指标调整送货人员的数量，合理分配各工作人员的工作任务。

2. 车辆平均作业量

车辆平均作业量的计算公式为：

车辆平均作业量=送货总件数/（自有车数量+外雇车数量）

车辆平均作业量低，表示车辆总载货量不足或空驶现象严重，应合理规划安排每批送货的数量，尽量使车辆满载。

3. 空驶率

空驶率的计算公式为：

空驶率=空车行驶里程/送货总里程

要降低空驶率，关键在于做好回程顺载工作，可从回收物流着手，例如托盘、笼车、容器和拣货周转箱的回收，原材料的再生利用（如废纸板箱）以及退货处理等。

4. 车辆运行状况

车辆运行状况相关指标的计算公式为：

送货车辆利用率=送货总车次/[（自有车数量＋外雇车数量）×工作天数]

平均每车次送货吨公里数=（送货总距离×送货总重量）/送货总车次

配送中心要想提高配送车辆利用率，就要合理调配车辆，避免出现车辆忙闲不均的情况。

5. 外雇车比例

外雇车比例用于评价外雇车使用数量是否合理。外雇车比例相关指标的计算公式为：

外雇车比例=外雇车数量/（自有车数量＋外雇车数量）

配送中心使用外雇车辆是为了应对季节性商品（或节假日商品）与平日形成的淡旺季需求量的差异，因此，在评价外雇车的使用数量是否合理时，还要考虑季节品比率。

季节品比率=本月季节品存量/平均库存量

若季节性商品比例过高，则表示配送中心淡旺季的出货量差别很大，应尽量考虑多雇用外车、减少自车的数量。若季节性商品的比例很低，则表示配送中心淡旺季的出货量差别不大，应选择使用自有车辆来提高配送效率。

6. 送货成本

送货成本相关指标的计算公式为：

送货成本比率=（自有车送货成本+外雇车送货成本）/送货总费用

单位货品的送货成本=（自有车送货成本+外雇车送货成本）/货品出库总量

每车次送货成本=（自有车送货成本+外雇车送货成本）/送货总车次

若采用单独运行策略时的配送成本偏高，则应考虑采取共同配送策略，以降低较远距离、较少出货量而造成的过高配送成本。

7. 送货延迟率

送货延迟率用于考核配送的准点率。计算公式为：

送货延迟率=送货延迟车次/送货总车次

成送货延迟率过高的原因有：车辆或设备故障、路况不佳、供应商供货延迟或缺货以及拣货作业延迟等。

【任务实施】

一、任务描述

CN 物流配送中心订单处理部负责从接到客户订单开始到着手准备拣货之间的作业阶段。工作流程为：订单接收—确认—分类—档案维护—订单录入—存货查询—分配—拣/送货单打印；工作方式：每票订单从接单到打印拣货单由接单人全程负责完成。

近期，公司总经理多次接到内、外部客户针对订单处理部的投诉。情况如表 9-6。

总经理找订单处理部主管谈话，反馈各方投诉情况，要求做出解释。主管感到十分委屈，认为本部门员工一直来工作很努力，上班每刻都忙不停，经常加班加点，由于人手有限，一般小灾小病都坚守岗位，没想到竟得到各方如此评价。

表 9-6　投诉情况表

投诉部门	投诉原因
客户	经常出现延迟送货现象，虽然反映了多次，每次接单人员都承诺会准时交货，情况却没有改观：有时造成客户门店正常营业时间断货；有时下班后送达，需要员工加班接收；有一次客户紧急下单，等来的却是第二天订单部通知缺货，询问其要不要替代品
市场部	花了九牛二虎之力开发某大客户，其每月对 A 商品的需求接近本公司该商品配送总量的 1/3，但近期 A 商品紧俏，订单部配货时坚持订单先到先配、一视同仁，该客户订单已遭遇数次缺货回复，非常不满，有中止合作的意向
拣货人员	拣货单指定储位时常发现单货名称不符，或者货物数量不足，需要逐一核对、四处查找，严重影响了拣货效率与准确性
送货人员	送货单上屡次发生地址不符、电话号码缺位等低级错误，造成货物误送、迟送、联系不到接收客户等现象
内部员工、外部客户	订单处理部这两位女生性情急躁、语气生硬，有时不等人说完就挂电话，服务态度很不好

主管认为，送货延误涉及一系列环节，怎么能只算在订单处理部头上呢？造成缺货是存货管理的事，与订单处理部无关；配货理应先到先配，体现秩序与公平；最不愿意接受市场部或其他领导招呼的紧急插单，一道道流程操作下来，没个把小时完不成，其他订单工作只能搁置一边，有时急单处理完毕其他部门已经下班，白忙一场；至于拣货单指定储位拣不到货或拣不足货，也有可能是存货信息有误；每天要处理如此多的订单，每个人都忙得团团转，难免出些小差错；最头疼的是办公室电话响不停，经常接电话而中断手头工作，严重影响工作效率，语速说快了还被人误认为态度不好。最后，主管提出的解决方案为本部门至少需要增加两名单证处理人员。

总经理的思考：订单处理环节到底存在哪些问题？哪些是订单处理人员的问题？与同行标杆企业相比，订单作业绩效水平如何？怎样才能解决这些问题，提高作业绩效？

二、任务目标

（1）熟悉配送企业绩效评价指标的内容和考核方法。

（2）能对常用的配送绩效评价指标进行计算。

（3）能准确对配送作业各绩效评价指标进行分析，提出改进建议。

（4）培养学生的绩效分析管理能力，以及团队协作精神。

三、任务实施步骤

（1）学生以组建的配送部为单位，根据上述背景材料开展小组讨论，分析 CN 配送中心订单处理环节存在哪些绩效相关问题。

（2）从下列指标库（表 9-7）选择适用评价订单作业人员工作绩效的指标。如果不选，则简述不选的理由。

表 9-7　配送作业绩效评价指标

指标名称	计算公式
订单延迟率	延迟交货订单数/订单数
每订单平均订货数量	出货量/订单数
订单货件延迟率	延迟交货量/出货量
每订单平均金额	出货总额/订单数
人日均受理订单数	处理订单总数/（工作天数×作业人数）
缺货率	缺货量/总订单货量
紧急订单响应率	4 工作小时内出货订单/紧急订单数
短缺率	出货品短缺数量/出货总量
客户抱怨率	客户投诉次数/订单数
订单处理差错率	订单处理差错次数/订单数

（3）计算评价指标，将以上筛选所得评价指标中能运用这些数据进行计算的，保留为有效指标，并求其指标值。表 9-8 为绩效小组能够收集到的今年上半年（试考核期）与订单处理作业相关的所有绩效数据。

表 9-8　订单处理作业相关的绩效数据

订单处理作业	一月	二月	三月	四月	五月	六月
处理订单总数/份	446	287	328	395	422	406
处理紧急订单/份	64	19	16	28	58	33
出货量/件	26 760	15 211	23 944	27 255	31 228	28 014
准时交货订单/份	384	272	305	360	371	368
4 工作小时内紧急出货/份	28	15	12	18	22	20
准时交货量/件	19 730	13 690	22 028	24 529	28 010	24 932
客户投诉/次	39	6	8	10	26	14
订单处理差错/次	26	4	7	10	17	11

（4）判断各指标评价结果以及订单处理作业绩效综合评价结果。人日均受理订单数、每订单平均订货数量、紧急订单响应率指标：本企业指标值≥标杆企业值 90%，评价为“优秀”；在 70%~90%，评价为“良好”；在 40%~70%，评价为“中等”；在 40%以下，评价为“差”。订单延迟率、订单货件延迟率、客户抱怨率、缺货率、短缺率、订单处理差错率指标：本企业指标值≤标杆企业值 110%，评价为“优秀”；在 110%~130%评价为“良好”；在 130%~160%评价为“中等”；在 160%以上，评价为“差”。标杆企业的指标值如表 9-9 所示：

表 9-9　标杆企业的指标值

评价指标	指标值	评价指标	指标值
订单延迟率	7%	人日均受理订单数	15
每订单平均订货数量	83	紧急订单响应率	90%
订单货件延迟率	7%	短缺率	3%
每订单平均金额	235	客户抱怨率	3%
缺货率	5%	订单处理差错率	2%

（5）将以上评价结果为“中等”或“差”的指标所反映出来的订单作业问题作为分析对象，开展小组“头脑风暴”，尽可能发散思维，列出问题出现的可能原因。

（6）最后针对每一点成因提出相应的解决对策，形成报告。

（7）组织小组自评和组间互评，并给出教师评价。

（8）进行实训总结，完成实训报告。

四、任务评价

配送作业绩效评价实训评价表

班级		配送部（组名）	
考评内容	配送作业绩效评价		
考评标准	内　　容	分值	实际得分
	绩效问题分析正确	10	
	订单处理作业绩效评价指标选择正确	20	
	指标值计算正确	20	
	绩效指标评价结果正确	15	
	绩效分析与改进建议合理	25	
	团队协作	10	
	合　　计	100	
存在的问题及改进措施			

同步练习

一、单选题

1. 配送中心采用（　　）策略，要求厂家从产品设计开始就要站在消费者的立场去考虑怎样节省配送成本。

A. 差异化　　B. 混合　　C. 延迟　　D. 标准化

2.（　　）是用于衡量拣货作业质量的指标。

A. 拣货差错率　　B. 批量拣货时间

C. 人均作业能力　　D. 每订单投入拣货时间

3. 库存数量减少使库存成本降低，带来的补充频次加快，会导致补货作业成本增加。这属于配送成本的（　　）特征。

A. 隐蔽性　　B. 效益背反　　C. 乘数效应　　D. 系统性

4. 以下与运输、配送无关的指标是（　　）。

A. 装载率　　B. 库存周转率　　C. 单位运量运费　　D. 单位里程行驶费

5. 关于配送作业评价指标的选择，下列说法错误的是（　　）。

A. 评价对象应该对指标事件高度可控

B. 控制指标数量，不一定要面面俱到

C. 工作流程绩效是相关个体绩效的总和

D. 要将市场需求转化为企业内部作业指标

6.（　　）是用于衡量存货控制决策是否合理，是否应该调整订货点及订购量的基准。

A. 缺货率　　B. 订单延迟率

C. 短缺率　　D. 紧急订单响应率

7. 客户服务效果是外部客户和市场对配送企业（　　）的反馈。

A. 配送作业质量　　B. 配送作业成本

C. 配送作业效率　　D. 配送作业安全

8.（　　）指标高，表示高价位的货物误差率较大，最好的改善方式是严格执行 ABC 分类管理。

A. 盘点品种误差率　　B. 盘点数量误差率

C. 平均盘差品金额　　D. 盘差次数比率

9.（　　）是用于衡量存货控制决策是否合理，是否应该调整订货点及订购量的基准。

A. 缺货率　　B. 订单延迟率

C. 紧急订单响应率　　D. 短缺率

10. 用于评估每台进出货设备承担的工作量是否合理、达标的指标是（　　）。

A. 进出货时间率　　B. 设备利用率

C. 站台使用率　　D. 每人每小时处理进出货量

11. 存货管理环节评价指标不应包括以下哪一项？（　　）。

A. 储位容积使用率　　B. 站台使用率

C. 库存周转率　　D. 呆废货品率

12. 送货作业绩效评价指标不包括（　　）。

A. 空驶率　　B. 外车比例　　C. 缺货率　　D. 送货延迟率

二、多选题

1. 配送成本由（　　）构成。

A. 配送运输成本　　B. 储存保管成本　　C. 分拣成本

D. 配装成本　　E. 流通加工成本

2. 配送作业评价指标体系一般可包括配送作业质量、作业成本和（　　）等方面。

A. 作业效率　　B. 作业安全　　C. 客户服务效果　　D. 单证正确率

3. 配送成本的高低受多种因素的影响，有配送管理因素、配送货物自身的因素和市场因素等。其中配送管理因素有（　　）。

A. 配送货物的数量、重量　　B. 配送满足率

C. 配送周期　　D. 配送工具

4. 配送作业绩效评价要素包括（　　）。

A. 设施空间利用率　　B. 人员利用率　　C. 设备利用率

D. 作业规划管理能力　　　　E. 质量水平

5. 配送作业质量指标可以包括（　　）。

A. 送达货物完好率　　　　B. 平均配送速率

C. 准时送货率　　　　D. 无误交货率

6. 反映订单处理作业的效率的指标有（　　）。

A. 订单延迟率　　B. 缺货率　　C. 人力作业能力　　D. 客户抱怨率

7. （　　）等工作可以减少空驶率（　　）。

A. 容器回收　　B. 优化路线　　C. 退货处理　　D. 单独配送

8. 客户取消订单率和客户抱怨率过高的原因在于（　　）。

A. 产品品质不良　　　　B. 交货延迟

C. 服务态度不佳　　　　D. 客户素质较差

三、简答

1. 影响配送成本的因素有哪些？
2. 简述配送绩效评价的流程。
3. 简述配送成本控制的策略。
4. 配送绩效评价指标有哪些？

四、案例分析

华联超市配送系统

◆ **联华超市配送业务**

连锁超市的成功，关键在于连锁经营方式实行的统一采购、统一配送、统一价格、统一的品牌社会效应，并配备有实现这一职能的高效的商品配送中心，从而从根本上实现决策权向连锁超市总部集中，物流活动向商品配送中心集中。图 9-2 为配送中心功能示意图。

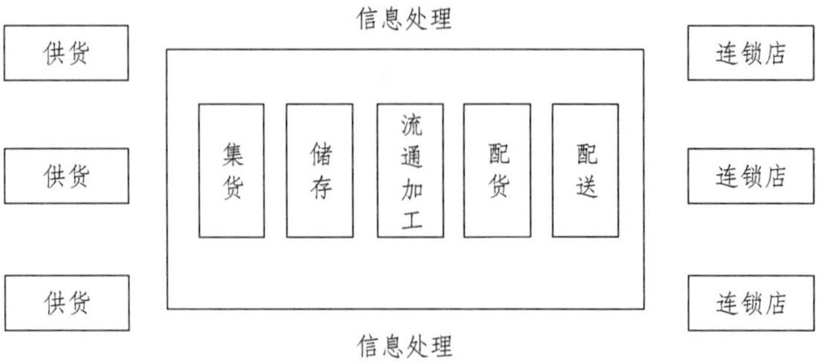

图 9-2　配送中心功能示意图

就连锁经营的精髓来看，必须实行商品供货的配送中心化，也就是说，有了配送中心，才可能实现统一采购、集中库存、统一配送、各店分销的连销经营方式，才可能实现直接的产销衔接，增强商业对市场信息需求的反馈能力。

华联认为，影响顾客满意度的物流范围项目有：商品结构与库存服务；配送过程如何确保商品本质；门店紧急追加减货的弹性；根据实际确定配送时间安排；缺品率控制；退货问题；流通加工中的拆零工作；配送中心的服务半径；废弃物的处理与回收；建立客户服务窗口等十个方面。

合理规划物流配送的流程是构筑配送体系的重要前提。华联超市根据经营商品进销的不同情况和商品的 ABC 分析，按以下三种类型的物流来运作。

① 储存型物流：这类商品进销频繁，整批采购、保管，经过拣选、配货、分拣，配送到门店。

② 中转型物流（即越库配送）：即通过计算机网络，汇总各门店的订货信息，然后整批采购，不经储存，直接在配送中心进行拣选、组配和分拣，再配送到门店。

③ 直送型物流：即由供货商不经过配送中心，直接组织货源送往超市门店，而配货、配送信息则由配送中心集中处理。

◆ **联华超市配送系统的发展**

近年来，华联超市已从延伸江、浙两省发展到向全国辐射，因此华联更是将配送中心的建设放在了首位。

华联超市新建的配送中心的配置具有较高的技术含量。

① 仓储立体化。

② 装卸搬运机械化。

③ 拆零商品配货电子化。

④ 物流功能条码化与配送过程无纸化。

⑤ 组织好“越库中转型物流”“直送型物流”和“配送中心内的储存型物流”，完善“虚拟配送中心”技术在连锁超商品配送体系中的应用。

⑥ 建立自动补货系统（ECR）。

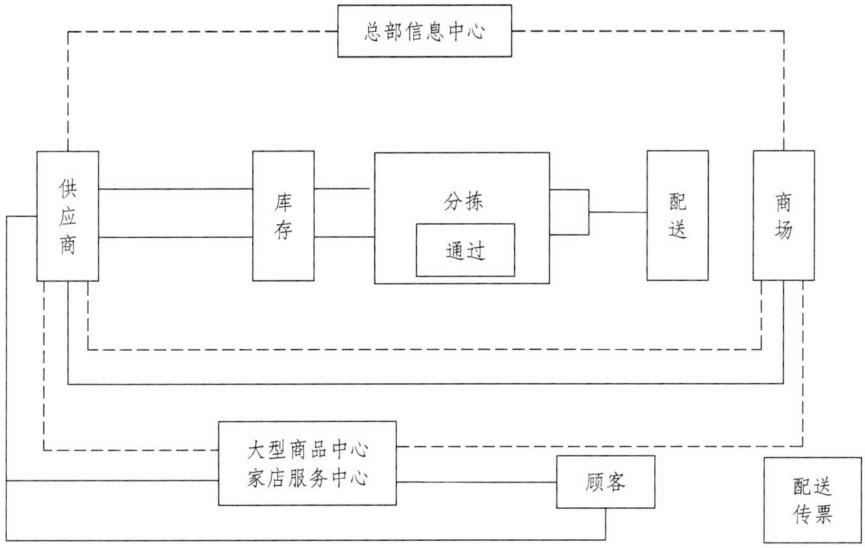

图 9-3　配送中心信息流程图

配送是现代物流与传统储运的区别之一，由于配送、配送中心的形成与发展，才使得物流中“流”的思想真正突出出来，这是一个关于超市配送系统直接为连锁经营服务的案例。

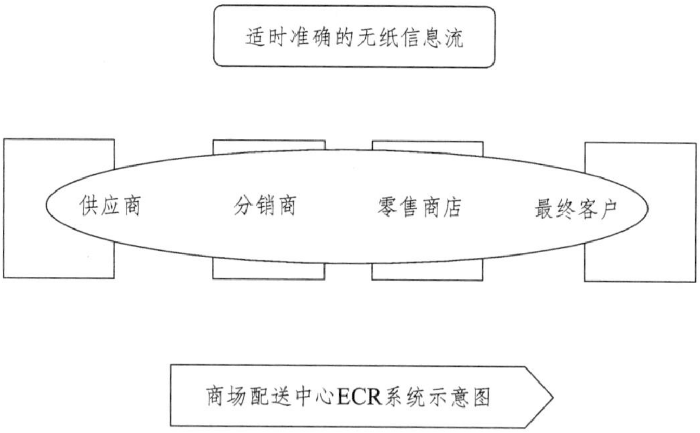

图 9-4　华联配送中心 ECR 系统示意图

连锁超市的成功大多是通过若干个“统一”的管理方式，实现规模经营，最终实现总部和每一个经营实体的经济效益。配送在其中的作用可归纳为两个方面：一是，通过统一配送可保证各经营点商品的完全一致性；二是，配送的最基本功能就是可以降低成本。

◆　**华联超市配送系统案例启示**

（1）华联超市总结的影响顾客满意度的物流范围项目的十个方面是很有特色的，特别是其中的商品结构与库存服务；门店紧急追加减货的弹性；退货问题；流通加工中的拆零工作；配送中心的服务半径；废弃物的处理与回收等几个方面的做法，对零售企业决策者来说是有启示意义的。

（2）华联超市根据经营商品进销的不同情况和商品的 ABC 分析，按三种类型的物流来运作。应当说这是对“第三利润源泉”在整个经营中的地位有了较高水平的理解。

（3）华联超市新建的配送中心具有较高的技术含量。案例中所反映的 6 个方面的物质技术水平中，可见该配送中心的先进性，这也是发展现代物流的基本要求。

◆　**问题与思考**

（1）如何认识流通企业物流配送活动？它应该具有哪些特点？

（2）一个配送中心同时使用三种方式配送，必然提高管理成本，你认为应当如何对比、分析管理成本和物流费用之间的关系？它与企业规模是否有一定的关系呢？

参考文献

[1] 邓传红. 配送实务[M]. 北京：中国人民大学出版社，2015.
[2] 沈文天. 配送作业管理（第三版）[M]. 北京：高等教育出版社，2018.
[3] 刘莉. 物流配送管理[M]. 北京：中国铁道出版社，2014.
[4] 张晓焱，张建华. 配送中心运营管理[M]. 北京：航空工业出版社，2015.
[5] 武晓钊. 配送管理实务[M]. 北京：北京出版社，2018.
[6] 朱华. 配送中心管理与运作（第三版）[M]. 北京：高等教育出版社，2014.
[7] 朱庆伟，刘莉. 配送管理实务[M]. 北京：中国物资出版社，2011.
[8] 郑丽. 仓储与配送管理实务[M]. 北京：清华大学出版社，2014.
[9] 何黎明，任豪祥. 物流管理职业技能等级认证教材（中级）[M]. 南京：江苏凤凰教育出版社，2019.
[10] 薛威. 仓储作业管理[M]. 北京：高等教育出版社，2014.